Numbers Don't Lie

71 Things You Need to Know About the World

世界のリアルは「数字」でつかめ!

バーツラフ・シュミル
栗木さつき、熊谷千寿 訳

NHK出版

Numbers Don't Lie

71 Things You Need to Know About the World

by Vaclav Smil

Original English language edition first published by Penguin Books Ltd, London

Japanese translation rights arranged with Penguin Books Ltd, London
through Tuttle-Mori Agency, Inc.,Tokyo

装幀　石間　淳

目次

第4章　環境――賢い選択をするために、知っておくべきこと

第5章　エネルギー——燃料と電気をめぐる不都合な真実……205

・本文中の書名のうち、邦訳のあるものは邦題を表記し、邦訳がないものは原題と逐語訳を併記した。

・†は原注を、＊は訳注を表す。

日本語版に寄せて

ありがたいことに、著書の日本語版への序文を依頼されたのは、今回が初めてではない。そして序文執筆の依頼を受けたことを、わたしはじつに光栄に思っている。というのも、日本とは長きにわたるご縁があるからだ。

１９７８年以来、折に触れ日本を訪ね、この10年ほどは年に1度はかならず東京を訪問している。数十年前から日本語を勉強しているし、日本の歴史や現状についても研究を続けている。東京大学で客員教授を務めた経験もあり、日本のエネルギー、経済、人口、食料について論文も何本か執筆した。同僚の小林和彦氏（東京大学大学院農学生命科学研究科教授。現在は名誉教授）とは日本の食遷移とその影響に関する共著書も執筆している。

さまざまな偉業を達成してきた日本に、わたしはいまなお関心を寄せずにはいられない。細部《ディテール》、意匠《デザイン》、美、食を重んじてきた伝統には敬服しているし、組織や技術において数々の実績をあげてきたことも称賛している。

しかし、日本の歴史を振り返り、そこから派生した数々の問題点についてはずっと指摘してきたし、近年の日本の政治的意思決定や将来については懸念も抱いている。

本書では、2節を割いてとりあげている国はアメリカと日本の2国だけであり、それ以外の節でも自動車からクロマグロ、ひいては幸福についてまで、さまざまなトピックで日本に言及している。本書で日本に対する批判的表現があったとしても、日本の読者のみなさんがそうした記述を読んで気を悪くするのではなく、公平な批評的解釈として受けとめてくださることを願っている。

いま世界の国々は例外なく、経済から環境問題まで前例のない難題に直面しているが、そうしたなか、日本は最新の地球規模の課題にきわめてうまく対処している。新型コロナウイルス感染症（ＣＯＶＩＤ－19）のパンデミック（世界的な大流行）が始まってからの8か月間、日本の人口１００万人当たりの新規感染者数の累計はアメリカの３％未満、死亡率はアメリカの２％未満だった。ＥＵ加盟国のなかでもっとも感染者数が少ないドイツでさえ、累計感染者数は日本の8倍以上、人口１００万人当たりの死者数は9倍以上だ。

ほかにも、心強い傾向は見られる。エレクトロニクス時代を開拓してきたソニーの株価はその昔、低迷を続けていた時代があったものの、２０２０年になってからはほぼ右肩上がりに上昇を続け、現在はここ20年近くで最高値を更新している。

もちろん、「**仕方がない**」[*1]といって、あきらめるのはいつでもできる。しかし、不確かな未来に直面しているいま、次の叱咤激励を思いだし、これからも唯一無二の国として踏ん張ることを願っている。

頑張ってください[*2]！

2020年11月2日　カナダ、ウィニペグにて

バーツラフ・シュミル

---

*1、2　この言葉は原文も日本語で書かれている。

はじめに

本書はさまざまな分野のトピックが詰まった、彩り豊かな作品だ。とりあげるトピックは、世界の人々、人口、国々といったものから、エネルギー利用、技術革新、さらには現代文明を語るうえで欠かせない機械やデバイスまで多岐にわたる。ほかにも、食料の供給や選択、地球環境の状況とその悪化という問題にも触れていく。どれも、わたしが１９７０年代から著書でとりあげてきた重要なトピックだ。

まず初めに申しあげたいのは、事実《ファクト》をはっきりさせる、それが本書の目的だということ。とはいえ、それは一筋縄ではいかない。たしかにインターネットには数字があふれているが、日付も出所《でどころ》も不明なデータを適当に引っ張ってきただけのものがあまりにも多いうえ、単位が不確かなものも散見する。

たとえば、２０１０年のフランスのＧＤＰ（国内総生産）は２兆６０００億ドル[†1]とある。でも、はたしてこれは市場で取引されている価格に基づいて推計された名目ＧＤＰなのだろうか？　それとも物価の変動による影響を調整した実質ＧＤＰなのだろうか？　それにユーロからドルへの換算はたんに実勢為替《かわせ》レートを利用しているのだろうか？　それとも、同じ商品が他国ならいくらで買えるかを考慮して調整した、購買力平価《へいか》に基づいているのだろうか？　出典や明確な定義がわからない数字をいくら眺めたところで、問題はいつまでたっても明確にならない。

その点、本書でとりあげるほぼすべての数字は、４種類の一次資料からのみ引用している。国際機関[†2]が公表している世界各国の統計、国の公的機関が公表している年報や年鑑[†3]、官公庁が編纂《へんさん》した歴史的な統計データ[†4]、そして科学誌[†5]に掲載された論文だ。ただし、一部は特定の分野の科学論文集、調査報告書の信頼度が高い大手コンサルタント会社による最近の報告書、ギャラップやピュー・リサーチ・センターなど比較的歴史ある調査機関が実施した世論調査からも引用している。

世界ではいま、本当のところ、なにが起こっているのだろう？　それを理解するには、数字を適切な観点から見なければならない。つまり、歴史的な観点から現在と過去を比べたり、国際的な観点から国と国とを比べたりするのだ。

たとえば、ジュールというエネルギーの単位を現在と過去で比べてみよう。ちなみに原油１トンから得られるエネルギーは約42ギガジュールだ。いま、経済的に豊かな国では一次エネルギーを１人当たり年間

---

†1　本書では、ドル換算の金額は特別の断りがないかぎり、すべて米ドルの換算額とする。

†2　ユーロスタット（ＥＵ統計局）、国際原子力機関、国連の世界人口推計、世界保健機関（ＷＨＯ）など。

†3　ほかに類を見ないほど詳細な情報があり、データの質も高いため、わたしのお気に入りは『日本統計年鑑』（総務省統計局編、日本統計協会）と、米国農務省農業統計局が公表しているデータだ。

†4　『アメリカ歴史統計　植民地時代～１９７０年代』（合衆国商務省編、斎藤眞・鳥居泰彦訳、東洋書林）、『日本長期統計総覧』（総務省統計局監修、日本統計協会編、日本統計協会）など。

†5　『生物老年学（*Biogerontology*）』や『ライフサイクルアセスメント国際ジャーナル（*International Journal of Life Cycle Assessment*）』などの学術誌。

約１５００億ジュール（１５０ギガジュール）消費している。いっぽう、アフリカでもっとも人口が多く、石油や天然ガスも豊富にあるナイジェリアでは、１人当たりのエネルギー消費量は約35ギガジュールにとどまる。この差は驚きだ。なにしろフランスや日本は、ナイジェリアと比べると、１人当たり5倍近いエネルギーを消費しているのだから。ところが現在と過去を比べると、その差の本当の大きさが浮き彫りになる。日本は１９５８年の時点で現在のナイジェリアと同程度のエネルギーを使っていた。62年前だから、アフリカ人の一生分の差がある。フランスにいたっては、１８８０年に平均35ギガジュールを使っていた。つまり、ナイジェリアのエネルギー消費量は寿命２つ分フランスに遅れていることになる。

　現在の国と国との差を見ても、やはり意外なことに気づかされる。アメリカとアフリカのサハラ砂漠以南地域における乳児死亡率を比較すると、予想どおり、そこには大きな差がある。だがアメリカは、乳児死亡率が低い国のトップ10にも入っていない。たしかに、アメリカの人口は多様な人種で構成されていて発展途上国からの移民も多いことを思えば、それほど意外な結果ではないのだろうが、なんとトップ30にさえランクインしていないのだ。[†1] これはなかなか予想できないだろう。

　こうして意外な事実を示されると、いったい、どうしてそうなったのだろうという疑問が湧《わ》いてくるはずだ。あなたの頭のなかに浮かんだその疑問こそが、社会や経済に関する広大な知の世界の扉をひらいてくれる。そして、個々の数字であれ、複雑な統計データの一部であれ、さまざまな数字がもつ意味を把握するには、科学や数量の基礎知識に基づいて結論を導く力、すなわち科学的リテラシーを身につける必要がある。

　たとえば、長さについて考えてみよう。長さや距離は、いちばん把握しやすい尺度だ。10センチメートル[†2]がどのくらいの長さか、たいていはなんとなくわかるだろう。おとなが親指を外に出して握ったこぶしの横幅くらいだ。１メートルは平均的な身長の男性でいえば腰ぐらいまでの高さで、１キロメートルは舗装された道を車で１分ほど走った距離というのも、なんとなく想像がつくはずだ。それに、一般的な速度もわかりやすい。早歩きは時速6キロメートル、主要都市を結ぶ高速鉄道は時速３００キロメートル、ジェット気流を追い風としたジェット旅客機は時速１０００キロメートル。

いっぽう、質量を「つかむ」のはなかなかむずかしい。新生児の体重はたいてい5キログラム未満、子鹿は50キログラム未満といったところ。ある種の戦車は50トン未満で、エアバスＡ３８０の最大離陸重量、すなわち離陸可能な総重量の最大値は５００トンを超える。それに容量や体積も、これまたつかみにくい。小型セダンの燃料タンクの容量は40リットル未満。アメリカの小規模住宅の体積は４００立方メートル未満といったところ。さらにいえばエネルギー（ジュール）、電力（ワット）、電流（アンペア）、電気抵抗（オーム）といったものの量は、こうした単位にふだんから慣れ親しんでいる人でないと把握しにくいだろう。そのため、アフリカとヨーロッパのエネルギー消費量を比べるといった相対的な比較のほうが理解しやすいはずだ。

お金もまた、ちがう意味でむずかしい。たいていの人は自分の収入や貯金額が世間一般と比べてこの程

---

†1　２０１８年には、経済開発協力機構（ＯＥＣＤ）加盟国36か国中、33位。

†2　本書では、計量単位はすべてメートル法に基づいているが、海里やアメリカの木材に使われているインチなどは例外として使っている。

度だと見当をつけることができるだろう。ところが、一国または複数の国の経済水準を歴史的な観点から比較するにはインフレを加味して調整しなければならないし、国際的な観点から比較するには為替レートの通貨の変動や購買力の差も考えなければならない。

さらに、数字ではとらえきれない質のちがいもある。食べ物の好みや食生活を比べるときには、とりわけ質についても考えなければならない。たとえば、どこの店で買っても、パン１００グラム当たりの炭水化物とたんぱく質の含有量にそれほど差はないだろう。ところが、アメリカのアトランタのスーパーで売られているやわらかくて四角い形をしていて、あらかじめスライスされて透明な袋に入っているパンは、フランスのリヨンのパン屋の主人《メトル・ブーランジェ》やドイツのシュツットガルトのパン職人の親方《ベッカーマイスター》が店先に美しく並べるものとは、まったくの別物だ。

さて、数字が大きくなるにつれ、単独の数字より桁《けた》のちがい（10倍ごとの差）に目を向けるほうが、数字を把握しやすくなる。たとえば重量では、エアバスＡ３８０は戦車より１桁重い。速度では、ジェット旅客機は高速道路を走る自動車より１桁速い。体重では、子鹿は人間の赤ちゃんより１桁重い。これを国際単位系にしたがって累乗《るいじょう》や掛け算を使って表現すれば、生後２か月前後の人間の赤ちゃんは5×10^{3}（５キロ）グラム、エアバスＡ３８０は5×10^{8}（５億）グラムを超える。世界の人口はじきに8×10^{9}（80億）人に達し、２０１９年における世界全体の総生産（名目）は約9×10^{13}（90兆）ドルで、消費エネルギーは5×10^{20}（５垓《がい》）ジュールだ。

めまいがしてきた？　だが、ありがたいことに、こうした数字は、思いのほか簡単につかめるようになる。まずは１日のうち、ほんの数分でいいから携帯電話を脇に置いて（わたし自身は携帯電話を一度も所有したことがないし、それでなにかのチャンスを逃したとも思っていない）、手近にあるものの長さや、知っている地点までの距離をざっと見積もってみよう。約10センチメートルあるこぶしの幅を使って長さを測るのもいいし、さっき脇に置いた携帯電話をまた手にとって、ＧＰＳ機能を利用して距離を確認するのもいい。目についたものの体積や容量を計算してみるのも楽しいし（薄くて大きなものの体積は低く見積もりがちだ）、億万長者《ビリオネア》とアマゾン社の倉庫スタッフの最新の所得格差に関する記事を読んだら、いったい両者の年収は何桁ちがうのかを計算機を使わずに考えてみるのもいい。イギリスとウガンダの１人当たり名目ＧＤＰは何桁ちがうのかなど、国同士を比べるのもおもしろい。こうしてちょっとした頭の体操を続けていけば、脳のニューロン（神経細胞）がどんどん発火して、周囲の現実をもっとよく把握できるようになる。つまり、数字を理解するには、興味をもって、自分から少しずつ関わっていけばいいのだ。

読者のみなさんが本書を読んで、この世界の真の姿を少しでも理解してくださることを願っている。わたしたち人間がとてつもなくユニークな存在で、さまざまなことがらを深く理解しようと飽《あ》くなき努力を重ね、発明や発見を続けてきたことに、きっと胸を打たれることだろう。

数字はウソをつかない《ナンバーズ・ドント・ライ》。その事実のみならず、数字がどんな真実を伝えているのかを、さまざまな例を挙げながら説明したい。そんな思いから、わたしは本書を執筆した。

２０２０年、カナダ、ウィニペグにて

バーツラフ・シュミル

第1章
世界の人々
PEOPLE

暮らしはどう変化して、どこに向かうのか?

1

子どもの数が少なくなったら、どうなるのか？

合計特殊出生率とは、ごく簡単にいえば、１人の女性が一生のあいだに産む子どもの数だ。この数値は、初潮から閉経までの妊娠可能期間によって制約を受ける。初潮を迎える年齢は、産業革命前には17歳前後だったが、現在の欧米諸国では13歳未満に下がっている。いっぽうで、閉経を迎える年齢はやや高くなって、50歳を少し超えたあたりとなっている。つまり、女性が妊娠できる期間は産業革命前には約30年間だったが、こんにちでは約38年間になっている。

この妊娠可能な期間には、３００～４００回の排卵がある。１回の妊娠につき10回の排卵がなくなるうえ、昔から長い授乳期には妊娠しにくくなるため、さらに5～6回の排卵を差し引く必要があるからだ。よって、一生のうちに産める子どもの数は最大約24人となる。多胎出産もあるので実際にはこれより多く、記録によると、30人を超える子どもを産んだ女性が複数いたことが確認できた。

だが、産児制限や避妊などがいっさいおこなわれていない社会でも、女性が一生のうちに産む子どもの数はこれよりはるかに少ない場合が多い。その原因は、流産、死産、不妊、妊産婦死亡などだ。こうした現実があるため、どこの地域でもその数は最大7〜8人ほどとなる。19世紀に入ってだいぶ時間が経過した時点でも、この数字はすべての大陸で同じだった。アジアの一部では2世代前までそうだったし、サハラ砂漠以南のアフリカの地域ではいまなおそうした状態が続いていて、ナイジェリアでは7・5人だ（それでも理想とされる数よりだいぶ少ない。ナイジェリアの女性が希望する子どもの数の平均は、なんと9・1だ）。ところが、そうした地域でも、合計特殊出生率はいまだに高いとはいえ減少傾向にあり、多くの国で5〜6に下がっている。そして、世界のそれ以外の地域はというと、「人口を維持できる水準」「人口を維持できる水準より低い」「人口を維持できる水準よりきわめて低い」のいずれかとなっている。

合計特殊出生率が下がりはじめた時期に関しては、地域差だけではなく、地域内の国別の差もある。フランスの出生率低下はイタリアよりだいぶ早く始まっていたし、日本では中国よりだいぶ前に始まっていた――その後、共産党政権下の中国は一人っ子政策という思いきった策を講じたわけだが。それはさておき、これまでより子どもの数を抑えたいという世の流れは、さまざまな要因が複雑にからみあって生じたものだ。生活水準の着実な向上、農作業の機械化、家畜や人間がおこなっていた作業の機械化、大規模な工業化と都市化、都市部の労働人口における女性の増加、普通教育の普及、健康管理の改善、新生児死亡率の低下、公的年金制度の整備といったものが、少子化への流れを生んだのである。

歴史を振り返ると、かつては量を追い求めていたのに、急に質を求めるようになった時期がある。多産になれば、乳児死亡率が高い状況で生き延びる子どもの数が増える、労働力が増える、老後の生活が安定するなど、さまざまな利益を得られる。ところが、そうした利益が減り、やがてまったくなくなると、親は子どもの養育や生活の質の向上にお金をかけるようになる。たいていはまず栄養のあるものを食べるよ

アフリカに比べ、アジアの出生率は
急激に低下している

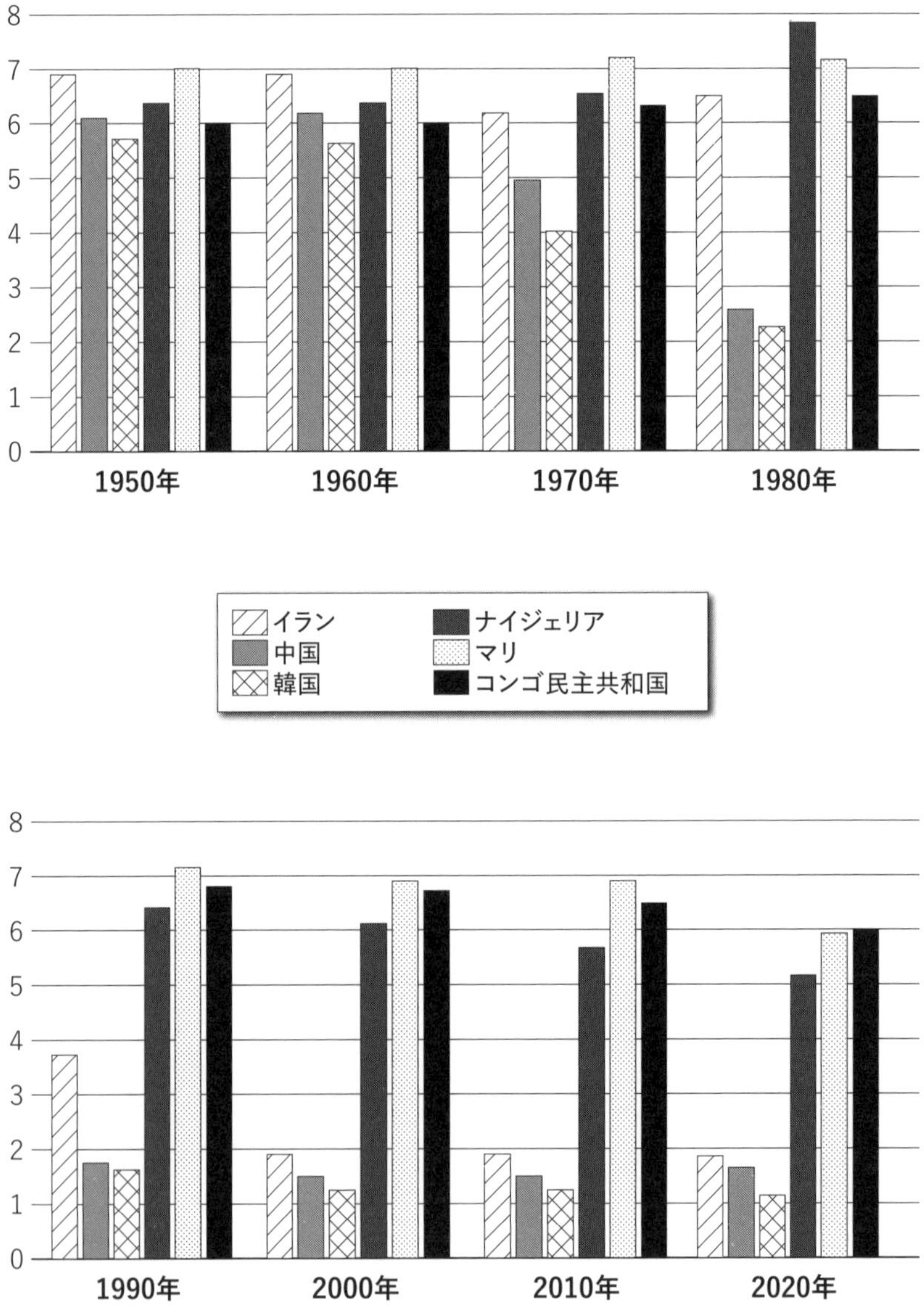

うになり、肉や果物が食卓にのぼるようになり、外食も増える。そしてＳＵＶを購入したり、はるか彼方《かなた》の常夏《とこなつ》のビーチに飛行機で出かけたりするようになるわけだ。

　このように社会や技術が大きな変化を遂げるとき、その先駆けとなった国では変化に長い時間がかかるのに対して、追随した国ではほんの2世代で様変わりすることがよくある。デンマークでは、高かった出生率が低くなるまでにおよそ2世紀を要し、スウェーデンでも１７０年ほどかかった。ところが韓国では、たった30年のあいだに、6を超えていた合計特殊出生率が人口維持に必要な出生率を下回った。また中国では、１９６２年に6・4だった出生率が、一人っ子政策が導入された翌年の１９８０年には2・6に急落している。でも、意外に思われるかもしれないが、最短記録保持者はイランだ。１９７９年、王朝が倒され、国外に追放されていたホメイニ師が帰国して神権政治を敷いたときには6・5だったイランの出生率は、２０００年には人口維持に必要とされる水準を下回り、いまもなお低下を続けている。

　人口を一定に維持できる出生率の水準を、人口置換水準という。若年で死亡する人がいることなどを考慮すると、先進国の人口置換水準は約2・1となる。*出生率が人口置換水準まで下がった国のなかで、さらなる下落を食いとめて人口を一定水準まで押しもどした国はこれまでに1つもない。人口置換水準を下回る社会で暮らす人たちの割合は、いまなお増えつづけている。１９５０年には、世界人口の40％が出生率6を超える国で暮らしていて、世界全体の出生率は約5だった。ところが２０００年になると、出生率が6を超える国で暮らしているのは世界人口のたった5％となり、世界全体の出生率（2・6）が人口置

＊人口置換水準は若年での死亡数が多い途上国ほど高く、アフリカのサハラ以南では現在2・9とされる。

換水準に近づいた。2050年には、人類の4分の3近くが人口置換水準を下回る国で暮らすことになると推定されている。

このように世界規模でシフトが起これば、人口や人口構成、経済、そして国の戦略にきわめて大きな影響が及ぶ。ヨーロッパの重要性が低くなり（1900年のヨーロッパ大陸には世界人口の18％ほどが暮らしていたが、2020年は9・5％にすぎない）、アジアの重要性が増した（2020年には、世界人口の60％が暮らしている）。いっぽう出生率に目を向ければ、2020～70年までの50年間では、全世界の子どもの75％近くがアフリカで生まれることになるだろう。

では、出生率が人口置換水準を割り込んだ国には、いったいどんな未来が待っているのだろう？　その国の出生率が人口置換水準に近いままであれば、将来的な回復が大いに見込める（最低でも1・7以上必要で、2019年のフランスとスウェーデンは1・8だ）。1・5を下回ると、回復の見込みはきわめて低くなると思われる。2019年、スペイン、イタリア、ルーマニアの出生率はきわめて低く、1・3。日本、ウクライナ、ギリシャ、クロアチアは1・4。日本、そしてヨーロッパの多くの国では、今後、徐々に人口が減少していくと思われるが、それにともない、社会、経済、国家戦略の影響力も低下していくだろう。少子化に歯止めをかけようとする政策も打たれてはいるが、笛吹けど踊らずで、これまでのところ少子化対策で効果をあげたものはない。

ただし、人口減少を確実に食いとめられそうな方策が1つだけある。移民に対して門戸を開放すればいいのだが、こればかりはなかなか実現しそうにない。

2

生活の質をもっともよくあらわす指標——乳児死亡率

生活の質をもっともよくあらわす物差しとして、万事をお金に換算したがる経済学者たちは、１人当たりＧＤＰか可処分所得を利用するのを好む。だが、どちらの指標もはっきり言って疑わしい。たとえば社会秩序が乱れて治安維持の必要性が高まっているところでも、ＧＤＰは増加する。防犯対策への投資が進み、入院治療を要する患者の数が増えるためだ。また、いくら平均可処分所得を見たところで、経済格差がどのくらいあるのか、あるいは経済的に恵まれない世帯に対して社会がどんな支援策を用意しているのかはわからない。それでも、この２つの指標を見れば、世界におけるその国のおおよその生活の質はわかる。デンマーク（２０１８年の１人当たり名目ＧＤＰは約６万ドル）よりイラク（同約６０００ドル）に住みたいと思う人は、あまり多くないだろう。そしてデンマークの平均的な生活の質は、まちがいなくルーマニアより高い。いずれもＥＵ加盟国でありながら、１人当たり可処分所得はデンマークのほうが75％多いからだ。

１９９０年以降、こうした指標に代わって、もっともよく使われるようになったのが人間開発指数（Ｈ

ＤＩ）だ。これはより精度の高い物差しをつくろうと、複数の指標を組みあわせた尺度で、平均寿命、教育達成度（就学予測年数と平均就学年数）、１人当たり国民総所得を組みあわせたものだ。このように人間開発指数は複雑な構成になってはいるが、当然のことながら１人当たりＧＤＰと強い相関関係にあるため、生活の質の目安としては１人当たりＧＤＰとたいして変わらない。

　さて、生活の質の実態を手っ取り早く把握するために、１つの変数で計れる尺度をわたしが選ぶとすれば、それは乳児死亡率だ。乳児死亡率とは、年間の１０００出生数当たりの生後1年未満の死亡数である。

　なぜ乳児死亡率が生活の質を計るうえできわめて有効な尺度になるかといえば、乳児死亡率を低く抑えるには生活の質を左右する重要な条件がそろっていなければならないからだ。すなわち、良質な医療体制、とりわけ産前産後の母子に対する適切なケア、十分な生活水準、衛生的な生活環境、そして経済的に恵まれない家庭に対する社会支援制度などである。こうした条件がそろっていれば、官民双方が国民生活にお金を使い、インフラがしっかりととのっていて、なおかつ、それを利用して維持するだけの収入もあると推測できる。このように、一生のうち、ほぼ世界共通でもっとも危険な時期、すなわち生後1年間を生きぬくうえで必要な複数の条件がその国にそろっているかどうかが、乳児死亡率というたった１つの指標を見ればわかるのだ。

　産業化以前の社会における乳児死亡率は、どこの国でも痛ましいほどに高かった。１８５０年の時点でさえ、西ヨーロッパとアメリカの乳児死亡率は２００～３００という高さで、新生児の３～５人に１人が生後３６５日間を生き延びられなかった。ところが１９５０年になると、欧米諸国の乳児死亡率の平均は35～65にまで下がり、生後1年までに命を落とす新生児が約20人に１人にまで減っている。

乳児死亡率

年間1,000出生数当たりの生後1年未満の死亡数（2015～20年）

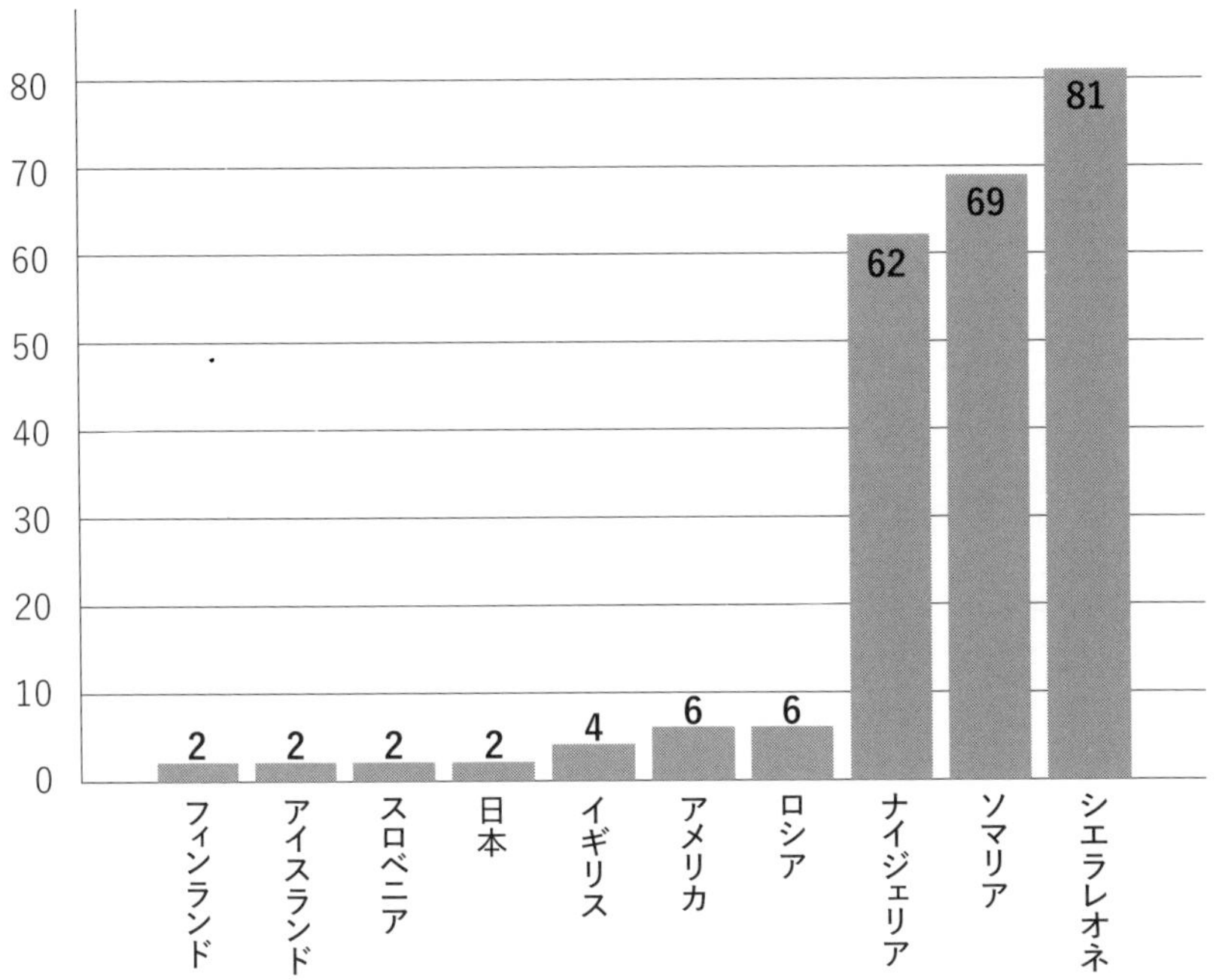

現在、先進国では乳児死亡率が5を下回り、最初の誕生日を迎えられない赤ちゃんが２００人に1人未満にまで減った国が複数ある。アンドラ、アンギラ、モナコ、サンマリノといった小さな国や領土をのぞけば、乳児死亡率が5未満のグループには、日本（２）からセルビア（5をわずかに下回る）まで約35か国が入っている。このなかでも乳児死亡率の低さを競うトップ集団の国々に目を向けると、人口の規模やその構成も関わっていることがわかってくる。

乳児死亡率がきわめて低い国々は、たいてい人口が少なく（１０００万人未満で、大半が５００万人未満）、なかには世界でもっとも均質な社会を保つ国（アジアでは日本と韓国、ヨーロッパではアイスランド、フィンランド、ノルウェー）もある。また、その大半は出生率もきわめて低い。

当然のことながら、発展途上国からの移民の比率が高く、大勢の多様な出自の人々が暮らす国や出生率の高い国では、低い乳児死亡率を実現し、維持していくのはむずかしい。たとえばアイスランドの乳児死亡率（２）を、カナダ（４）で実現するのはむずかしいだろう。なにしろカナダはアイスランドより人口が１００倍以上も多いうえ、１年のあいだに、アイスランドの全国民と同じくらいの数の移民を、アジアの低所得国をはじめとする多くの国々から受けいれているのだから。アメリカにも同様のことが当てはまるが、カナダと比較して乳児死亡率（６）が高いのは、あきらかに経済格差が大きいからだ。いまのところ、カナダにはアメリカほどの格差はない。

このように、乳児死亡率は生活の質の物差しとして、平均所得や人間開発指数よりも信頼が置けるものの、それでもやはり、やみくもに信用してはならない。どんな物差しであれ、それ１つでその国の生活の質を寸分たがわず評価することなどできないからだ。

ただ、ここで明言できるのは、アフリカのサハラ砂漠以南の10以上の国では、乳児死亡率が受けいれがたいほど高い状態がいまだに続いているということだ。その値は60を超えており、１００年ほど前の西ヨーロッパ諸国と同じ数値である。つまり、これらのアフリカ諸国が先進国と同程度にまで乳児死亡率を下げるには、１００年という長い期間にひらいた先進国との隔たりを埋めなければならないことになる。

3

投資に対する最高の利益《リターン》——ワクチン接種

乳児や子どもが感染症で死亡するのは、現代世界でも、いまなおもっとも残酷な運命といえるだろう。だが、これはもっとも予防しやすい運命でもある。幼い命を奪われるという悲劇をできるだけ減らすための対策はいろいろあり、それぞれに重要度のランクをつけることなどできない。飲用に適した水や十分な栄養の摂取も、病気の予防や衛生的な環境の整備と同じくらい不可欠で、優劣はつけられないからだ。ところが費用便益比から見れば、まちがいなく予防接種のひとり勝ちだ。

現代の予防接種の歴史は18世紀にさかのぼり、エドワード・ジェンナーがまだ天然痘にかかっていない人に牛痘《ぎゅうとう》を接種したのが始まりだ。コレラやペストのワクチンは第一次世界大戦前に、結核、破傷風、ジフテリアのワクチンは第二次世界大戦前に開発された。そして戦後、大きな効果をあげたのが百日ぜきとポリオの定期予防接種だ。こんにちでは、ジフテリア、破傷風、百日ぜき、ポリオ、さらにインフルエンザ菌b型によって引き起こされる髄膜炎《ずいまくえん》、中耳炎《ちゅうじえん》、肺炎を防ぐための予防接種が標準的におこなわれている。生まれて初めて予防接種を受けるのは生後6週目で、その後、10週目と14週目にも受ける。どのワクチンも価格は1ドルに満たない。そして予防接種を受けるたびに、その子どもは予防接種を受けていないほかの子どもに感染症を広げるリスクを減らしていく。

　こうした現実を見てもあきらかなとおり、予防接種は費用便益比がとびぬけて高いわけだが、それを数値であらわすのはなまやさしいことではない。けれども、ビル＆メリンダ・ゲイツ財団の支援を受けて、アメリカのボルティモア、ボストン、シアトルの医療専門家が２０１６年に実施した研究のおかげで、ついに予防接種の効果を数値化できるようになった。この研究が焦点を絞っていたのは、「ワクチンの10年」と呼ばれる２０１０年代に、１００か国近い低所得国および中所得国で計画されている予防接種普及に関する事業に投資する場合、どれだけのリターンが見込めるかだ。

　費用便益比は、ワクチン価格、そしてワクチン供給網の構築にどれだけの費用がかかるかを「費用」とし、感染や死亡を防いだおかげでどれだけの損失をまぬかれるかを「便益」として推定した。すると感染者の医療費、感染していなければ得られたはずの賃金、感染による生産性の低下などを考えあわせた結果、ワクチンに1ドル投資するたびに16ドルの便益が見込めることが判明したのである。

　さらに、罹患者《りかんしゃ》当人がこうむる損失だけではなく、そこから波及する経済的な便益を含めて分析したところ、最終的な費用便益比は倍以上高くなり、（27ドルから67ドルと不確定性の幅こそ大きいものの）1ドルの投資に対して44ドルの便益が見込めるという結果が出た。最大の便益が見込まれたのは麻疹（はしか）の予防で、じつに58ドルという数字が出たのである。

　ゲイツ財団は、財団への最大の外部寄付者ウォーレン・バフェットへの書簡という形で、1ドルの投資に対して44ドルの便益が得られるという研究結果を公表した。あのバフェットでさえ、その投資利益率の

予防接種により減少すると推定される死亡数（2011～20年）

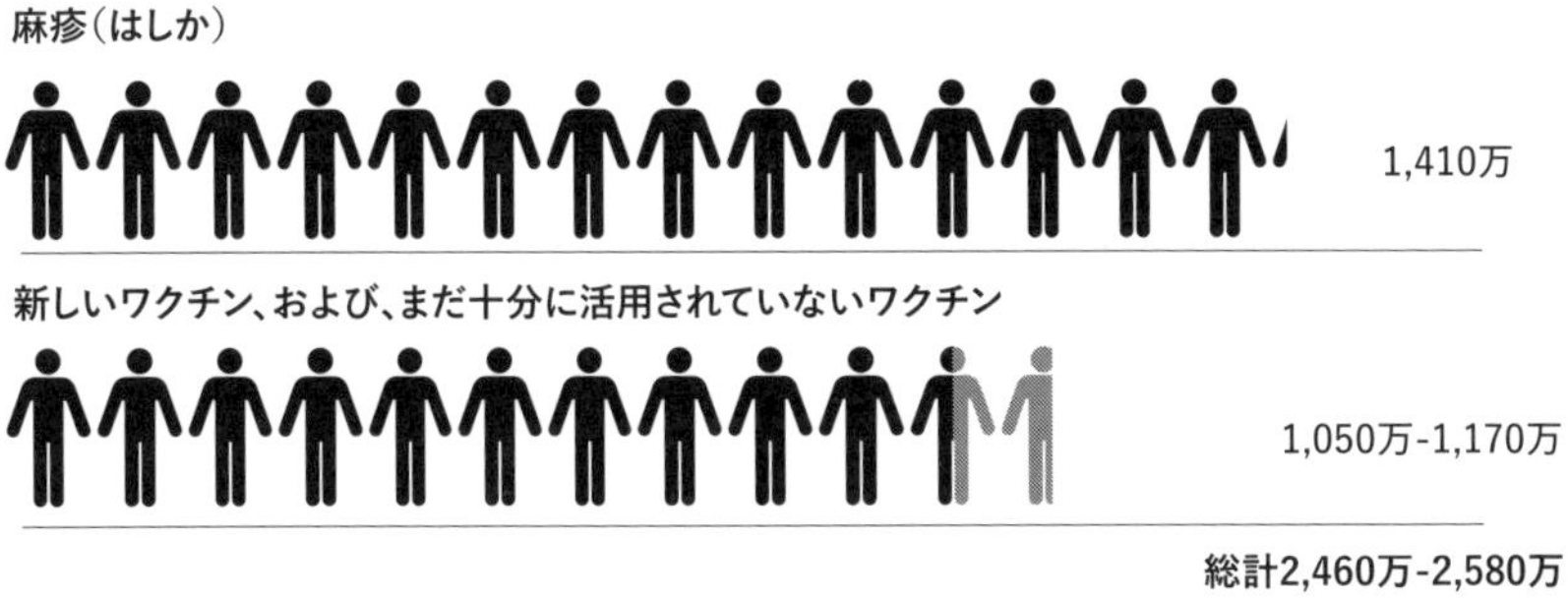

高さに感心したことだろう！

それでも、まだまだ道のりは長い。数世代をかけて前進を続けてきたおかげで、高所得国では基本的な予防接種の普及率はおよそ96％に達している。低所得国でも大きな前進が見られ、２０００年の普及率は50％にすぎなかったが、２０１６年には80％になった。

だが、なにより困難なのは、感染症の脅威を完全に制することかもしれない。ポリオの例を見れば、それがいかに困難なことかがよくわかる。世界全体の年間患者発生数は、１９８５年に40万人ほどだったが、２０１３年には１００人を切った。ところが２０１６年になっても、ナイジェリア北部、アフガニスタン、パキスタンなど暴力行為が蔓延《まんえん》する地域では、まだ37人の患者がいたのである。

最近でも、エボラ出血熱、ジカウイルス感染症、新型コロナウイルス感染症などが発生したように、新たな感染症のリスクは今後も生じるだろう。そのリスクをコントロールするうえで、ワクチンはいまでも最善の方策なのだ。

4 感染症流行の規模を予測するのがむずかしい理由

本節を執筆したのは、２０２０年3月末。まさに、新型コロナウイルス感染症がヨーロッパと北アメリカで急激に拡大している時期だ。よって本書では、よくある推測や予測のたぐいは控える（そんなことをしたら、本節の内容はすぐに古くなってしまう）。その代わりに、このストレスの多い状況において、わたしたちが判断をくだし、統計データを解釈する際にぶつかる壁、すなわち不確実性の正体をあきらかにしていこう。

感染症のパンデミックにわたしたちがおびえるのは、命を落とす人の割合が比較的高いからだが、感染が拡大しているさなかにその割合を正確に把握することはできない。というより、パンデミックが終息したあとでさえむずかしいのだ。疫学《えきがく》で用いられるもっとも一般的な手法は、致死率の算出だ。感染症の場合の致死率とは、特定の感染症の感染者のうち、その感染が死因となって死亡した人の割合だ。この分数の場合、分子（死因が明記された死亡診断書）は明確で、その数字はどこの国でもたいてい信用できる。だが分母のほうには、さまざまな不確実性がつきまとう。そもそも「感染者」とは、だれを指すのだろう？　医療機関などの検査で陽性が確認された人だけなのだろうか？　それとも、症状が出ている（検査は受けていないが、該当する症状が出ている）人すべてを含むのだろうか？　それとも、無症状の人を含むすべての感染者を指すのだろうか？

検査を受けて陽性反応が出た人は実際に感染している確率が高いことはわかっている。ところが感染者の総数となると、パンデミック終息後に人口ベースの血清疫学調査（血清中に抗体ができているかどうかを調べる）を実施するか、過去の感染症の拡大パターンをモデル化したさまざまな方程式を利用するしかない。

２００９年の新型インフルエンザ・パンデミックは１月にアメリカで始まり、ところによっては２０１０年８月まで続いた。この世界的大流行は独特な配列のインフルエンザ遺伝子をもつ新型Ｈ１Ｎ１ウイルスが引き起こしたもので、詳細な研究をおこなった結果、致死率をはじきだすうえで不確実性の生じる原因があきらかになった。分子には死因がはっきりした死者数が用いられたが、分母に当てはめる感染者数には３つの異なる定義があったのだ。「医療機関などの検査により確認した感染者の数」「症状により推定した感染者の数」「血清疫学調査あるいは無症状感染の広がりから推定した感染者の数」だ。その結果生じる致死率の差は、10万人当たり１人未満から５０００人程度と、きわめて大きかった。

予想どおり、医療機関などの検査により確認した感染者の致死率がもっとも高く、１００～５０００、症状により推定した感染者の致死率が５～50、そして血清疫学調査により推定した感染者の致死率は１～10だった。つまり１番目の手法を利用すると、３番目の手法より致死率がなんと５００倍も高くなるのだ。

２０２０年から、ＳＡＲＳ－ＣｏＶ－２というコロナウイルスによって引き起こされる新型コロナウイルス感染症が流行していて、わたしたちはやはり同様の不確実性という壁に直面している。たとえば中国の公式発表によると、パンデミックの震源地《エピセンター》となったものの最悪の状況は脱したように見える武漢では、２０２０年の３月末までに感染者数が５万６人、死者数が２５４７人と記録されていた。感染が疑われる人の総数に関しては、第三者による確認はなされていない。ところが４月17日、中国は死者数を訂正し、50％増の３８６９人としたが、感染者数の訂正は３２５人増にとどまった。最初の発表によれば致死率は５％、次の発表では７・７％になる——その実際の数字をわたしたちが知ることはまずないだろう。いずれにせよ、分母には検査で陽性が確認された感染者（あるいは検査で陽性が確認された感染者と症状が出ている感染者）しか含まれていない。武漢は人口約１１１０万人を抱える都市で、５万人の感染者数は人口の０・５％にも満たない。季節性インフルエンザの感染者数と比べると、信じがたいほど低い数字だ。

　感染者の総数がわからなくても、人口統計学で用いる死亡率、すなわち人口１０００人当たりの特定の死因による死者数の比率を算出すれば、実態に近い数字を得られるかもしれない。そのうえで、季節性インフルエンザの数字と比べてみるといいだろう。武漢の２０２０年における新型コロナウイルス感染症の感染状況が最悪を脱し、公式発表された総数が現実を反映していると仮定した場合、死者数が約３９００人であれば、このパンデミックによる死亡率は０・35／１０００になる。

　いっぽう、米国疾病予防管理センター（ＣＤＣ）の推定によれば、アメリカで２０１９～20年に流行した季節性インフルエンザの感染者数は３８００万～５４００万（人口約３億３０００万人中）で、そこから算出される死者数は少なくとも２万３０００人、最多で５万９０００人となる。この範囲の平均——感染者数４６００万人、死者数４万１０００人——をとると、全アメリカ人の約14％が感染し、全感染者の

2009年の新型インフルエンザ・パンデミックにおける
分母のちがいによる10万人当たりの死者数のちがい

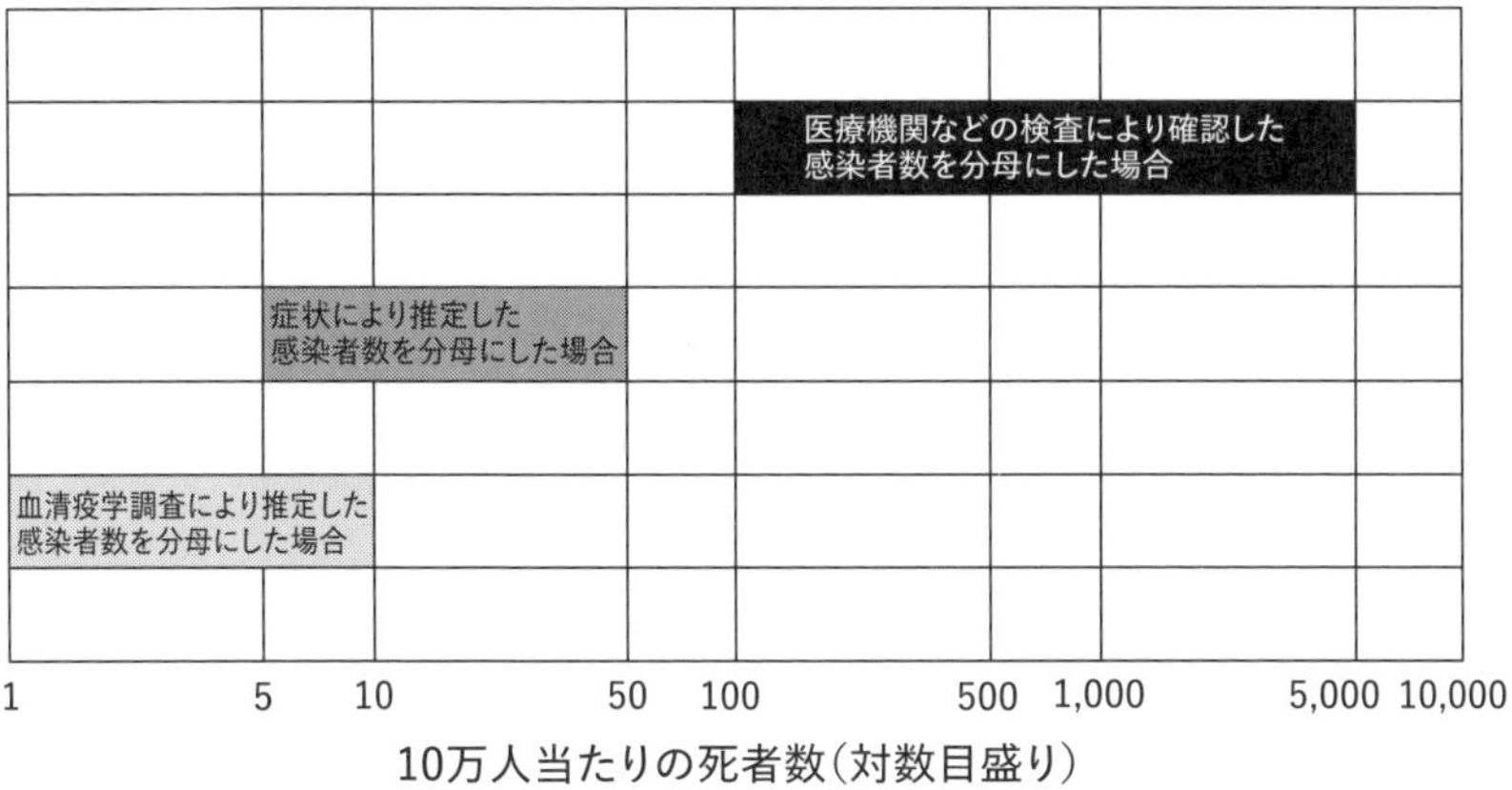

約0・09%が死亡することになる（致死率）。インフルエンザ全般の死亡率は0・12／1000、1万人当たり約1人が死亡するのに対して、2020年4月なかごろまでの武漢の状況は0・35／1000。したがって武漢の新型コロナウイルス感染症の死亡率は、2019〜20年にアメリカで流行した季節性インフルエンザの死亡率より3倍ほど高い。たしかに懸念すべきことではあるだろうが、パニックを起こすほどのものではない。

　どんなパンデミックにも当てはまることだが、新型コロナウイルス感染症の場合も世界的大流行がどれほど深刻であったのかを明確に把握するには、終息するまで待つしかない。終息してやっと、実際の死者数がわかるのだから。だが、国単位でも全世界でも、感染者の総数はけっしてわからないだろうから、結局のところ、最善の推定値を出すだけになるだろう。そして、そこから算出した致死率を、2009年の新型インフルエンザ・パンデミックの致死率と比較すれば、それほど差がないことがわかるかもしれない。

これは、代数の基礎の基礎といえる教訓の１つ。いくら分子に当てはめる正確な数字がわかったところで、同様に正確な数字を分母に当てはめることができなければ、正確な率など算出できない。こうした不確実性が完全に消え去ることはないが、みなさんが本書を読んでいるころには、わたしが本節を執筆している時点よりも、この最新のパンデミックが実際にはどれほどの範囲に広がり、どのくらい深刻なのかについて理解が進んでいるだろう。そのころ、みなさんがすこやかに本書をお読みになっていることを願うばかりだ。

5

どんどん高くなる身長

人間の体格に関する調査の例に漏《も》れず、身長に関する研究が始まったのもだいぶ遅かった。フランスの弁護士、フィリベール・ゲノー・ドゥ・モンベヤールが、１７５９〜77年まで、息子の身長を生後すぐから半年おきに18歳の誕生日まで計測し、それをビュフォン伯爵がかの有名な『博物誌《イストワール・ナチュレル》』の１７７７年刊行の巻で表にして発表したのである。ところが、モンベヤールの息子は当時としては長身だった（18歳のころには現代のオランダ人男性の平均と同じくらいの身長になっていた）。そして１８３０年代になると、ようやく人間の身長と、幼年期から青年期にかけての成長のデータが体系立てて大規模に収集されるようになる。その功を立てたのはエドュアール・マレとアドルフ・ケトレーという2人の研究者だった。

以来、人間の身長に関してはあらゆる側面から研究が重ねられてきた。年齢ごとに予測できる身長の伸びや身長と体重の関係、栄養が身長に及ぼす影響、遺伝的要因、はては成長期における性差まで、じつにさまざまな研究がおこなわれてきたのだ。その結果、月齢や年齢で予想される身長（と体重）が、かなり正確にわかるようになった。たとえば、アメリカ人の若いお母さんが身長93センチメートルの2歳男児を連れて小児科に行けば、息子さんは同年齢のお子さんの90％より背が高いですよ、と言われるだろう。

さて、現代にいたるまでに人間の身長がどのくらい伸びてきたのか、また国によってどのくらいの差があるのかに興味があるみなさんに、成長に関して体系的に実施された研究結果のなかから、最善のものを紹介しよう。平均身長がどんどん高くなっていることを示す記録がしっかりと残されているのだ。身体の成長が遅れ、小児の低身長などにつながる発育不良は、多くの貧しい国々ではいまだによく見られるものの、世界的に見ると減少傾向にある。１９９０年には約40％だったのに、２０２０年には22％へと減少しているが、これはおそらく、中国の状況が急速に改善したのがおもな要因だろう。いっぽうで、どんどん身長が高くなる傾向がすでに20世紀に世界的に見られるようになっていた。

以前より健康になり、栄養状態がよくなったおかげで、この傾向は加速した。なんといっても、良質な動物性たんぱく質（牛乳、乳製品、肉、卵）を以前よりはるかに多く摂取するようになったのが大きい。そのうえ、身長が高くなるにつれ、驚くほど多くの恩恵がもたらされることもわかった。たとえば、背が高いからといって一般に平均寿命が長くなるわけではないが、長身の人は心血管疾患に罹患するリスクが低く、認知機能、生涯賃金、社会的地位のすべてが高い。身長と所得が相関関係にあることは、１９１５年に初めて立証され、以来、インドの炭坑作業員からスウェーデンの企業のＣＥＯ（最高経営責任者）まで、多岐にわたるグループを対象にした調査によって、たびたび裏付けられてきた。さらに、スウェーデンのＣＥＯたちを対象にした調査によれば、なんと総資産額の高い企業のＣＥＯほど身長が高いそうだ。

全人口を対象とした長期にわたる調査結果に目を向けると、こちらもじつにおもしろい。産業化以前のヨーロッパにおける男性の平均身長は１６９～１７１センチメートル、世界平均はおよそ１６７センチメートルだった。入手可能な200か国の膨大な身体測定データによれば、20世紀全体での身長の伸びは、成人女性で平均8・3センチメートル、成人男性で8・8センチメートル。ヨーロッパと北アメリカではどこの国でも身長が伸びているいっぽう、20世紀最大の伸びを記録したのは韓国の女性（20・2センチメートル）で、男性のトップはイランの男性（16・5センチメートル）だ。

日本では1900年から、男女とも6〜24歳までの詳細なデータが収集されていて、これを見ると、栄養が十分にとれているかどうかが、身長の伸びに影響を及ぼしていることがわかる。1900〜40年、10歳男児の平均身長は1年で0・15センチメートル高くなっていたが、戦時中は食料不足のせいで1年で0・6センチメートル低くなっていた。平均身長がふたたび高くなりはじめたのは、ようやく1949年になってからのことで、20世紀後半の伸びは1年当たり平均0・25センチメートルだった。同様に、中国でも身長の伸びは世界最悪の大飢饉《ききん》*（1959〜61年）のあいだは止まっていたが、それでも主要都市の男性の身長は、20世紀後半には1年で平均1・3センチメートル伸びていた。それとは対照的に、同時期のインドとナイジェリアではわずかな伸びにとどまり、エチオピアではまったく伸びず、バングラデシュでは平均身長がわずかに低くなっていた。

では、いちばん背が高いのはどこの国民だろう？　男性ではオランダ、ベルギー、エストニア、ラトビア、デンマークが高く、女性ではラトビア、オランダ、エストニア、チェコ、セルビアが高い。そして栄

＊1958年から始まった「大躍進運動」という名の無謀な集産化と粛清に自然災害も加わり、餓死者を含む死者は数千万にのぼるとされる。

18歳日本人男性の身長：1900～2020年

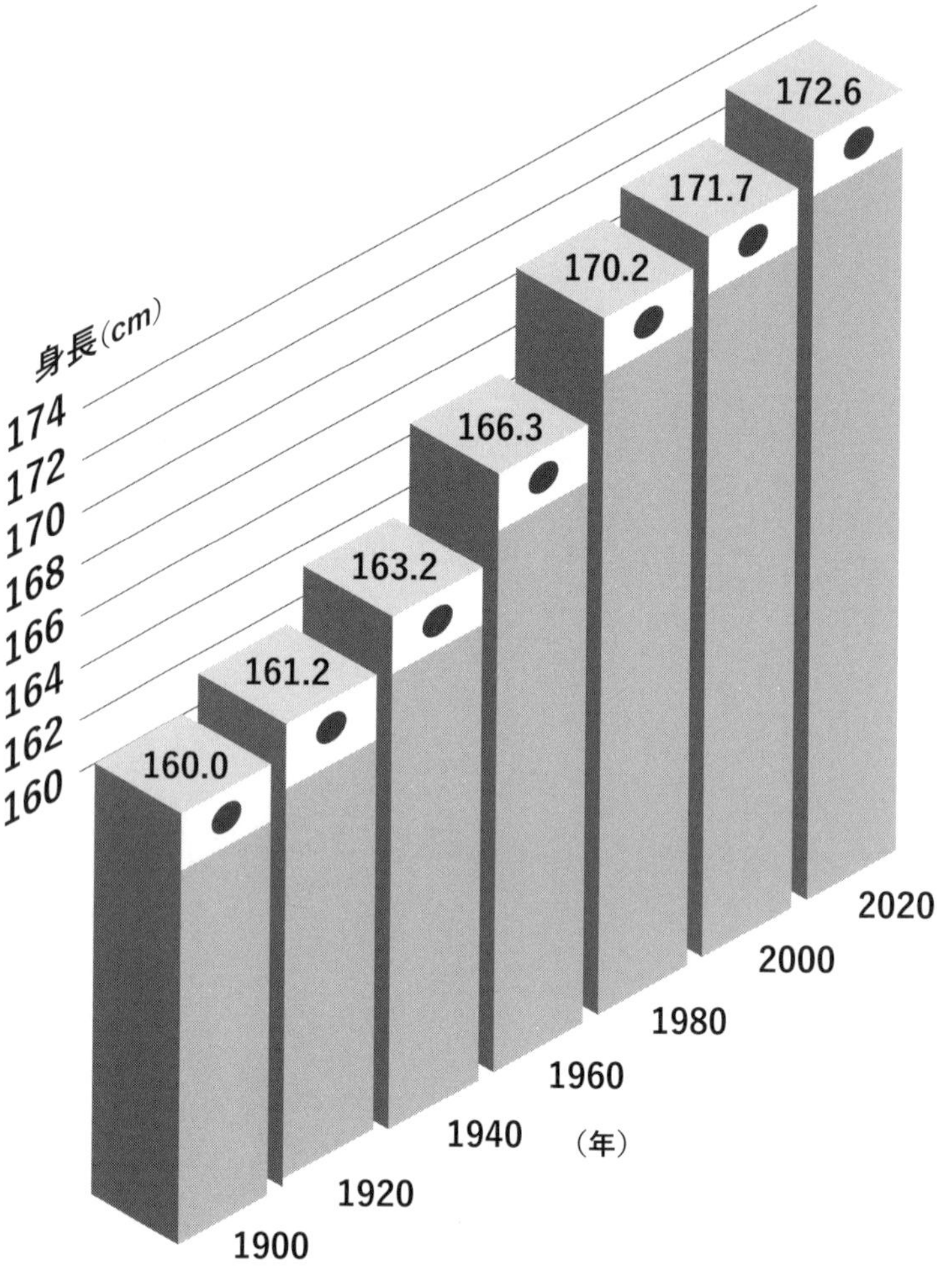

えある長身国民ナンバーワンは、20世紀最後の四半世紀に生まれたオランダ人で、平均身長は１８２・５センチメートルを超える。

　こうした成長をうながすおもな要因となったのは、日本でもオランダでも、牛乳だった。第二次世界大戦前のオランダ人男性はアメリカ人男性より背が低かったが、１９５０年以降、アメリカの牛乳消費量が減ったいっぽうで、オランダでは１９６０年代まで増えた。現在でも、オランダ人はアメリカ人よりたくさん牛乳を飲んでいる。これが意味するところは明々白々。子どもの身長を高くしたいのなら、もっと牛乳を飲ませればいい。

6 寿命はどこまで延びるのか?

グーグルで未来の技術の動向を予測する役割を担っているチーフ・フューチャリスト、レイ・カーツワイルはこう述べている。みなさんが２０２９年までがんばって生きていれば、医療技術の進歩によって、「1年生き延びるたびに、あなたの平均余命も1年長くなるでしょう。それは、生まれてから死ぬまでの寿命が長くなるという意味ではなく、あなたに残されている余命が長くなるという意味です」と。そんなことになれば、いったい世界の人口はどれだけ増えるのだろうと、いそいそと計算したくなる読者もいるかもしれない。だが本節では、人間の寿命の現実についてざっくりと説明していきたい。

１８５０年の時点では、男女あわせた平均寿命は、アメリカ、カナダ、日本、ヨーロッパの多くの国で約40歳だった。以降、平均寿命はグラフ上でみごとな右肩上がりの曲線を描きつづけ、いまでは倍近くになっている。どこの国でも女性のほうが長寿で、現在の最高平均寿命は日本の87歳と少しだ。

１９５０年から２０００年のあいだに先進国の高齢者の平均余命が毎年、約34日延びていることを考えれば、この傾向は今後も数十年は続くと考えてよさそうだ。とはいえ、人間の加齢プロセスを根本からく

国別の平均寿命の推移

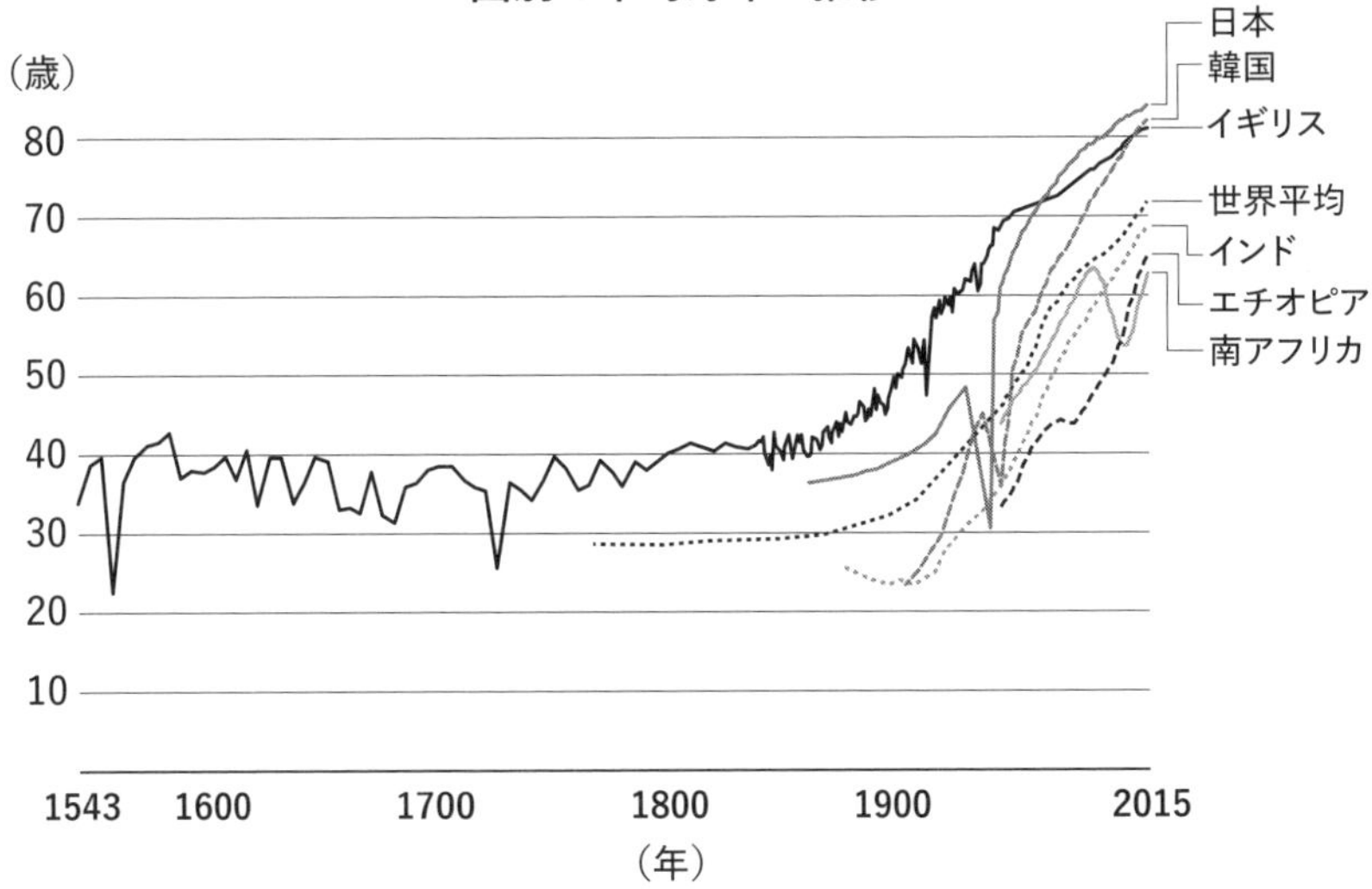

つがえす大発見でもないかぎり、この傾向は弱まり、やがては完全に止まるにちがいない。たとえば日本人女性の平均寿命（１９９０年の81・91歳から２０１７年には87・26歳まで延びている）の長期間の推移をグラフにすると、初めは徐々に増加して、なかばで急激に増加し、その後またゆるやかな増加に転じて上限に達するロジスティック曲線を描きながら、すでにかぎりなく90歳に近づいている。同様に、ほかの先進国の曲線を見ても、天井に近づいていることがわかる。入手できた20世紀のデータを見ると、寿命の延び方は２つの期間で異なっている。ほぼ直線的な延び（半世紀で約20年の延び）が１９５０年まで続き、その後、延びるペースは落ちているのだ。

もし、まだ寿命の限界がまったく見えていないのであれば、いちばん恩恵を受けるのはもっとも高齢の人であるはずだ。つまり70〜75歳の人たちよりも、80〜85歳の高齢者のほうがすでにより長く生きているという事実によって、最終的な寿命も長くなる確率が高い。事実、１９７０年代から１９９０年代初めにかけてフランス、日本、アメリカ、イギリスで実施された調査では、そのとおりの結果が出た。ところが、以降、この傾向は弱まっている。

もちろん、寿命に限界を設けるプログラムが遺伝子に組み込まれていない可能性はある——走るスピードに上限を設ける遺伝子などないように。だが、寿命は遺伝子と環境との相互作用によって生じる肉体の限界だ。遺伝子も生物物理学的な限界をもたらしているのかもしれないし、喫煙といった生活習慣や環境も影響を及ぼしているはずだ。

世界最長寿の記録保持者は、１９９７年に１２２歳で亡くなったジャンヌ・カルマンというフランス人女性であるそうだ。ふしぎなことに、彼女が亡くなってから20年以上が経過しているのに、いまだにこの長寿記録は破られていない。２番目に長生きした人は１９９９年に１１９歳で亡くなっていて、以来、１１７歳の誕生日を迎えられた人はいない。

うちの家系には何人か１００歳を超えるまで長生きした先祖がいるから、自分も同じくらい長生きできるかもしれない。そう思っているみなさんには、寿命の遺伝率*はあまり高くはなく、せいぜい15〜30%だと推定されていることをお知らせしておこう。

もちろん、複雑な事柄はおしなべてそうだが、公表されている統計分析のデータに対して異なる解釈をする余地はある。カーツワイル自身は、食生活に留意するなどの工夫を続けて長生きすれば、いずれ科学的な大躍進が起こり、不老不死の肉体を手に入れられるのではないかと思っているらしい。たしかに不死を実現させる方法については、いろいろなアイデアがあって、テロメア（加齢とともにすり減っていく染色体の末端にある構造体）を伸長させて人間の細胞を若返らせるという手法もその１つだ。この手法がうまくいけば、人間の最高寿命は１２５歳を軽く超えるようになるかもしれない。

そうはいっても、かなり気の早い一部の読者はべつとして、わたしがいまのところみなさんにお伝えできる最善のアドバイスは「老後の計画は立てておくほうがいい」ということだ。まあ、22世紀に突入してからのことまで心配する必要はあまりないだろうが。

＊集団内での差異のうち、遺伝で説明できる割合。

7

わたしたちの進化の秘密——長く走れるのは、なぜか？

遠くまで飛ばせる武器が数万年前にアフリカで編みだされるまで、わたしたちの祖先には肉を獲得する方法が2つしかなかった。自分より力の強い肉食獣の食べ残しをあさるか、自分の足で獲物を追いかけるか、だ。この2種類の生態的地位《ニッチ》のなかで、人間が後者の地位を確保できた理由の1つは、二足歩行ができるようになったからだ。そのおかげで、人間は２つの大きな利点を得た。

第一の利点は、呼吸法が変わったこと。四足動物は1歩につき1呼吸しかできない。前肢が受ける衝撃を胸部で吸収しなければならないからだ。ところが二足歩行ができるようになった人間は、呼吸する頻度を自在に変えられるため、エネルギーを柔軟に使えるようになったのである。

そして、第二のもっと大きい利点は、体温を調節する能力がずばぬけて高くなったこと。だからこそ、人間にはライオンにできないことができる。昼間の陽射しが照りつけるなか、長距離を力走できるのだ。

それもこれも、人間は汗をかけるからだ。わたしたちが移動や輸送に利用してきた2種類の大型動物も、ほかの四足動物に比べれば大量の汗をかく。馬は１時間で体表面積１平方メートル当たり約１００グラム

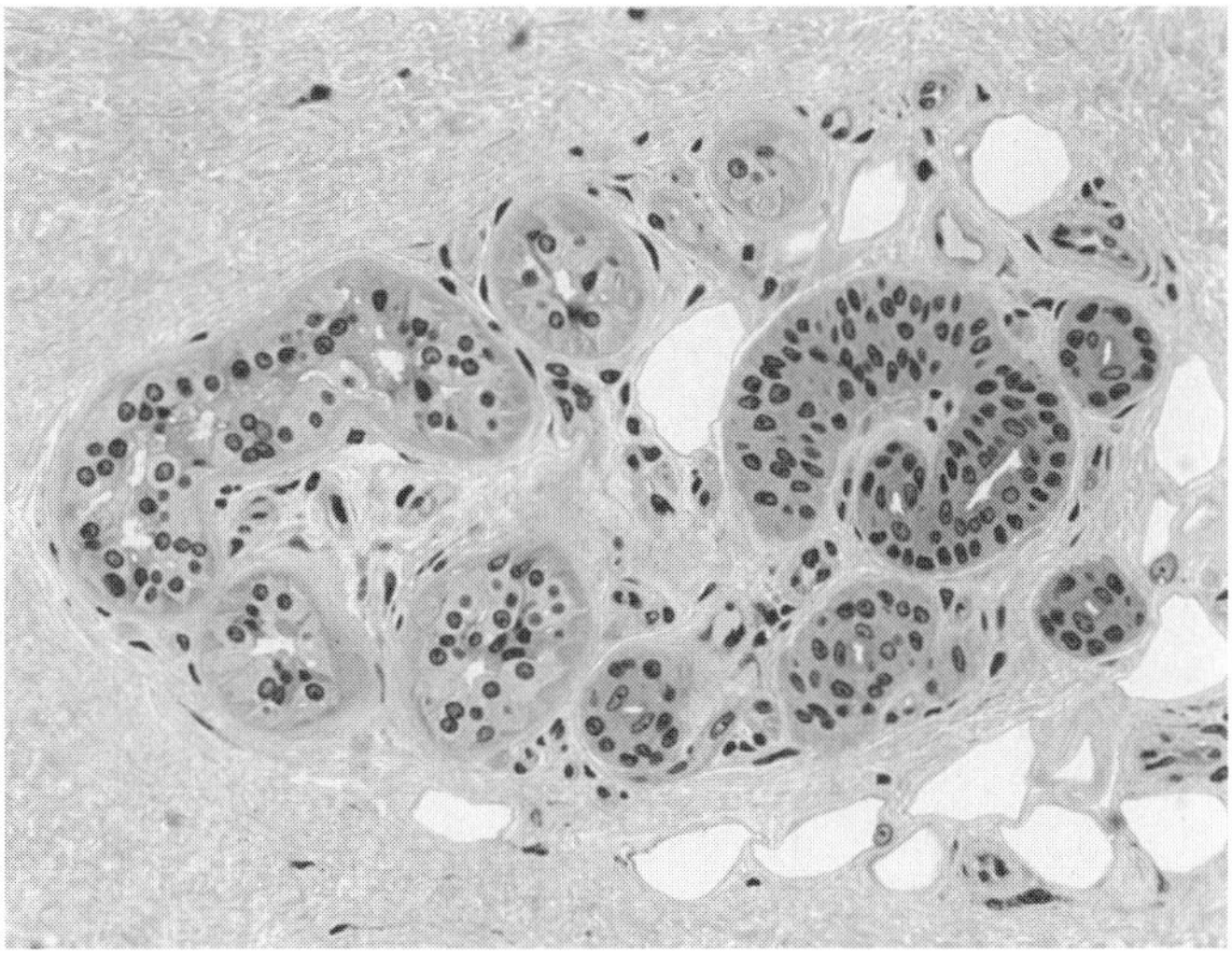

顕微鏡でとらえた人間のエクリン腺

（１００ｇ／㎡）、ラクダは約２５０ｇ／㎡の汗をかく。いっぽう、人間は簡単に５００ｇ／㎡程度の汗をかけて、これによって５５０〜６００ワット相当の熱を放散できる。*１時間当たり最大の発汗率は２kg／㎡を超え、短時間での最大発汗率としてはその倍の数値が報告されている。

　というわけで、人間は「汗かき競技界」におけるスーパースターだ。というより、そうならざるをえなかったのだ。ゆっくりとしたペースでマラソンを走るアマチュアランナーは、７００〜８００ワットの率でエネルギーを消費する。42・2キロメートルを2・5時間で走破する本格的なランナーなら、１３００ワットの割合で新陳代謝をしていることになるだろう。

　また水分補給の面から見ても、人間は有利だ。水分を失ったとしても、すぐに補わなくていいのだから。たとえば脱水状態におちいったとしても、１日かそこらはな

＊汗腺にはアポクリン腺とエクリン腺があり、分泌物の成分が異なる。エクリン腺の分泌物のほうが蒸発しやすいが、ヒトはほかの哺乳類と比べて圧倒的にエクリン腺が多く、効率的な体温調節が可能。

んとかもちこたえられる。さらにいえば、マラソンのトップランナーたちはレース中、１時間に２００ミリリットル程度しか水分をとらない。

こうした利点を得たからこそ、わたしたちの祖先は暑さに強い昼行性の捕食者として向かうところ敵なしとなったわけだ。もちろん、レイヨウより速く走ることはできないにせよ、暑い日中であれば、レイヨウが疲れきってへたり込むまで延々と追いまわすことはできたはずだ。

このように人間が動物を追いかけて長距離を走った記録は３つの大陸に残っていて、その相手には駿《しゅん》足《そく》の四足動物も含まれる。北アメリカ大陸では、メキシコ北西部のタラフマラ族が走ってシカをつかまえていた。もっと北に目を向けると、パイユート族とナバホ族がエダツノレイヨウをへばらせていた。アフリカ大陸の南部では、カラハリ砂漠のバサルワ族がさまざまな種類のレイヨウを追走していたし、乾期にはヌーやシマウマさえも走ってつかまえていた。オーストラリア大陸でも、アボリジニのなかにはカンガルーを追いかけて仕留めた者がいた。

こうしたランナーたちは、高価なランニング・シューズを履いている現代のランナーよりも有利とさえいえたかもしれない。というのも、裸足で走れば消費エネルギーを４％ほど節約できる（長距離走ではこの差は小さくない）だけでなく、足首やふくらはぎも痛めにくいからだ。

生物間でレースを開催するとなれば、人間はいちばん速く走れるわけでもなければ、いちばん効率よく走れるわけでもない。だが、汗をかく能力のおかげで、いちばん粘り強く走りつづけるのはまちがいない。

8

失業率と幸福の関係

経済指標はあまり当てにならないと評判が悪い。というのも、その指標がなにを計算に入れていて、なにを計算に入れていないのかが、たいてい問題になるからだ。その代表例がＧＤＰで、大気汚染、水質汚染、土壌侵食、生物多様性の減少、気候変動といった要素がまったく考慮されていない。どの要素も、環境にさまざまなコストを生じさせているにもかかわらず、だ。

失業の指標もまた大切な要素を考慮していない。アメリカが公表する詳細なデータがその代表格だ。アメリカの経済関連のニュースでよく目にするのは、そうした公式発表の数字だろう。たとえば、２０１９年12月のアメリカの完全失業率は３・５％だった。ただしこれは、労働省労働統計局が「有効活用されていない労働力」を数値化するうえで利用している、６つあるカテゴリーの指標の１つにすぎない。

では、その６つのカテゴリーの指標を数値の小さいものから紹介しよう（２０１９年12月時点のデータ）[*]。

＊アメリカの失業率統計は日本などとは定義が異なる部分がある。

① １・２％……労働力人口のなかで15週間以上、失業状態にある人の割合。

② １・６％……失業し、臨時雇いの期間も終えた人の割合。

③ ３・５％……労働力人口のなかで完全失業の状態にある人の割合（公式の失業率）。

④ ３・７％……完全失業の状態にある人と勤労意欲を失った（求職をやめた）人の合計の割合。

⑤ ４・２％……④のカテゴリーに、「縁辺《えんぺん》労働者」（現在仕事がなく、仕事を求めているが、最近4週間は求職活動をしていない人）も含めた割合。

⑥ ６・７％……⑤のカテゴリーに、経済的な理由で（フルタイムで働きたいのに）パートタイムで働いている人を加えた割合。

こうして見るとわかるように、これら6つの数値にはだいぶ差がある。公式発表される失業率③は、失業者の対象がもっとも広いカテゴリー⑥の半分ほどの数値でしかない。おまけに⑥は①の5倍以上の数値だ。たとえば、あなたが失業したとしよう。その場合、あなたがひきつづき新たな職をさがしていなければ、失業者としてカウントしてもらえないかもしれない。求職活動をやめてしまったら、もう失業者としてはカウントされない場合があるのだ。だから、いわゆる「真の失業率」にできるだけ近い数値を得たいのであれば、労働市場参加率（生産年齢人口に占める労働力人口の割合）を見なければならない。アメリカでは１９５０年に約59％で、その後、半世紀ほど上昇を続け、２０００年春に67・３％のピークに達した。ところが、そこから減少に転じ、２００５年秋には62・５％にまで下落した。その後はゆるやかに上昇し、２０１９年末には63・２％になっている。そして当然のことながら、年齢階級別の差は大きい。労働市場参加率がいち

1929年10月のアメリカの株価大暴落により始まった世界恐慌下、食料の無料配給所の前で列をつくる失業者たち

ばん高いのは35～44歳の男性で、約90％だ。

さて、ヨーロッパの失業率に目を向けてみると、ある国で住民同士がどれほど強い結びつきをもっているか、住民がどれほど個人的に満足しているかなどを、失業率から推測するのはきわめてむずかしいことがわかる。ヨーロッパで失業率がいちばん低いのはチェコで、2％と少し。いっぽう、スペインは長年、失業率が高い状態に耐えていて、２０１３年には26％を超え、２０１９年後半になっても14％を超えている。その後、わずかに減少したものの、２０１９年には若者の約33％が失業状態にあった。スペインで就職活動をしている人がこの数字を見れば、暗澹《あんたん》たる気分になるだろう。ところが、チェコの幸福度はスペインより8％高いだけだ【次節参照】。いっぽう、チェコの自殺率は10万人当たり8人強で、スペインの3倍ほど高い。それでも、強盗事件はチェコのプラハよりスペインのバルセロナでよく起こっているのはたしかだ。

ではスペインとイギリスを比較すると、どうなるだろうか。強盗事件の発生率を比べると、スペインのほうがイギリスよりわずかに高いだけだ――スペインの失業率はイギリスの4倍も高いというのに。

さあ、これでみなさんにも、いくら失業率だけを見たところで、雇用や失業に関する複雑な現実は把握できないことがおわかりいただけたはずだ。政府が公表する統計では失業者に含まれても、家族の支援や非公式労働のおかげでどうにか暮らしている人は多い。それに統計上は完全な就業状態に当てはまるとしても、現状に不満がありながらも転職がむずかしかったりできなかったりする人も大勢いる。

たしかに、数字はウソをつかないだろう。でも、その数字をどう受けとめるかは、人それぞれというわけだ。

9
なにが人を幸せにするのか？

なにが人を幸せにするかを考えるうえで、どの社会で暮らしている人たちが自分のことを幸せだと思っているのかがわかれば、大いに参考になるはずだ。２０１２年以降、国連の持続可能な開発ソリューション・ネットワーク（ＳＤＳＮ）が毎年「世界幸福度報告書」を発表しているので、その最新版に目を向けてみよう。２０１９年度版（２０１６〜18年のデータと調査結果が要約されている）では、フィンランドが前回に引き続き「幸福」な国ランキングのトップに輝いた。第2位はデンマークで、そのあとにノルウェー、アイスランドが続く。次いでオランダ、スイスときて、スウェーデンが入る。つまり、北欧5か国のすべてがトップ7にランクインしているのだ。トップ8以降はニュージーランド、カナダ、オーストリア。11位から20位はオーストラリアで始まり、チェコで終わる。イギリスは15位、ドイツが17位、アメリカはどうにかこうにか19位に食い込んでいる。

ここまではマスコミでもよく報じられる話。いつだって幸せな北欧諸国をほめそやし、アメリカの（ごく一部の）金持ち連中には幸せなど買えないとこきおろすわけだ。ところが、なにに基づいてこの国別ランキングが作成されたのかは、ほとんど話題にならない。

ではここで、幸福度の判定基準となっている6つの要素を紹介しよう。

① 1人当たりGDP
② 社会的支援（「困ったときに頼れる親戚や友人がいますか」という質問への回答で評価）
③ 健康寿命（世界保健機関の100項目に及ぶ健康評価による）
④ 人生の選択の自由度（「人生でなにをするかを選択する際の自由度に満足していますか？　それとも不満がありますか？」という質問への回答で評価）
⑤ 他者への寛容度（「この1か月間で慈善団体に寄付をしましたか？」という質問への回答で評価）
⑥ 社会（官民を問わず）の腐敗をどの程度と認識しているか

どの指標にもいえることだが、世界幸福度にもさまざまな要素が含まれている。不確かな指標として悪名高いもの（ドルに換算されたGDP）や、文化のちがいがあるために簡単に比較できない回答（人生の選択の自由に対する満足度）もあれば、さまざまな背景を浮きあがらせながらも客観的なもの（健康寿命）もある。これほど雑多な指標がごちゃ混ぜになっている状態だけを見ても、はたしてこれが正確なランキングになっているのかと疑わざるをえない。さらに疑念が深まるのは、マスコミでまったく報じられない点もあることだ――なんと幸福度のスコアには小数点第3位まであるのだ。たまたまわたしは2019年に、幸福度ランキングでトップ3の国すべてで講演をする機会に恵まれた。そして、言うまで

世界幸福度ランキング（2016～18年）

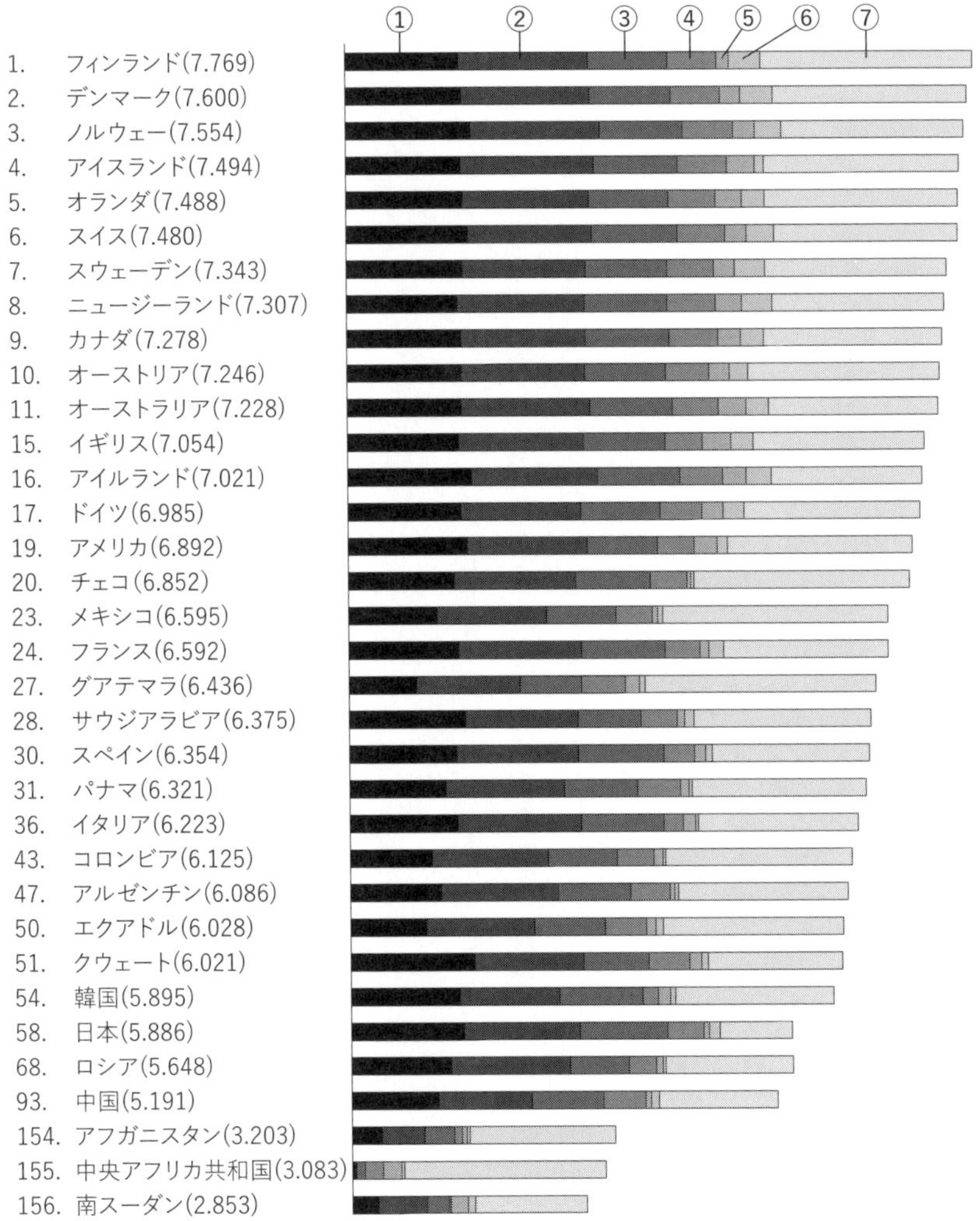

グラフの構成要素

① 1人当たりGDP
② 社会的支援
③ 健康寿命
④ 人生の選択の自由度
⑤ 他者への寛容度
⑥ 社会の腐敗をどの程度と認識しているか
⑦ ディストピア＋残差*

＊各項目の最低国（ディストピア）との比較をもとに数値化したもの

もないことではあるが、フィンランド（7・769）の人がデンマーク（7・600）の人より2・2％幸せである*とは察知できなかったし、デンマーク人がノルウェー人より0・6％幸せだとも感じなかった。

とにかく、幸福度ランキングという指標そのものが、じつにばかげているのだ。9位のカナダでさえ、1位のフィンランドより6・3％低いだけ。幸福度の指標を構成する要素がもともと当てにならないうえ、いっさいの加重計算（項目ごとの重要度に基づく重みづけ）もせずに単純に計算していることを考えれば、少なくとも四捨五入して小数点以下をなくすほうがよほど正確で、かつ誠実ではないだろうか（当然、マスコミが騒ぐだけの価値は減ってしまうだろうが）。というより、思いきって国別ランキングの公表をやめて、トップ10か20に入る国名を発表するほうがはるかにいい。

さらにつけくわえると、幸福度の高さと自殺率の低さに相関関係は見られない。ヨーロッパのすべての国々で、幸福度と自殺率を比較してみたところ、相関関係がまったくないことが判明したのだ。実際、幸福度の高い国のなかにも自殺率がわりあい高いところはあるし、幸福度が低いとされる国のなかにも自殺率がきわめて低いところがある。

そうなると「北欧に暮らしているお金持ち」という要素のほかに、なにが人を幸せにするのだろうか？その答えのヒントは、幸福度ランキングが意外なほど高く思える国にあり、よく見るとじつにおもしろい事実が浮かびあがってくる。アフガニスタン、中央アフリカ共和国、南スーダンが、156か国のなかでもっとも幸福度が低いという結果は、残念なことではあるが十分に予想がつく（内戦により、あまりにも長いあいだ国土が荒廃しているため）。そのいっぽうで、意外なランキングもある。メキシコ（麻薬が蔓延し、暴力事件や殺人事件の発生率がきわめて高い）が23位に入っていて、フランスより上位とは。さらには、グアテマラがサウジアラビアより上？　パナマがイタリアより上？　コロンビアがクウェートより上？　アルゼンチンが日本より上？　それに、エクアドルが韓国より上とは。

いま例に挙げた組み合わせの2国を比べてみると、1つのパターンが見えてくる。幸福度では下位の国のほうが経済的には豊かで（はるかに豊かな場合もある）、政情が安定していて、暴力事件が少なく、ずっと暮らしやすい。いっぽう、幸福度で上位のほうの国の共通点は一目瞭然。下位の国より貧しく、問題が多く、暴力事件も多発してはいるが、いずれの国もかつてはスペイン領だったため、圧倒的にカトリック教徒が多いのだ。おまけに、どの国もトップ50にランクインしていて（エクアドルがちょうど50位）、日本（58位）よりだいぶ上だし、中国（93位）よりはるかに上だ。短絡的な欧米人から見れば、中国は幸せいっぱいの買い物客であふれる好景気に沸く国だというのに。たしかにルイ・ヴィトンは中国でたんまり儲《もう》けているのかもしれないが、巨大ショッピングモールも、ありとあらゆる情報を収集している共産党指導部も、中国の人々を幸せにできてはいないのだ。内政不安が続き、経済的にははるかに貧しいナイジェリア（85位）の人たちでさえ、中国の人よりも幸せを感じている。

よって、この世界幸福度ランキングから明確に得られた教訓をお伝えしよう。北欧、オランダ、スイス、ニュージーランド、カナダ以外の、どうしてもトップ10に食い込めない国のみなさんは、カトリックに改宗し、スペイン語の勉強を始めればいい。

幸運を祈る《ブエナ・スエルテ・コン・エソ》！

---

*「7.769÷7.600＝1.0222」で、フィンランドが約2・2％大きい。

10

増えつづけるメガシティ

現代的な生活を送れるようになると、さまざまなことができるようになる。生活が豊かになって、あちこちに移動できるようになる。それほどお金をかけずに高速通信だって利用できる。手ごろな価格で十分な食料を買うこともできる。さらには、平均寿命も延びる……。だが、たとえば地球外生命体がときおりこちらのようすをうかがっているとしたら、宇宙からでもはっきりと観察できる地球上の大きな変化に目を丸くしていることだろう。なにしろ都会化のペースがどんどん速くなり、世界各地の都市が周辺の田園地帯をアメーバのように侵食していて、夜の地表に強烈な光のしみをつくりだしているのだから。

１８００年の時点では、都市の住人は世界人口の２％にも達していなかった。１９００年になっても、まだ５％程度だった。ところが１９５０年には30％に達し、２００７年には人類史上初めて世界人口の半分以上が都市部に住むようになった。２０１６年、国連が広範囲な調査を実施したところ、人口１００万人を超える都市は５１２あり、そのうち45都市が人口５００万人を超え、31都市が人口１０００万人を超えていることがわかった。こうした人口１０００万人超の都市には、「メガシティ」という特別な名前がついている。

大都市への人口集中が続いているのは、似たような人たちが集まるおかげで、人材、知識、活動の一大拠点ができて、そこからさまざまな利益が得られるからだ。たとえば、これを地球規模で考えてみよう。ロンドンとニューヨークは金融の中心地となっているし、中国広東《かんとん》省の深圳《しんせん》は世界有数のハイテク産業都市となっている。こうした都市では、規模が大きいことによるメリットが生じて、さまざまなコストを下げられる。まずは生産者、小売業者、消費者のあいだの流れがよくなり、管理しやすくなる。企業は多様な専門知識や技術をもつ人材を大勢の候補のなかから採用できるようになる。さらには過密化と環境の問題はあるにせよ、大都市での質の高い生活に惹《ひ》かれて、世界各地から有能な人材が集まるようになっている。大都市は無数の相乗効果と投資機会に満ちていて、優れた教育も受けられるし、やりがいのある仕事にもめぐりあえる。こうした背景を理由に、大都市周辺の田園地帯と同様、規模の小さい都市からの人口流入が進み、メガシティはいっそう大きくなっているのだ。

　さて、こうしたメガシティを規模でランク付けするのは、それほど簡単ではない。というのも、メガシティを行政上の境界線でとらえるか、あるいは機能的なまとまりでとらえるかで、人口が変わってくるからだ。たとえば世界最大のメガシティ東京には、東京府東京市だった現23区（人口１０００万人未満）から、首都圏（４５００万人近い）まで、行政上あるいは統計上8種類の定義がある。かつては行政で「東京大都市圏」という基準があって、千代田区の旧東京都庁舎*から同心円状に70キロメートル範囲の通勤圏

*現東京国際フォーラム。

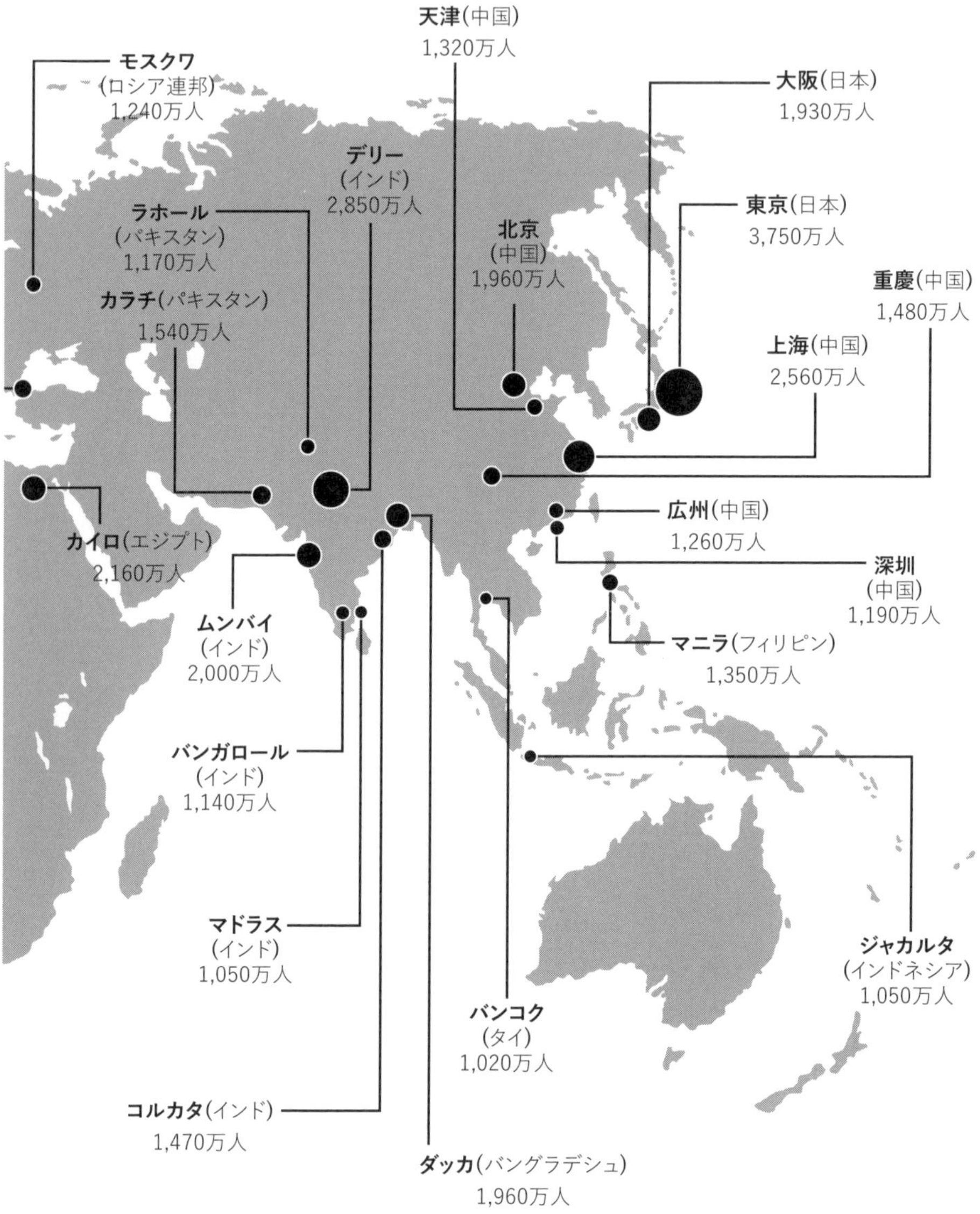
天津(中国)
1,320万人
モスクワ
(ロシア連邦)
1,240万人
大阪(日本)
1,930万人
デリー
(インド)
2,850万人
ラホール
(パキスタン)
1,170万人
東京(日本)
3,750万人
北京
(中国)
1,960万人
カラチ(パキスタン)
1,540万人
重慶(中国)
1,480万人
上海(中国)
2,560万人
広州(中国)
1,260万人
カイロ(エジプト)
2,160万人
深圳
(中国)
1,190万人
ムンバイ
(インド)
2,000万人
マニラ(フィリピン)
1,350万人
バンガロール
(インド)
1,140万人
マドラス
(インド)
1,050万人
ジャカルタ
(インドネシア)
1,050万人
バンコク
(タイ)
1,020万人
コルカタ(インド)
1,470万人
ダッカ(バングラデシュ)
1,960万人

メガシティ　2018年

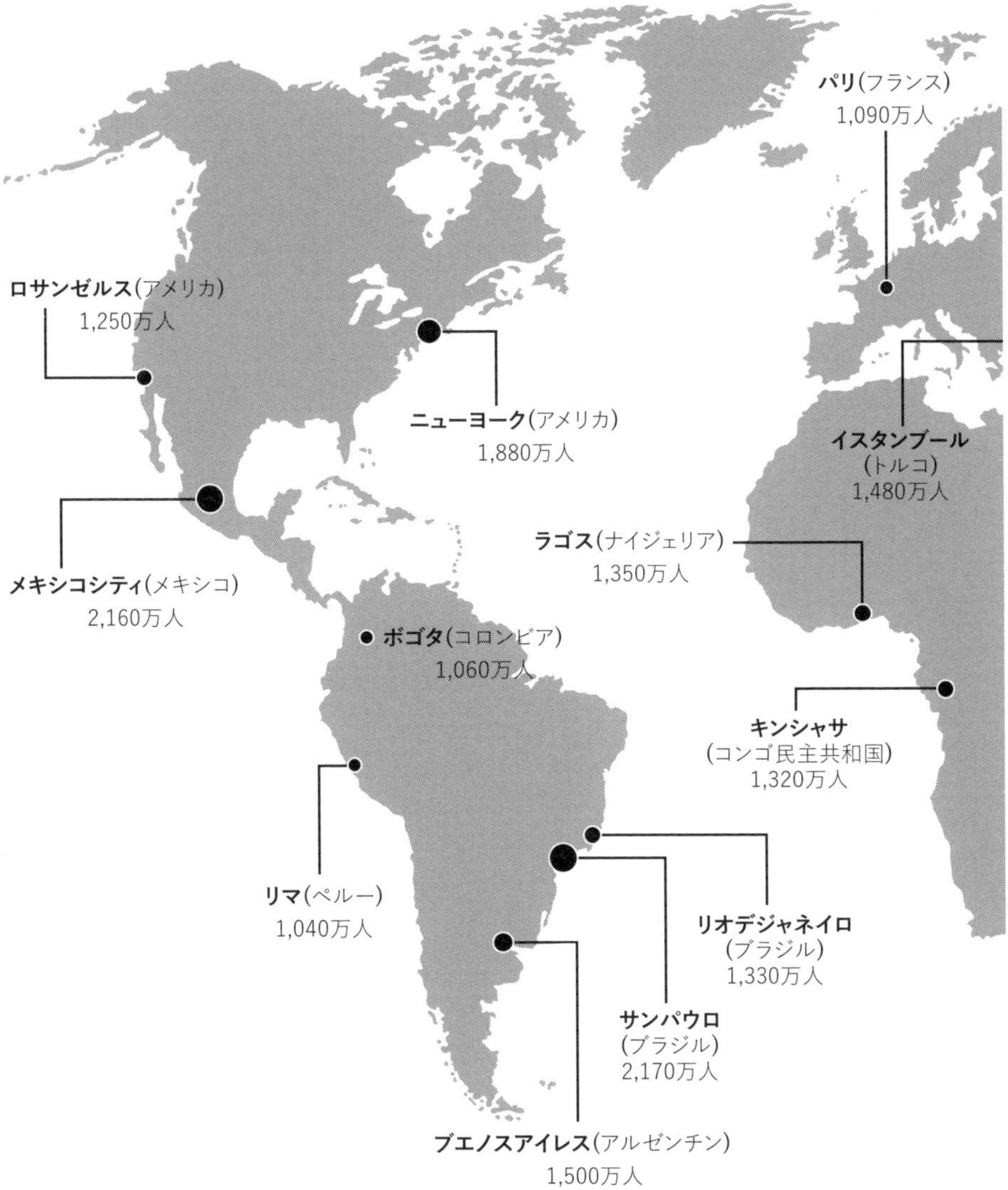
パリ(フランス)
1,090万人
ロサンゼルス(アメリカ)
1,250万人
ニューヨーク(アメリカ)
1,880万人
イスタンブール
(トルコ)
1,480万人
ラゴス(ナイジェリア)
1,350万人
メキシコシティ(メキシコ)
2,160万人
ボゴタ(コロンビア)
1,060万人
キンシャサ
(コンゴ民主共和国)
1,320万人
リマ(ペルー)
1,040万人
リオデジャネイロ
(ブラジル)
1,330万人
サンパウロ
(ブラジル)
2,170万人
ブエノスアイレス(アルゼンチン)
1,500万人

と定められたこともあった。[*] いま、この圏内には３９００万人を超える人々が暮らしている。

こうしたメガシティの増加を見ていると、西欧の影響力が低下し、アジアが台頭していることがよくわかる。１９００年、世界で人口が多い10大都市のうち9都市がヨーロッパとアメリカにあった。１９５０年になってもメガシティはニューヨークと東京だけで、１９７５年になると三番手にメキシコシティが加わった。ところが20世紀末になると、メガシティは18都市に増えた。２０２０年には35都市に達し、すべてのメガシティの人口を合計すると5億人を超えるまでになった。東京の首都圏（人口はカナダより多く、域内総生産はドイツＧＤＰの約半分）がトップの座を守り、35のメガシティのうち20都市（60％近く）がアジアにある。そのほかは中南米に6都市、ヨーロッパに2都市（モスクワとパリ）、アフリカに3都市（カイロ、ラゴス、キンシャサ）、そして北米に2都市（ニューヨークとロサンゼルス）などとなっている。

ところが、生活の質という基準で見てみると、上位にランクインしているメガシティは皆無だ。たしかに東京は清潔な都市だし、住宅地も都心からそう遠くはないし、じつに閑静だ。公共交通機関はほかの国が見本とすべきレベルであり、犯罪率もきわめて低い。でも住宅は狭苦しく、日々の通勤には時間がかかり、負担となる。かたや中国のメガシティの建物は、最近まで都市部に住む権利がなかった農村からの移住者によって建てられた。最新デザインの高層ビルやきらびやかな公共事業が華やかさを誇示するいっぽうで、大気汚染や水質汚染といった公害問題が残っているうえ、住民はわずかな違反までたえず監視されている。これとは対照的に、アフリカのメガシティには規則らしい規則がなく、ラゴスやキンシャサなどは、治安の悪さ、むさ苦しさ、環境の悪化といったものが都市という形をとって出現したようだ。

このようにさまざまな問題がつきまとうにもかかわらず、メガシティの規模は大きくなるいっぽうだ。

東京（ミシュランの星付きレストランが最多）、ニューヨーク（海外で生まれた人の割合が最高）、リオデジャネイロ（10万人当たりの殺人事件発生数が40近い）、これら３つのメガシティはいずれもいっそう大勢の人たちを惹きよせているのだ。国連は、２０３０年までにメガシティが43になると予測している。アジアが６都市（インドのアーメダバード、ハイデラバードを含む）、アフリカが２都市（タンザニアのダルエスサラーム、アンゴラのルアンダ）と、アジアとアフリカを中心にした増加が見込まれている。

＊現在も国勢調査では同区域が東京70キロ圏として計算されている。

１１

ギザの大ピラミッドは何人でつくったのか？

エジプトのギザに建設されたクフ王の大ピラミッドは、完成から長い長い歳月（４６００年近く）が流れたにもかかわらず、当時の姿を保っている――はるか彼方まで光を反射していたであろう白くなめらかな石灰岩は表面からはがれ落ちてはいるが、驚異的な保存状態だ。そのため、形状が正確に正四角錐《すい》をなしていることも、頂上に冠されていたはずのキャップストーンを含めた完成時の高さが１４６・６メートルであることも、オリジナルの体積が約２６０万立方メートルであることについても、異論の余地はない。

ところが、このピラミッドをどうやって建設したのかという問題は、永遠の謎かもしれない。というのも、どの通説にもなんらかの疑問点が残るのだ。たとえば、たった1本の長い運搬用傾斜路をつくるにも膨大な資材が必要だし、仮にらせん状の傾斜路を使って石を少しずつ上げていくとしても、いかにも危なっかしい。いずれにしても、２００万個を超える巨石をしかるべき位置に置いていかなくてはならないのだから。このように、ピラミッドの建設方法は謎のままなのだが、建設に要した作業員の人数なら、ある程度の自信をもって推測できる。

ギザの大ピラミッド

まず、クフ王の統治期間は20年と考えられているため（死亡したのは紀元前2530年前後）、建設に要した最長期間を20年としよう。古代ギリシャの歴史家ヘロドトスは、ピラミッド完成から2100年以上たってエジプトを訪れた際、現地の者から次のように教えられたと記している。「作業員の複数の集団が3か月交代で集まり、一度に10万もの人たちが力をあわせてピラミッドを完成させたのだ」と。また1974年、ドイツ生まれのイギリス人物理学者クルト・メンデルスゾーンは、ピラミッド建設に要した労働力を、季節労働者7万人と専属の石工《いしく》最大1万人と推定した。だが、これはあまりにも多く見積もりすぎている。そこで本節では、万物が逃れることのできない物理法則の力に頼って、実態に近い数字をはじきだしてみよう。

大ピラミッドの位置エネルギー（地表からすべての石の質量をもちあげるのに必要なエネルギー）は約2・4兆ジュールだ。計算はいたって簡単。重力加速度、ピラミッド全体の質量、質量中心までの高さ（全体の高さの４分の１）を掛ければいい。だが、ピラミッドの質量の正確なところはわからない。カイロの南にあるトゥーラの石切り場から採掘された石灰岩と、ピラミッドを建設する際に利用されたモルタルの密度によって変わってくるからだ。わたしの推定では１立方メートル当たり平均２・６トンの密度なので、全質量は約６７５万トンとなる。

人間は食べ物から摂取したエネルギーの２割ほどを有効な労働に変換できる。重労働をこなす人の場合、１日に10時間働くとして、労働に変換するエネルギー量は約４４０キロジュール（44万ジュール）となる。よって、すべての石をもちあげる作業を１人でやったとして、労働日が約５５０万日（２・４兆÷44万）必要となる。つまり20年のあいだ、１年当たり約27万５０００日の労働日を要することになり、そのためには１年のうち３００日間、約９００人が１日10時間労働を続ければいい。ほかにも、少しずつ高くなるピラミッドの所定の位置に石を置いたり、表面の化粧石をきれいに磨いたりする作業にも、同じくらいの人数の作業員が必要だったかもしれない（表面とはちがい、ピラミッド内部に使われた石の大半は磨かれずに粗いままだった）。さらに20年間で２６０万立方メートルの石を切りだすには、１５００人ほどの石工が１年に３００日間、銅ののみと粗粒玄武岩《ドレライト》の槌《つち》を使って、１人当たり１日につき０・25立方メートルの石を切りだすことになる。以上の作業員の数を足せば、ピラミッド建設に要する作業員は約３３００人になる。これに設計、作業計画、現場監督、輸送、道具修理、現場作業員のための住宅の建設と維持、調理、洗濯などに必要な要員を想定して、３３００人の倍の数が必要だとしても、ピラミッド建設に必要な要員の合計は７０００人にも満たない。

ピラミッドが建設されていた当時のエジプトの総人口は１５０万〜１６０万人だから、１万人弱をこの建設事業に従事させたとしても、国全体の経済に過剰な負担をかけることにはならなかっただろう。むしろ大変だったのは、作業員たちの組織づくり、現場作業員用の衣食住の確保、そして石材の安定供給だったはずだ。なにしろ、ピラミッドの内部構造（とりわけ中央に位置する王の間や上に向かうにつれて幅が狭くなる持ち送り構造で天井を支えた大回廊）に使用する花崗岩《かこうがん》は、約８００キロメートルも離れたエジプト南部から舟で輸送しなければならなかったのだから。

１９９０年代になると、作業員向けの共同墓地や、ギザでその後、建設されたピラミッド2基†の建設に従事した作業員の住居跡が、考古学者により発掘された。このおかげで、現場ではせいぜい2万人しか暮らしていなかったことが判明した。この2基のピラミッドが立て続けに建設されたことからも、当時、ピラミッドの建設法はある程度確立されていて、エジプト古王国の設計者、管理者、作業員にとって、こうした巨大建造物の建設はよくある建設プロジェクトになっていたことがうかがえる。

† クフ王の息子カフラーのピラミッドが紀元前２５２０年ごろ、その息子メンカウラーのピラミッドが紀元前２４９０年ごろに建設開始。

第2章

世界の国々

COUNTRIES

グローバル時代における
力関係を読み解く

１２ アメリカは本当に特別な国なのか?

「アメリカ例外主義」という考え方をご存じだろうか。これは、アメリカはほかの国とは異なる特別優れた国であるという考えにアメリカの理想、思想、自由尊重といったものが独特に混ざりあい、技術革新と経済発展によっていっそう強固になった信条のことで、いまだに強く支持されている。

オバマ前大統領は冷静な政治手法で知られていて、当初はあまり例外主義を公に支持しなかったが、その彼でさえ態度を変えた。まず大統領就任から数か月後の時点では(２００９年４月)、遠回しな言い方で、アメリカ例外主義を本質的に否定していることを明言していた。「おそらくイギリス人はイギリス例外主義を、ギリシャ人はギリシャ例外主義を信じているでしょう。わたしもその意味では、アメリカ例外主義を信じています」と。ところが、２０１４年５月には例外主義への態度を軟化させ、「わたしは全身全霊でアメリカ例外主義を信じています」と述べたのである。

だが、いくらそんな宣言をしたところで、アメリカが特別な存在であることを証明できなければなんの意味もない。やはりここでも、重要なのは国のＧＤＰの数値でもなければ、弾頭の数でも、取得した特許の数でもない。着目すべきなのは、国民の心身の健康を正確にとらえる指標だ。つまり、生と死と知識を数値であらわせばいい。

乳児死亡率は、収入、住宅の質、栄養状態、教育、医療への投資など、その国のさまざまな状況を広範囲に映しだす優れた物差しだ。人々が良質な住宅に住んでいて、十分な教育を受けた栄養状態のいい両親が子どもにも栄養バランスのとれた食事を与えていて、医療体制がととのっている先進国では、乳児が死ぬことはほとんどない【第1章第2節参照】。

では、世界約２００か国のなかで、アメリカの乳児死亡率はどのくらいのランクにあるのだろう？　最新データを見たところ、アメリカでは１０００出生数当たり、生後1年未満に亡くなる乳児は6人（つまり乳児死亡率６）で、乳児死亡率の低さを競うトップ25にもランクインしていない。アメリカの乳児死亡率はフランス（４）、ドイツ（３）、日本（２）よりはるかに高いのだ。さらにいえば、ギリシャ（４）より50％高い。財政危機以来、破綻国家とマスコミにさんざんたたかれたギリシャより高いのだ。

「ヨーロッパ諸国の国民は均質だから、そのぶん、アメリカは不利」という言い分も当てはまらない。近年、フランスやドイツには大勢の移民が暮らしているからだ（マルセイユやデュッセルドルフにしばらく滞在してみるといい）。乳児死亡率を左右する重要な要素は、親の知識、栄養状態、経済格差の度合い、そして、だれもが利用できる医療制度だが、アメリカは恥ずかしいことに、先進国のなかでただ一国、国民皆保険の制度を設けていない。

人生という旅路の終わりも、けっしてほめられたものではない。近年のアメリカの平均寿命（男女とも約78歳）は世界のトップ25にさえ入らず、韓国（83歳近い）はもとより、またもやギリシャ（約81歳）の

平均寿命
（歳）

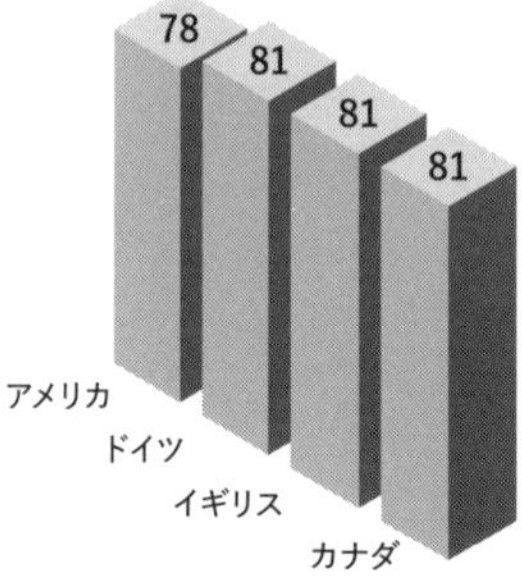

アメリカ	ドイツ
28位	24位
イギリス	カナダ
22位	13位

（OECD加盟国36か国中）

乳児死亡率
（年間1,000出生数当たりの生後1年未満の死亡数）

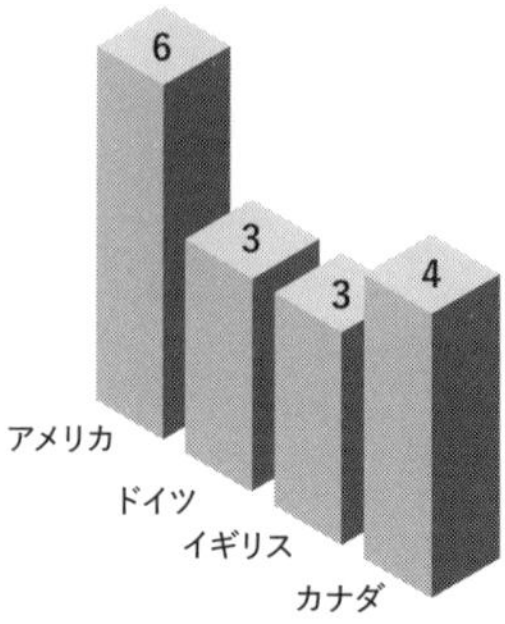

アメリカ	ドイツ
33位	19位
イギリス	カナダ
24位	30位

（OECD加盟国36か国中）

肥満の人の割合
（人口における%）

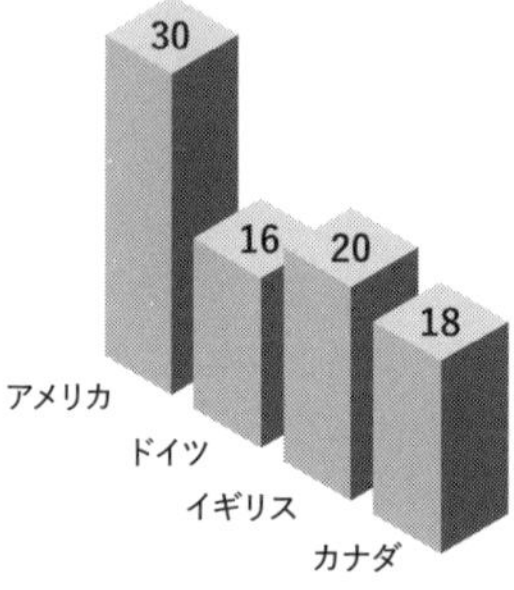

アメリカ	ドイツ
1位	19位
イギリス	カナダ
3位	4位

（OECD加盟国36か国中）

幸福度
（最高7.769、最低2.853）

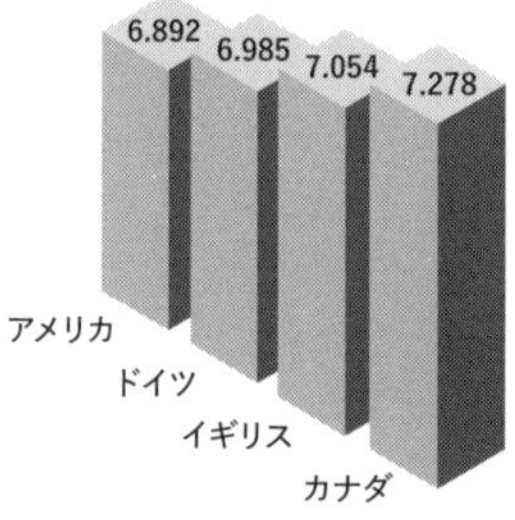

アメリカ	ドイツ
19位	17位
イギリス	カナダ
15位	9位

（156か国中*）

*SDSN発表の「世界幸福度ランキング」による

後塵《こうじん》を拝している。カナダ人はアメリカ人と比べれば平均3年以上も長く生きているし、日本人（約84歳）にいたってはアメリカ人より6年近く長生きするのだ。

アメリカの学生の学力（あるいは学力の不足）は、経済協力開発機構（ＯＥＣＤ）が実施している生徒の学習到達度調査（ＰＩＳＡ）が更新されるたびに綿密に調べられている。15歳の生徒を対象にした最新の結果（２０１８年）を見ると、数学では、アメリカはロシア、スロバキア、スペインにわずかに及ばないだけだが、カナダ、ドイツ、日本よりだいぶ下の順位だ。科学では、PISA平均点をわずかに下回り（４９７対５０１）、読解力ではかろうじて上回っている（４９８対４９６）。ただ、ヨーロッパの人口が多い先進国と比べると、はるかに劣っている。こうした調査のご多分に漏れず、ＰＩＳＡの調査方法には弱点があるとはいえ、アメリカがランキングで大差をつけられているのは一目瞭然だ。学習到達度を見るかぎり、アメリカ人が特別優れていることを示す証拠はいっさいない。

アメリカの読者のみなさんは、こうした事実を突きつけられて、不快に思われるかもしれない。でも、異論の余地はない。アメリカでは、ほかの先進国と比べて、乳児の亡くなる確率が高く、高校生はあまり勉強していない。政治家たちはアメリカ例外主義の証拠を見つけようと、あちこちさがすだろうが、それを数字で明示することはできないだろう。出所の明確な数字こそ、肝心だというのに。

13 EUのめざましい成果

１９５８年１月１日、ベルギー、フランス、イタリア、ルクセンブルク、オランダ、そしてドイツ連邦共和国（西ドイツ）が、経済統合と加盟国内での関税撤廃による自由貿易をめざして、欧州経済共同体（ＥＥＣ）を立ちあげた。

当面の達成目標はあきらかに経済的なものではあったが、ＥＥＣにはもっと崇高な目標があった。ＥＥＣ設立の理念が記されたローマ条約には、「欧州諸国間でさらに緊密な同盟関係の基盤を築き」「欧州を分断する障壁を撤廃するために加盟国が足並みをそろえ、経済的にも社会的にも躍進する基盤を築く」と、加盟国の決意が高らかに宣言されている。だが、当時、こうした目標はじつに非現実的であるように思われた。ヨーロッパには民族間の偏見や経済格差が存在するのみならず、そもそも、鉄のカーテンがバルト海から黒海まで下ろされていて、カーテンの東側の国々はモスクワの支配下にあったからだ。

１９６８年のプラハの春（チェコスロバキアが変革を試みたものの、結局、ソ連に侵攻され、変革の努力は踏みにじられた）の失敗後、ソ連の支配力がふたたび強まるなか、ＥＥＣは継続して加盟国を受けいれ、１９７３年にイギリス、アイルランド、デンマーク、１９８１年にギリシャ、１９８６年にスペインとポルトガルが加わった。

その後、１９９１年にソ連が崩壊すると、欧州全体を１つに統合しようという汎《はん》ヨーロッパ主義の気運が高まった。１９９３年、マーストリヒト条約が発効され、欧州連合（ＥＵ）が設立されると、１９９９年にはＥＵ加盟国の統一通貨としてユーロが導入された。いまでは27か国がＥＵに加盟している。

ＥＵの人口は４億５０００万人弱で、世界人口の６％にも満たないが、世界のＧＤＰ総額の20％近くを生みだしている。いっぽう、アメリカは約25％だ。また、車、大型旅客機、医薬品、ブランド品といった商品で、ＥＵは世界の貿易輸出額の15％近くを稼ぎだしている。これはアメリカの輸出額より３割以上大きい。さらに、国連の人間開発指数（ＨＤＩ）に目をやれば、ＥＵ加盟国27か国のうち約半数が、世界のトップ30に入る生活の質を維持していることがわかる。

ところが、こんにち、ＥＵでは不安と不満が高まっている。加盟国の結束力は弱まりつつあり、イギリスはすでにＥＵから離脱した。

ヨーロッパでは、テレビ番組のコメンテーターたちが、ＥＵの求心力が低下しつつある傾向について延々と解説を続けている。いわく、ブリュッセル（ＥＵ本部）の官僚支配が度を越している、各国で国家主権を求める声がまた高まりつつある、そもそも経済においても政治においても選択の自由がなさすぎる、などなど。とりわけ槍玉に挙げられているのが、共通の財政責任の基盤をつくらないまま導入へと踏みきった統一通貨だ。

正直なところ、わたし自身は戸惑いを隠せない。ナチス占領下で生まれ、鉄のカーテンの東側で育ち、

「EUは○○だ」と考えている
ヨーロッパ人の割合(%)

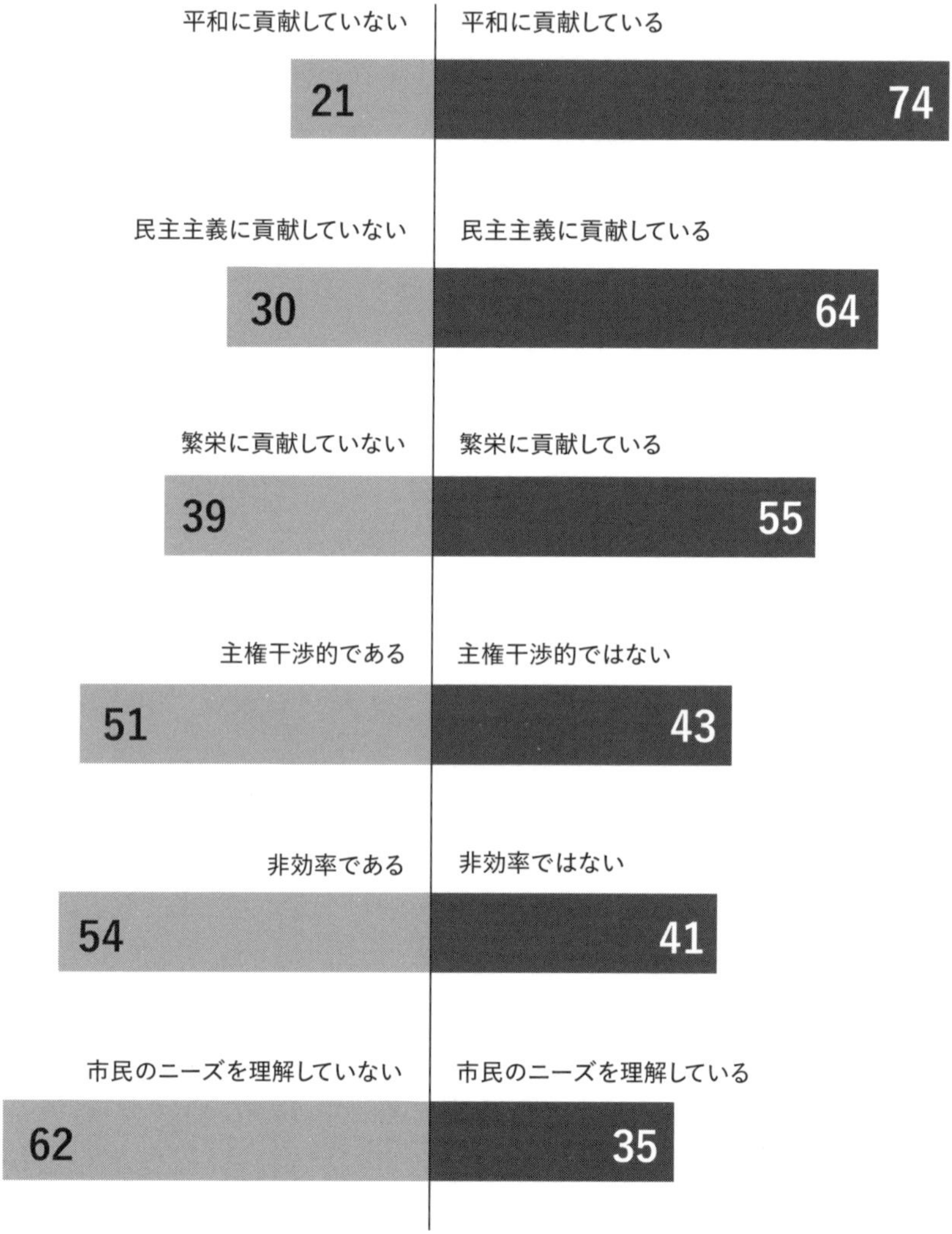

パーセンテージはヨーロッパ10か国の中央値*

＊この場合の中央値とは、各国ごとのパーセンテージを高いものから順に並べ、5位と6位を平均したもの

民族や言語が複雑に入りまじった、いかにもヨーロッパらしい家系をもつ身から見れば、こんにちのヨーロッパは信じられないほどすばらしい成果をあげている。もちろん欠点もあるだろうが、これほどの偉業を達成してきたのだから、もう一度ＥＵ加盟国が結束するために、粉骨砕身《ふんこつさいしん》、さらなる努力を重ねるだけの価値はあるはずだ。

だが、平和と繁栄が数十年も続き、それがあたりまえのものとなった結果、ちょっとしたミスや難題（避けられないものもあれば、容認してはならないものもある）が生じたせいで、昔の偏見や敵意にふたたび火がついてしまったのも事実である。

わたしがヨーロッパに願うことはただ一つ。どうか、うまくやってほしい。うまくやれなかった場合には、どう考えても、重い代償を支払うことになるのだから。

14

ブレグジット——イギリスが直面している現実は変わらない

イギリスがEUを離脱したあと、実際のところ、なにが変わるのだろう？　もちろん、思いのほか長引いた離脱準備段階でも、すでに相当の変化が起こっている。そこでの混迷を表現するには、ブリテン諸島が最後に侵略を受けた時代*に英語に加わった単語を使うとしっくりくるだろう——非難《アキュゼイション》、辛辣《アクリモニー》さ、糾弾《コンデムネイション》、思いちがい《ディリュージョン》、曲解《フォルシフィケイション》、錯覚《イリュージョン》、逆襲《リクリミネイション》といった時代の荒波にひたすら耐えつつ、礼儀《シヴィリティ》を保てるかどうか、イギリスはこれまでも試されてきたのだ。

ではブレグジットから5年後、10年後に、はたしてイギリスの命運を左右する根本的な要因はなにか変わっているのだろうか？　まずは基本中の基本から説明していこう。わたしたちはみな食べていかなければならない。この点に関しては、現代社会はすばらしい成果をあげていて、これまでに例を見ないほど多様な食料品をおおむね手ごろな価格で供給できている。また、わたしたちはたえず電力を流し、燃料を提供して、建物と産業と輸送にエネルギーを供給しなければならない。物を製造し、建物をつくり、それらを維持管理して、社会生活に欠かせない物質的な基盤をととのえ、更新していく必要もある。そして最後に社会インフラ、とりわけ教育や看病や介護を提供する施設（学校、医療機関、介護施設）に関しては、全国民にゆきわたるだけの量が必須となる。

以上の必要不可欠なもの以外は、すべて二の次でいい。こうした必須なものに目を向けると、イギリスの現状評価はあきらかだ。

まず、食料について考えてみよう。イギリスはここ数世紀、食料を自給できていない。１９８０年代に約20％だった輸入品への依存度が近年では40％に倍増している。この現状を短期のうちに改善したいのなら、情け容赦のない食料配給制度を実施して（そして冬になったら生野菜や果物を提供するのはあきらめて）、輸入品への依存度を大きく下げるしかない。現在、イギリスが輸入している食料品の4分の3はEU産だが、スペインの野菜農家やデンマークのベーコン生産者は、イギリスの消費者がこれからも買ってくれるのであればよろこんで農畜産物の出荷を続けるだろう。よって、今後、国内需要をしぼませるような税や価格の設定があるとは思えない。

次にエネルギーについて見ていこう。イギリスがエネルギー（北海の石油と天然ガス）の純輸出国だったのは２００３年が最後で、近年は一次エネルギーの30〜40％を輸入に頼っていて、なかでも多いのが天然ガスだ。やはりエネルギーに関しても、近い将来、大きな変化は起こらないだろうし、世界のエネルギー市場の供給量は十分にあるため、手ごろな輸入価格がこのまま続いていくだろう。

では、製造業についてはどうだろうか。イギリスはかつて、科学を基盤にした近代の製造業の草分けで

＊１０６６年にイングランドはノルマンディー公ギヨーム2世に征服された。

あり、発明大国でもあった。なんといっても、電磁誘導を発見したマイケル・ファラデー、鉄道や蒸気船を設計したイザムバード・キングダム・ブルーネル、電磁気学を確立したジェームズ・クラーク・マクスウェル、蒸気タービンを発明したチャールズ・アルジャーノン・パーソンズの国なのだから。ところが、欧米諸国のなかで歴史的に見てもっとも工業化が遅れているカナダよりも、すでにイギリスの工業力は低下している。２０１８年、イギリスのＧＤＰに占める製造業の割合は９％で、カナダは10％、アメリカは11％。いっぽう、いまだに製造業大国の地位を守っている日本、ドイツ、韓国はそれぞれ、19、21、27％。さらにアイルランドは32％で、29％の中国さえもしのいでいる。よって製造業に関しても、たとえ政治的な協定が一夜にして大きく方向転換したところで、この歴史的に続いてきた衰退の流れを変えることはできない。

　最後に、イギリスの教育や医療に望みはないのだろうか。ヨーロッパのほかの国々と同様、イギリスの現代の教育政策は質より量を重視しすぎている。また医療保健制度はさまざまな制約に苦しんでいて、たびたび研究対象となっているほどだ。国営保健サービス（ＮＨＳ）の施設で働く医師やスタッフが疲弊しきっているとか、病院自体に負荷がかかりすぎているとかいう報告がたえずあげられていることからも、事態の深刻さがうかがえる。そのうえ、高齢化対策にもさらに資源を割かなければならない。２０２０年の老年人口指数（15〜64歳の生産年齢人口に対する65歳以上の老年人口の割合）は32％で、フランスやドイツよりはまだやや低いものの、２０５０年には47％に上昇する見込みだ。いくら政府が介入したところで、あるいは「われわれは国家主権を取り戻した」「ブリュッセルのＥＵ官僚とは縁を切った」と宣言したところで、この高齢化の流れを押しとどめることはできないだろう。

イギリスはいまのところ善戦しているが
今後、改善していくのか？

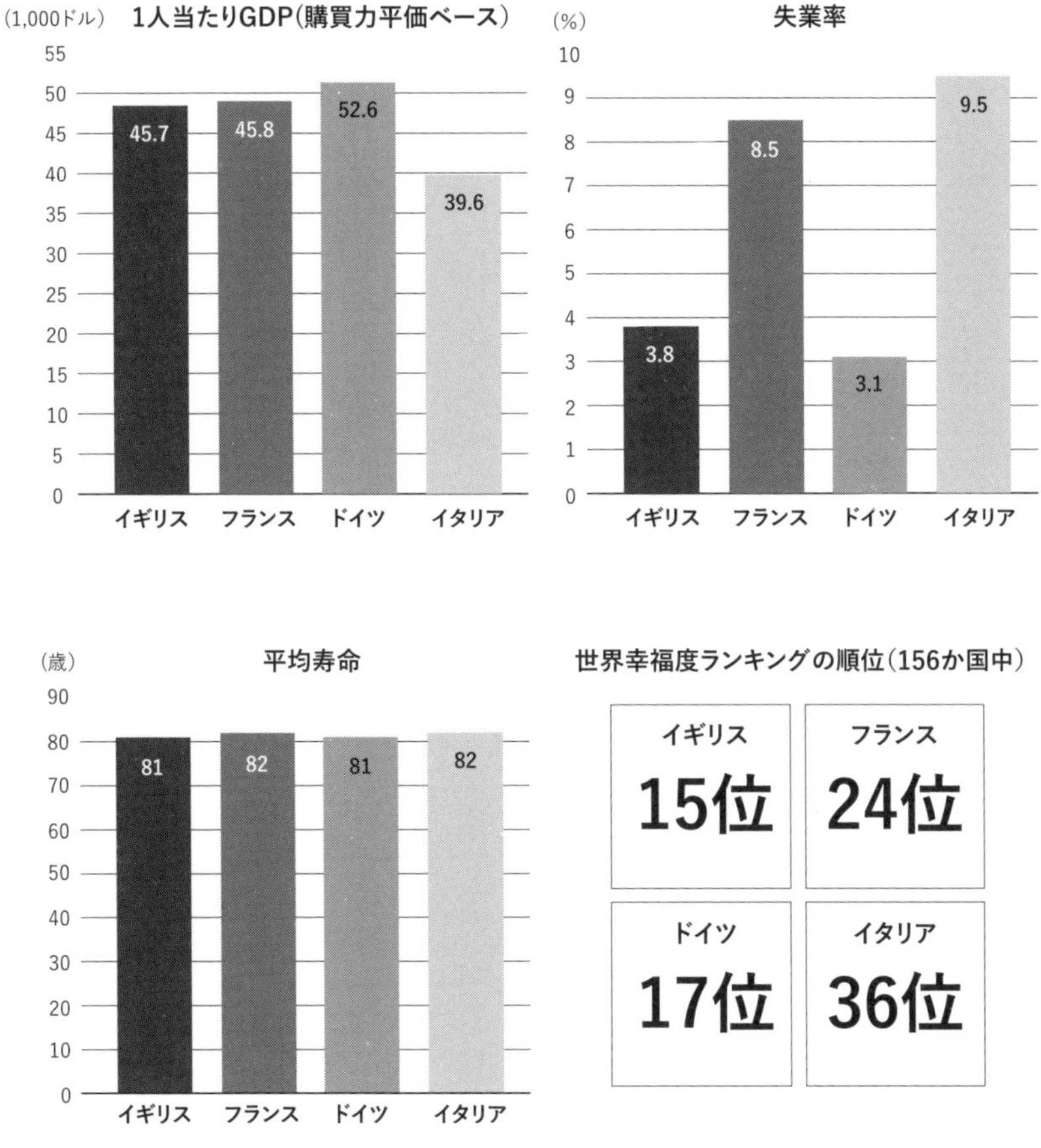

こうした基本的な現実を理性的に受けとめれば、イギリスが島国根性をふたたびむきだしにしたところで、実際のところどれだけのちがいが生じて、どれほどの利益が得られるのかという疑問はぬぐえない。もちろん、虚偽に基づいた主張を書きたてたラッピングバスを走らせるくらいのことならだれにでもできるし*、無茶な口約束もいくらだってできる。誇らしい気持ちになったり満悦したりすれば、つかの間はブレグジットの成果に納得できるかもしれない。だが、そうした実体のないものをいくら得たところで、イギリスの現状を変えることはできない。

つまり、イギリスという国は老いてしまったのだ。なにしろ産業が衰退し、疲弊しきったこの国の1人当たりGDPは、いまやアイルランドの5割をかろうじて上回る程度しかないのだから（『ガリバー旅行記』の著者スウィフト、政治家のグラッドストーンやチャーチルといったお歴々にはまるで理解できない凋落《ちょうらく》ぶりだろう）。それでも過去の栄光を忘れられず、イギリスは唯一無二の存在だと言い張る人たちがいる。そんなイギリス独自のものはといえば、困った王子ばかり抱えていることや、召使いがわんさかいる古ぼけた貴族の邸宅を舞台にした時代劇のテレビシリーズを輸出していることくらいなのだ。

*ブレグジット推進派は国民投票に向け、車体に「EUに週3億5000万ポンド払うくらいなら、国営保健サービスに予算を」と大書したラッピングバスを使って大々的なキャンペーンを展開した。

15 日本の将来への懸念

１９４５年９月２日、東京湾上の米戦艦〈ミズーリ〉の甲板で、政府全権の重光葵《まもる》外相と大本営全権の梅津美治郎《よしじろう》参謀総長が降伏文書に署名した。これにより、近代でおそらくもっとも無謀といえる戦争に終止符が打たれた。というのも、アメリカは日本より優れた技術をもっていたため、戦争の勝敗は開戦前から火を見るよりあきらかだったからだ。真珠湾を攻撃した時点で、日本はすでに物量の面でも負けていた。１９４０年当時、アメリカは日本の10倍ほどの鋼鉄を生産していて、第二次世界大戦中、その差はいっそう広がったのだ。

この大戦により壊滅的打撃を受けた日本経済は、１９５３年まで戦前のピークを超えられなかった。だが、このころまでに驚異的な右肩上がりの成長を遂げる経済の基盤が築かれ、ほどなくトランジスタラジオ（ソニー）から世界初の超大型原油タンカー（住友）まで、さまざまな輸出品が見るまに売れはじめた。１９７３年にはホンダ・シビックがアメリカに初上陸し、１９８０年になると日本車のアメリカ市場におけるシェアは30％に達した。１９７３～74年にかけて、石油輸出国機構（ＯＰＥＣ）が原油公示価格を５

倍にする決定をくだすと、原油の調達をほぼ輸入に頼っていた日本は大打撃を受けたものの、エネルギーの効率化に取り組み、状況の変化に迅速に対応した。そして１９７８年には、アメリカに次ぐ世界第2位の経済大国にまでのしあがったのである。１９８５年、円があまりに強くなったため、アメリカは日本からの輸入拡大による対日貿易赤字を懸念し、ドル切り下げを強行した（プラザ合意）。ところが、それでも日本経済の勢いは衰えず、１９８５年1月からの5年間で、日経平均株価は3倍以上に跳ねあがった。

　あまりにもできすぎた話のように思えないだろうか。それもそのはず、この好景気は株価と地価が急上昇し、経済が実体をともなわずに泡のようにふくらんだバブル経済のしわざだったのだ。バブル絶頂期から10年後の２０００年1月、日経平均株価は１９９０年の5割ほどに下落し、ようやく回復を見せたのはつい最近のことだ。

　ソニー、東芝、日立といった日本を代表する電機メーカーは、いまや黒字を出すのに必死だ。トヨタとホンダは信頼の置ける自動車メーカーとしてかつては比類なき地位に君臨し、世界的ブランドとして名を馳《は》せていたが、いまでは数百万台もの大規模リコールを余儀なくされている。また、タカタの欠陥エアバッグは２０１４年にアメリカの連邦議会公聴会でとりあげられてから、製品としては史上最大規模のリコールにまで拡大した。２０１３年には、ＧＳユアサの信頼性の低いリチウムイオン電池が原因となり、新型ボーイング７８７に不具合が発生した*。こうした事態に加えて、めまぐるしく代わる内閣、２０１１年3月に発生した巨大地震と福島県の原発事故がもたらした深刻な被害、予測できない北朝鮮の脅威、中国や韓国との関係悪化など、じつにやっかいな問題が山積している。

　さらに、もっと根本的な問題もある。長い目で見れば、国の命運を握っているのは人口の推移だ。日本は世界でもっとも急速に高齢化している経済大国であるだけではなく（すでに４人に１人が65歳以上で、２０５０年にはその割合は40％近くになると思われる）、総人口も減少している。いま約１億２７００万人の人口は、２０５０年には９７００万人ほどに減ると推定されていて、建設や医療の分野で必要な若い労働力が不足するだろう。そうなったら、あのみごとなまでに効率がよく、広範囲に網羅されている輸送インフラをだれが維持するのだろう？　数百万人もの高齢者の世話をだれがするのだろう？　なにしろ２０５０年には、80歳を超える人口が子どもの人口を上回ると予想されているのだ。

大国というものは、たいてい似たような盛衰の足跡をたどるものだが、その道のりでもっともちがいが見られるのは、繁栄をきわめる時期の長さだ。わりと長いあいだ繁栄を続け、その後、着実に衰退していく国もあれば（大英帝国と20世紀のアメリカ合衆国がこのパターンに当てはまる）、一気に頂上にのぼりつめたあと、程度の差はあるにせよ、あっという間に坂をくだりはじめる国もある。日本はあきらかに後者だ。第二次世界大戦後、経済はすぐに上向きはじめたものの、その上り坂も１９８０年代後半には終わり、以降ずっと下り坂が続いている。すなわち日本という国は、人間の一生ほどの短期のうちに、戦後の焼け野原から立ちあがり、世界から称賛され、おそれられる経済大国にのぼりつめ、そのあとは長期の停滞に苦しみ、高齢化社会に突入したのだ。

日本政府はこの下り坂からなんとか抜けだそうと方策をさぐってきたが、大胆な改革を実行するのはむ

＊２０１４年12月、米運輸安全委員会は、ボーイングの設計とＧＳユアサの製造工程の両方に問題があったとの最終報告書を発表した。

日本の人口の推移

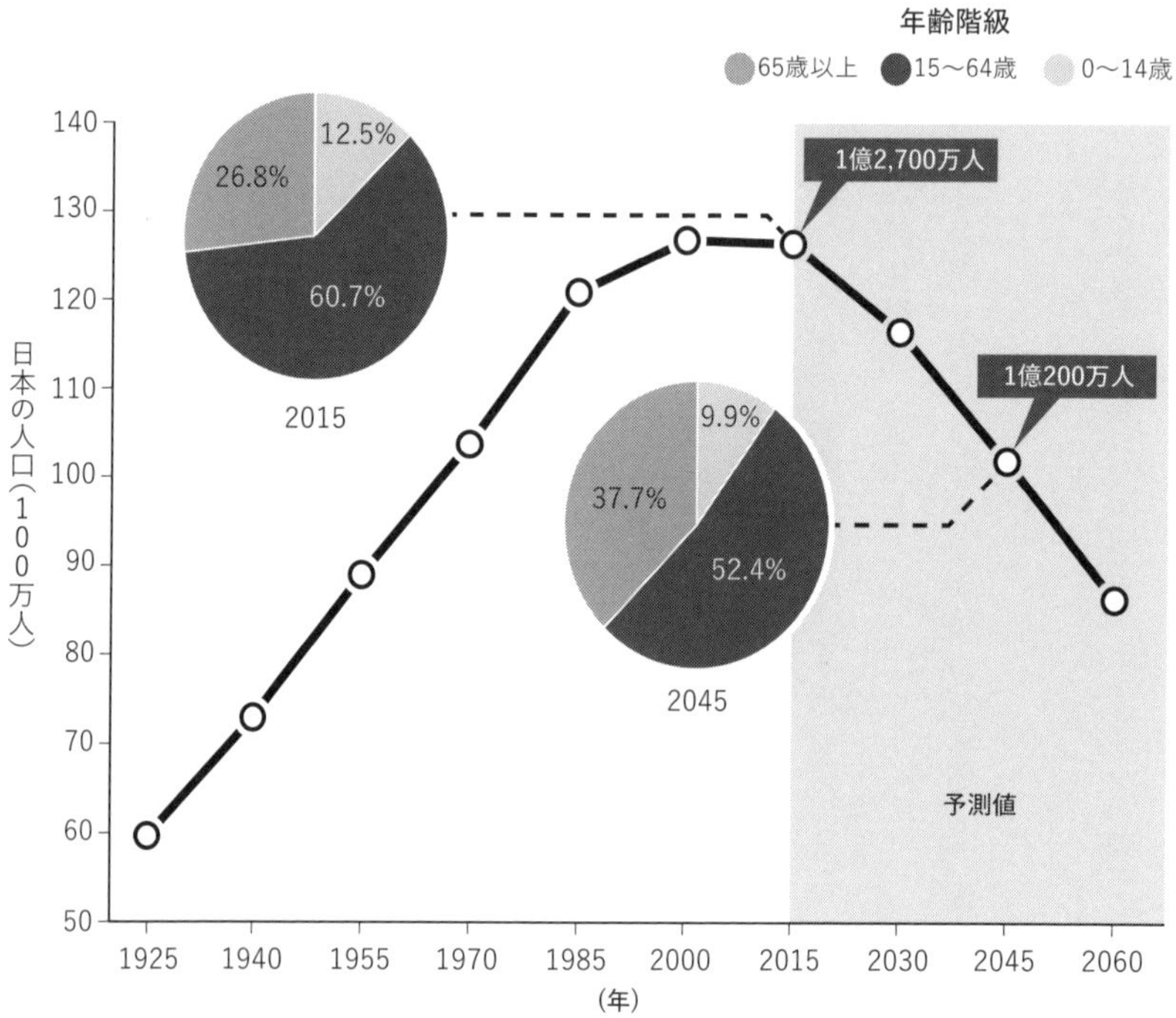

ずかしいだろう。なにしろ、与党に有利にはたらくように選挙制度を変えたこの国は、中規模の移民政策さえ真剣に検討できていないうえ、いまだに近隣の国々と真の和解もできていないのだから。

16 中国はどこまで成長するのか？

中国がさまざまな躍進を遂げるだろうと予想されてから久しい。たとえば、アメリカを抜いて世界最大の経済大国になるだろうという記事もさんざん書かれてきたが、いったいそれはいつ起こるのだろう？　２０１５年、２０２０年、それとも２０２５年？　その答えは、どのお金を基準にして考えるかで変わってくる。たとえば、物価の変動による影響を調整して経済的産出高を算出するのであれば、中国はすでにアメリカを抜いている。国際通貨基金（ＩＭＦ）によれば、２０１９年の中国の購買力平価ベースの実質ＧＤＰはアメリカのそれを約32％上回っている。

　ところが、元《げん》・ドルの実勢為替レートを算出ベースにした名目ＧＤＰは、アメリカのほうがはるかに上だ。２０１９年の時点で、アメリカの名目ＧＤＰは中国を50％ほど上回っている（21兆４０００億ドル対14兆１０００億ドル）。かつては2桁成長を続けていた中国のＧＤＰ成長率も、近年では公表値で6～7％とだいぶ低くなっている（実際にはもっと低い）とはいえ、アメリカの成長率よりだいぶ高い。よって名目ＧＤＰに関しても、中国がナンバー１になるのは時間の問題だ。

中国がナンバー１への道を歩みはじめたのは１９７８年で、この年、中国は30年に及ぶ大失政から抜けだし、経済の近代化へと舵《かじ》を切った。以来数十年にわたって、中国は穀物、石炭、セメントの世界最大の生産国であり、製造品全般、とりわけ家電や電子機器に関しては、長年、世界有数の輸出国だ。まあ、中国が輸出大国であるのは、それほど意外な話ではない。なにしろ人口は世界最大で（２０１９年で14億人）、経済の近代化を実現するには、人口の規模に見あうだけの生産量が必要となるからだ。

ところが相対的に見ると、中国が裕福であるとはとても言えない。世界銀行が甘く算定した２０１９年の１人当たり実質ＧＤＰは１万９５０４ドルで、国別ランキングで73位。モンテネグロやアルゼンチンより下で、ドミニカ共和国、ガボン、バルバドスよりかろうじて上だ。しかし、これもびっくりするほどの順位ではない。バンクーバーやロンドンの不動産を買いあさったり、パリのギャラリー・ラファイエットでダイヤモンドがちりばめられた腕時計を買ったりするお金持ちの中国人がいることは、だれもが知っているものの、彼らは中国人のごく一部にすぎないからだ。

ＧＤＰとにわか成金《ヌーヴォー・リッシュ》の数ばかりに目を向けると、中国の実際の生活の質を見誤ってしまう。中国では環境汚染も悪化を続けている。都市部の大気汚染は信じられないほどひどい。ＷＨＯの指針によれば、健康に害を及ぼさないＰＭ２・５濃度の上限は１立方メートル当たり25マイクログラムだが、中国の多くの都市ではたびたび５００マイクログラムを超えている。なかには、最大値が１０００マイクログラムを超える都市もある。２０１５年のニューヨーク市の平均は10マイクログラム未満だが、北京市の平均は80マイクログラムだ。これほど高レベルの大気汚染のなかで生活していると、呼吸器疾患や心疾患に罹患しやすくなるため、平均寿命も短くなる。

老年人口指数　中国とアメリカ（推移と予想）

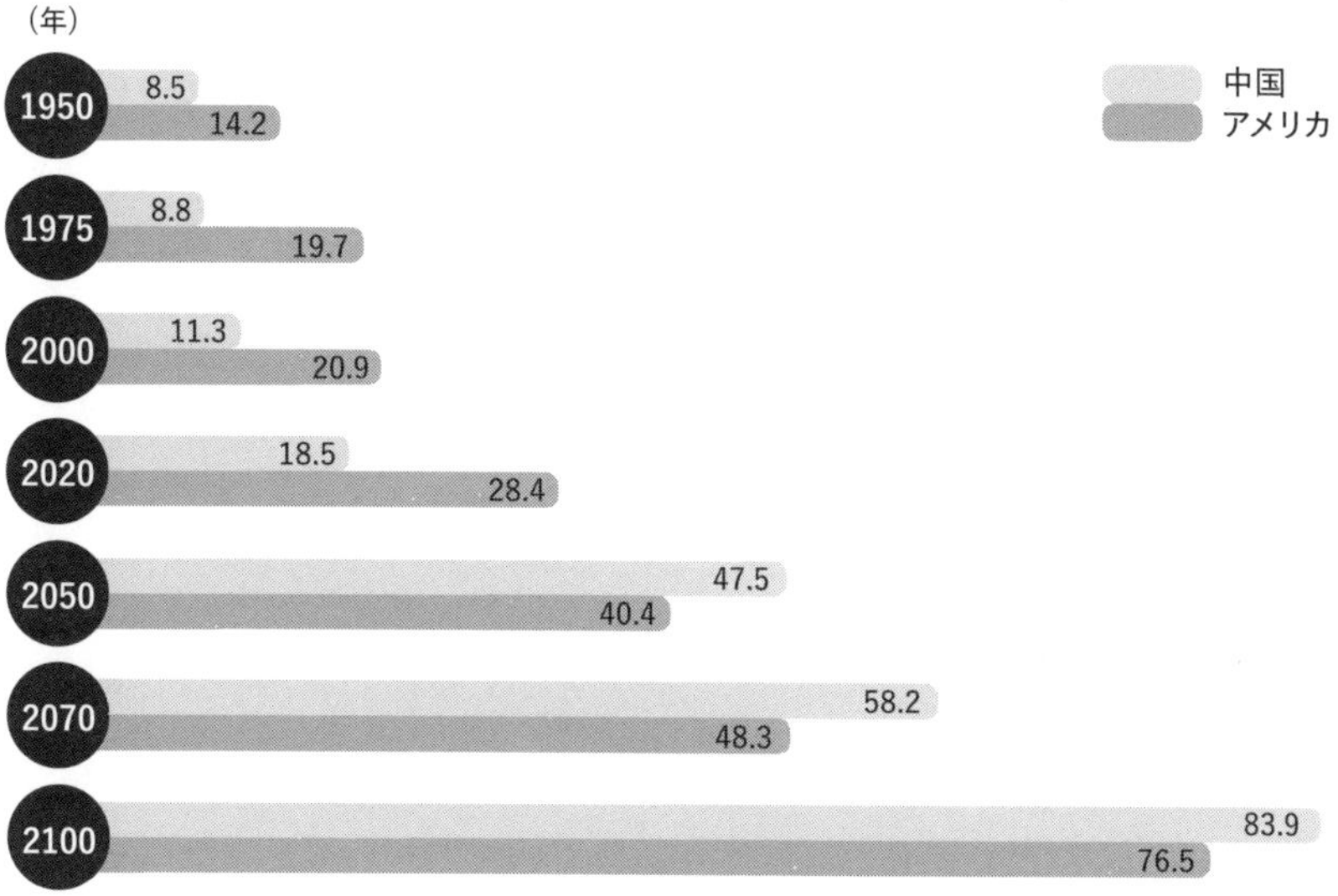

そのうえ、水質汚染も広がっている。中国の田園地帯では半数近くの人々が、近代的な下水処理施設がととのっていない環境で暮らしている。１人当たり農地面積はインドより小さいうえに、国の規模がはるかに小さい日本とはちがって、輸入食品に大きく依存するわけにもいかない。エネルギーに目を向ければ、原油と天然ガスの埋蔵量はアメリカに劣る。中国は原油の消費量の60%以上を輸入に頼っているが、アメリカはいまでは輸入にそれほど頼っていない。さらに、中国では人口が密集する沿岸地域に原子炉が次々と新設されていて、福島のような大惨事が起こったら——というようなことは精神衛生上、考えないほうがいいだろう。それに、人の集まるどこかの生鮮市場でまたパンデミックが発生した場合のことも、考えないほうがいいのかもしれない。

最後に、中国の人口は高齢化が急速に進んでいる。だからこそ、中国共産党は２０１５年に一人っ子政策を廃止したわけだが、結果的には生産年齢人口の割合はすでに減少しつつある。従属人口（15歳未満人口と老年人口の和）に対する生産年齢人口の割合は２０１０年にピークを迎え、以来、減少の一途をたどっているのだ。そうなれば、中国の産業力も衰えていくだろう。

すべて、どこかで見たような推移だ。ためしに、１９９０年と２０２０年の日本を比べてみるといい。１９９０年代を迎えたばかりの日本は欧米諸国すべてを向こうに回すほどの勢いだったものの、２０２０年の日本は30年にわたる経済の停滞に苦しんでいる【前節参照】。

２０２０年と２０５０年の中国を比べて、どれほど様変わりしているかを想像するには、日本の例を見るのがいちばん参考になるのかもしれない。

17

インド vs. 中国

——人口大国の共通点と相違点

インド・アズ・ナンバーワン？　そうなりそうな気配だ。インドはじきに中国にとってかわって、世界一人口の多い国になるだろう。問題は、インドが中国に匹敵する経済大国として台頭するかどうかだ。古代ローマ帝国が滅亡してから、中国の歴代王朝はどの政体よりも多くの人々を支配してきた。王朝による統治が終わりを迎えたあとの１９１２年、中国の人口は約4億２８００万人だった。中国共産党が全権を握った１９４９年には5億４２００万人。そして２０００年には12億７０００万人、２０１９年末には約14億人になった。増加率が鈍っているのは、１９７９年に導入し、２０１５年に廃止した一人っ子政策の直接的な結果だ【前節参照】。そのいっぽうで、インドの人口は１９５０年の3億５６００万人から、２０００年に10億５０００万人、２０１９年末には13億８０００万人と増加の一途をたどっている。

このように、インドと中国との人口の差はどんどん縮まっている。また、人口推移の短期予測は信頼性が高いことを考えれば、インドの人口が２０２５年までに中国の人口を抜くのは確実で（直近の国連の世界人口推計による）、早ければ２０２３年には抜くかもしれない。

ほかの観点からも、10億を超える人口を抱えるこの両国を比べてみると、じつに興味深いことがわかる。どちらの国も、男児選好による女児の中絶数が多く、出生時の男女比が異常なまでに不均衡なのだ。標準的には女児１人に対し男児１・06人だが、インドでは女児１人に対し男児１・12人、中国では男児１・15人である。

また、両国とも腐敗がはびこっている。腐敗・汚職防止に取り組んでいる国際ＮＧＯトランスペアレンシー・インターナショナルが発表している最新の腐敗認識指数によれば、インドと中国は１８０か国中ともに80位だ（ランキングトップはデンマークで、最下位はソマリア）。そしてインドも中国も、経済格差の指標となるジニ係数はきわめて高く、インドが約０・48、中国は０・51だ（ちなみにデンマークは０・25、イギリスは０・33、アメリカは０・38）。そして、両国とも金持ち階級は競うようにして見栄のためにカネを使い、高級車を収集し、そこかしこに宮殿のような豪邸を買っている。インド最大の財閥リライアンス・インダストリーズの会長ムケシュ・アンバニは、世界一高価な私邸を所有していて、２０１２年に完成した〈アンティリア〉という27階建ての超高層住宅は、ムンバイのスラム街を一望におさめる。

しかし、両国には根本的なちがいもある。１９８０年以降の急激な経済成長のおかげで、中国のほうがはるかに裕福で、名目ＧＤＰ（ＩＭＦによる２０１９年の推定値）はインドの5倍に迫り、中国が14・1兆ドル、インドが2・9兆ドルだ。２０１９年の購買力平価ベースの１人当たりＧＤＰ（ＩＭＦによる）を見ても、中国はインドの倍以上高く、中国２万９８０ドル、インド９０３０ドルだ。

では、政治の面ではどうだろうか。中国は一党独裁体制をとっていて、７人の年配者からなる党の最高指導部（政治局常務委員）が権力を手中におさめているのに対して、インドは体制にかなり不備があるも

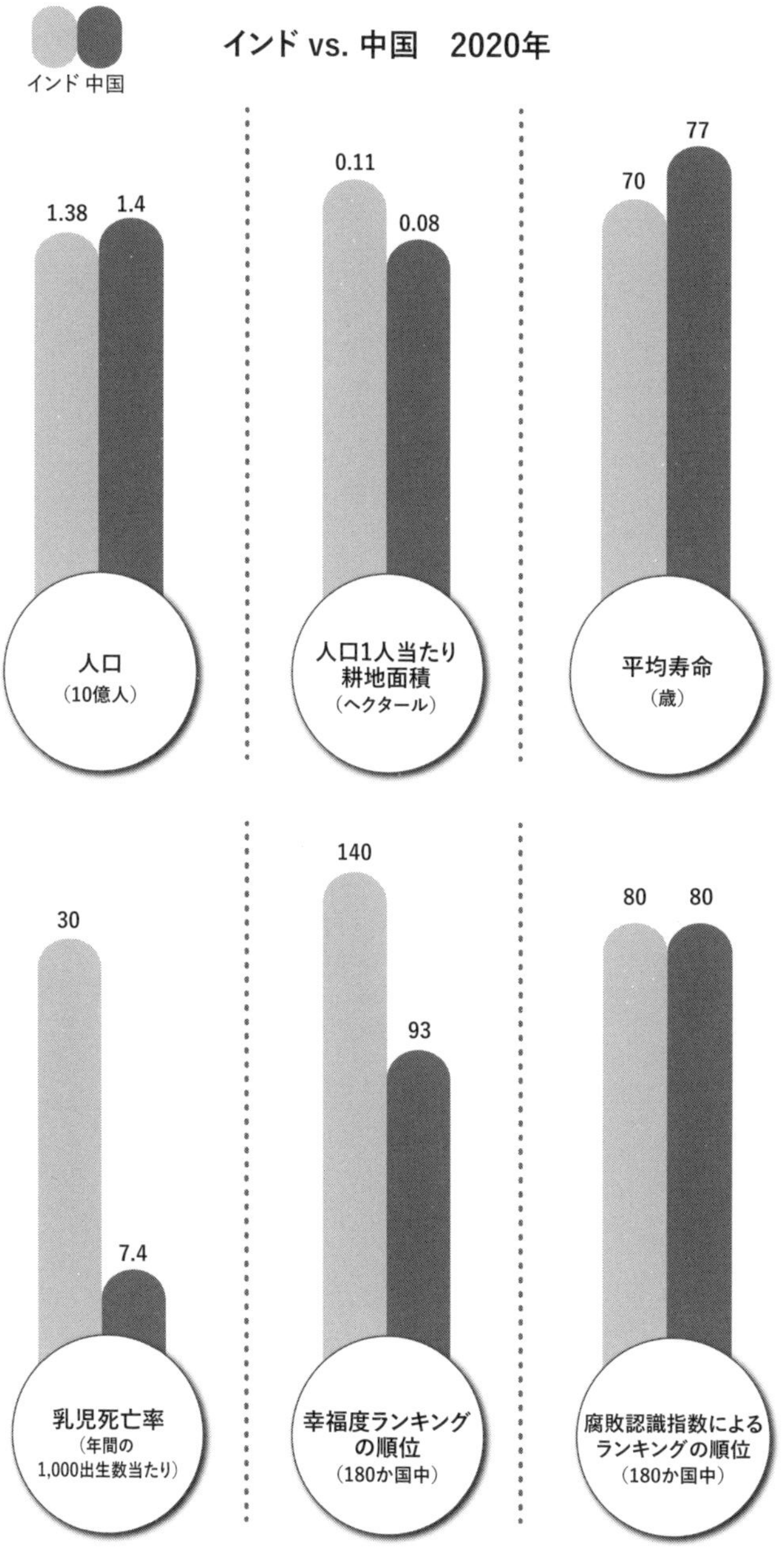
インド vs. 中国　2020年
インド 中国
1.38
1.4
人口
（10億人）
0.11
0.08
人口1人当たり
耕地面積
（ヘクタール）
70
77
平均寿命
（歳）
30
7.4
乳児死亡率
（年間の
1,000出生数当たり）
140
93
幸福度ランキング
の順位
（180か国中）
80
80
腐敗認識指数による
ランキングの順位
（180か国中）

のの、まぎれもない民主主義国家だ。２０１９年、国際ＮＧＯフリーダム・ハウスはインドの自由度を75ポイントと評価したが、中国はわずか11ポイントだ（イギリスは93ポイント、カナダが99ポイント）。

　ほかの分野に目を向けても、やはりさまざまな事実が見えてくる。中国のハイテク分野における業績としては、きわめて厳しいネット検閲と、新たな社会信用《ソーシャルクレジット》システムの導入による逃れようのない監視網の配備が挙げられる。かたやインドの業績は、国内外のハイテク企業の指導的地位に不釣り合いなほど大勢の人材を送り込んでいることだろう。あまたのインド系移民がシリコンバレーの企業の中枢にのぼりつめている。グーグルのサンダー・ピチャイ、マイクロソフトのサティア・ナデラ、アドビのシャンタヌ・ナラヤン、グローバルファウンドリーズの元ＣＥＯサンジェイ・ジャといった面々が、その代表格だ。

　インドが中国の経済的な成功をどこまで再現できるのかも、これから楽しみなところだ。かたや中国は、労働力人口の割合が低下する状況に対処しなければならない。２０１２年以降、従属人口指数（働き手である生産年齢人口に対する従属人口の割合）は上昇を続け、いまは40％を超えたところだ。問題は、中国が真の意味で裕福になる前に、高齢化社会に突入してしまうかどうかだ。さらには、両国とも深刻な環境問題に直面しており、これから国民を食べさせるのに難儀するだろう。それでも、インドには中国より約50％広い農地があるのだが。

　最後に１つ、複雑な問題を説明しておこう。この２つの核保有国は、ヒマラヤ山脈の一部の領有権紛争を終結するための協定を結べていない。この問題は武力衝突にまで発展し、とくに１９６２年の国境紛争では激しい戦闘が繰りひろげられた。国境が定まっていない土地をはさんで２つの新興国が隣りあっているのだから、一触即発になるのも無理はない。

そうはいっても、インドにとって、この対立は目下の最大の課題ではない。出生率をできるかぎり早急に抑えること（ほかの条件が同じであれば、これにより1人当たりGDPが上昇する）、主食の食料自給率を維持すること（14億人を超える人口はあまりに多く、輸入品にすべてを頼ることはできない）、そしてヒンドゥー教徒とイスラム教徒の激化するいっぽうの対立を解決する方策を見いだすこと。これらのほうが、いまのインドにとっては待ったなしの課題である。

18 なぜ製造業はいまでも重要なのか？

製造業はここのところ、大きくなっていると同時に小さくもなっている。２０００年から２０１７年にかけて、世界の製造業生産高は2倍以上になり、６兆１０００億ドルから13兆２０００億ドルになった。いっぽうで、製造業の相対的な重要性は急速に低下していて、かつての農業（現在、世界の経済産出高に占める農業の比率は４％にすぎない）と同じ道をたどっている。国連が公表している国別の統計によれば、製造業が世界の経済産出高に占める比率は、１９７０年の25％から２０１７年には16％に減少している。

この減少傾向は株式市場にはっきりあらわれていて、世界有数のメーカーよりも株式価値が大きいサービス業の企業はたくさんある。２０１９年末、フェイスブック（ひっきりなしに自撮り《セルフィー》している人たちの御用達《ごようたし》）の株式時価総額は約５７５０億ドルで、世界屈指の自動車メーカー、トヨタの3倍近い額となっている。またヨーロッパ最大のソフトウェア企業ＳＡＰの株式時価総額は、ヨーロッパ最大のジェット旅客機メーカーのエアバスより60％も高い。

それでもやはり、製造業は一国の健全な経済を維持するうえで、いまでも重要だ。高賃金の仕事をこれほど多く生みだす部門は、ほかにないからだ。たとえば、フェイスブックの２０１９年末の従業員数は４万３０００人だったが、それに対して２０１９年度のトヨタの従業員数は約37万人。このように雇用の面から見ても、ものづくりはいまでも重要なのだ。

４大経済大国は、いまなお４大製造大国の地位を維持していて、この４か国で２０１８年における世界の製造業の総生産高に占めるシェアは60％だ。中国がトップで全体の約30％、アメリカが約17％、日本、ドイツと続く。だが、それぞれの国の経済における製造業の相対的な重要度は、あきらかに異なる。２０１８年のＧＤＰにおける製造業の比率を比べると、中国では29％を超え、日本とドイツで約21％、アメリカでは約12％にすぎない。

製造業の国民１人当たり付加価値額（製造業の産出付加価値額を総人口で割った数値）にランクをつけてみると、２０１８年、約１万２０００ドルのドイツが４大国中トップで、次いで約７９００ドルの日本、約６８００ドルのアメリカと続き、中国はわずか２９００ドル。ところが、ほかの国にも目を向けると、世界１位はアイルランドだ。同国は１９７３年にＥＵ（当時はＥＣだった）に加盟するまで、製造業の比率は小さかった。ところがアイルランドは法人税率が低いため（12・５％）、多くの多国籍企業の誘致に成功し、いまでは製造業の輸出額の90％を多国籍企業が占めていて、国民１人当たり付加価値額は２万５０００ドルを超え、スイスの１万５０００ドルを上回っている。スイスの製造業といえば、思い浮かぶのはかの有名なノバルティスやロシュ（いずれも製薬会社）、あるいはスウォッチ・グループ（ロンジン、オメガ、ティソといった腕時計の有名ブランドを傘下におさめる）ではないだろうか。ところが、アイルランドの製造企業となると、頭に浮かぶのはアップル、ジョンソン・エンド・ジョンソン、ファイザーと

製造業は仕事を生みだす。
製造業が盛んな国トップ10のうち、
近年、失業率が5%を超えているのは2国のみ

製造業がGDPに占める比率(%)

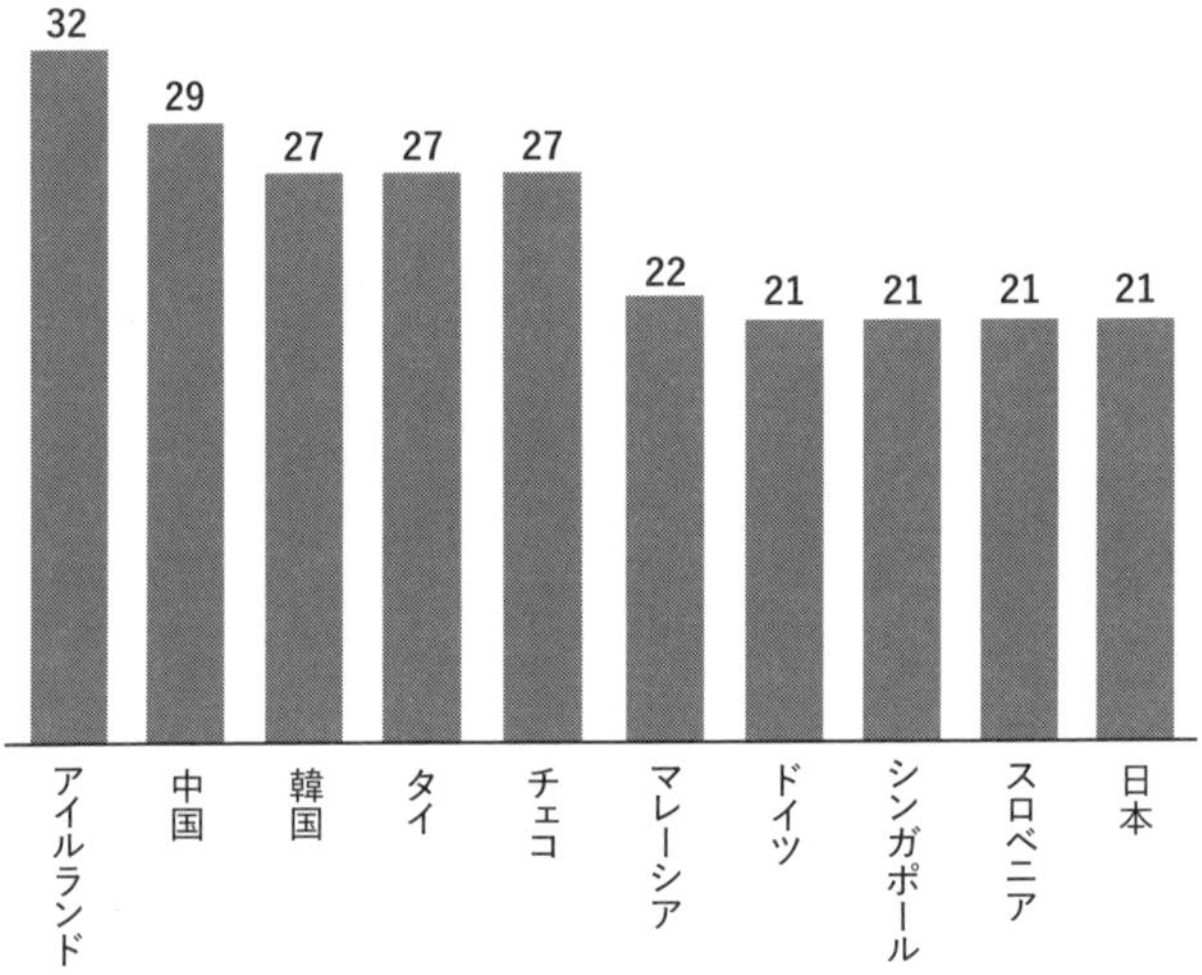

失業率(%)

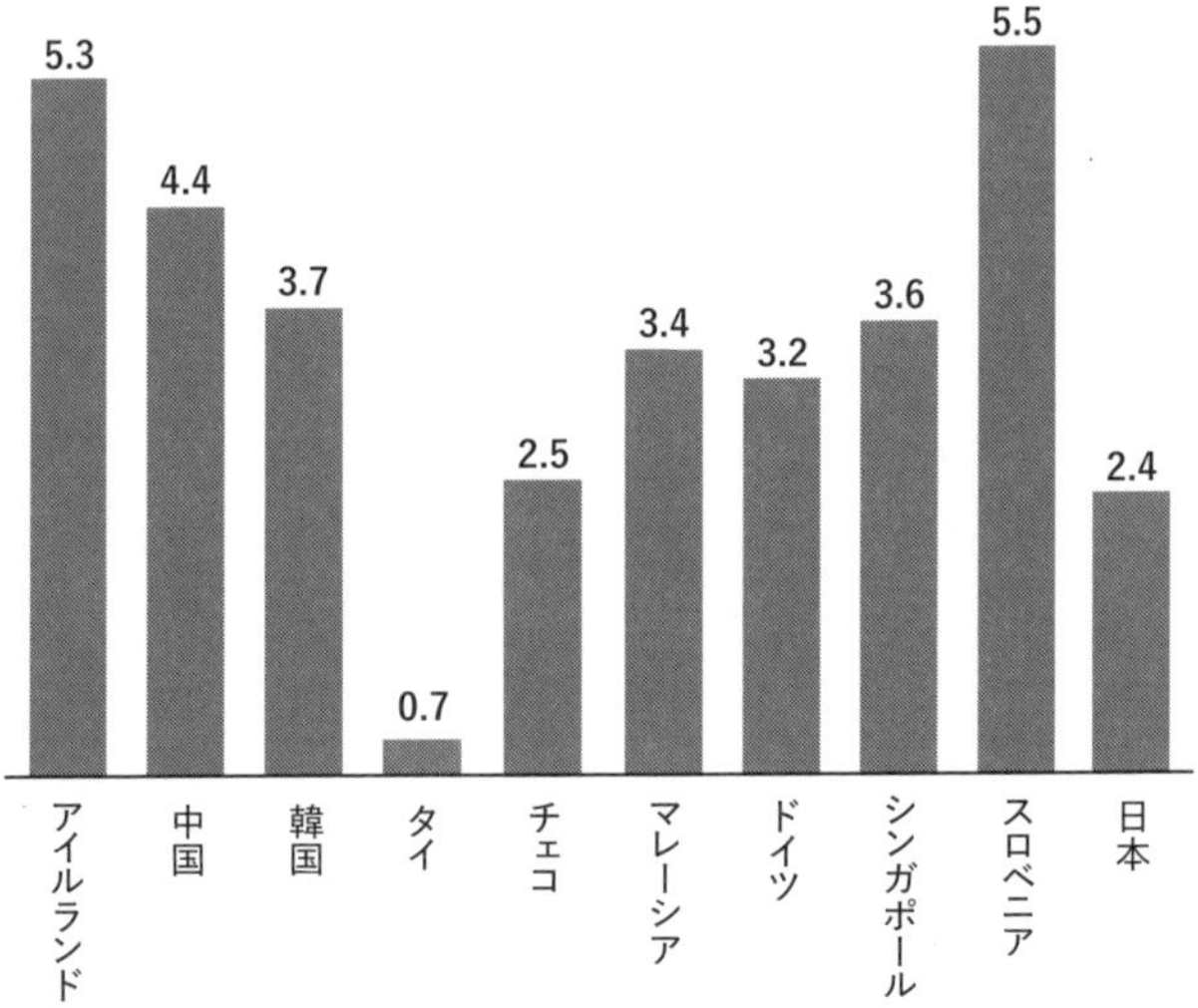

いった企業で、いずれも外資系だ。

製品の輸出で貿易総額の90％以上を稼いでいる国は、中国とアイルランドだけではない。バングラデシュ、チェコ、イスラエル、韓国もそうだ。それに、ドイツも90％近い。アメリカは70％を下回っている。

また工業製品の貿易収支に目を向けると、２つの事実が見えてくる。第一に、その国が工業製品の国内需要にどれだけ応えられているか、第二に、海外の需要にどれだけ応えられているかだ。予想どおり、スイス、ドイツ、韓国が貿易黒字国であるいっぽうで、アメリカは２０１８年の貿易赤字が８９１０億ドルとまた記録を更新した。これを換算すると、アメリカ人１人当たり約２７００ドルの赤字となる。アジアから大量の電子機器、衣料品、靴、家具、キッチン用品などを輸入した代償だ。

だが、アメリカは１９８２年まで数世代にわたって貿易黒字を謳歌《おうか》してきた。いっぽう中国は１９８９年まで長年、慢性的な貿易赤字に苦しんできた。そしていまアメリカは、工業製品の輸出入において中国との大きな貿易不均衡に苦しんでいる。はたしてアメリカが、対中貿易赤字を解消できる可能性はどのくらいあるのだろうか。それに、インドが中国のように製造大国として成功する可能性はどのくらいあるのだろうか。

19
ロシアvs.アメリカ——宇宙開発をめぐる競争

２０１０年以降に高まった米ロ関係の緊張は、長きにわたる超大国間の競争が新たな形に生まれ変わったものにすぎない。２０１９年８月、アメリカとロシアが結んでいた中距離核戦力（ＩＮＦ）全廃条約が失効した。そして、いまでは両国とも新型ミサイルを開発している。さらに両国とも、かつてソ連の構成国だったウクライナの将来をめぐって、これまでずっと批判しあってきた。

振り返ると、両国の数十年にわたる対立を決定づける出来事が起こったのは、１９５７年10月４日金曜日。その日、ソ連が世界初の人工衛星スプートニク１号を打ちあげたのだ。しかし、技術的にいえば、この人工衛星はそれほどすごいものではない。直径58センチメートル、重量84キログラム足らずの球体から釣り竿《ざお》のような４本のアンテナが伸びている物体で、搭載している銀亜鉛電池は総重量の約60％を占めていたにもかかわらず、出力はたったの１ワットにすぎなかったのだから。それでも周波数20・００７メガヘルツと40・００２メガヘルツの電波で３週間、強烈な信号をすばやく送ることはできた。この人工衛星は地球を１４４０回、周回したあと、１９５８年１月４日、大気圏に突入し、激しく燃えあがって消滅し

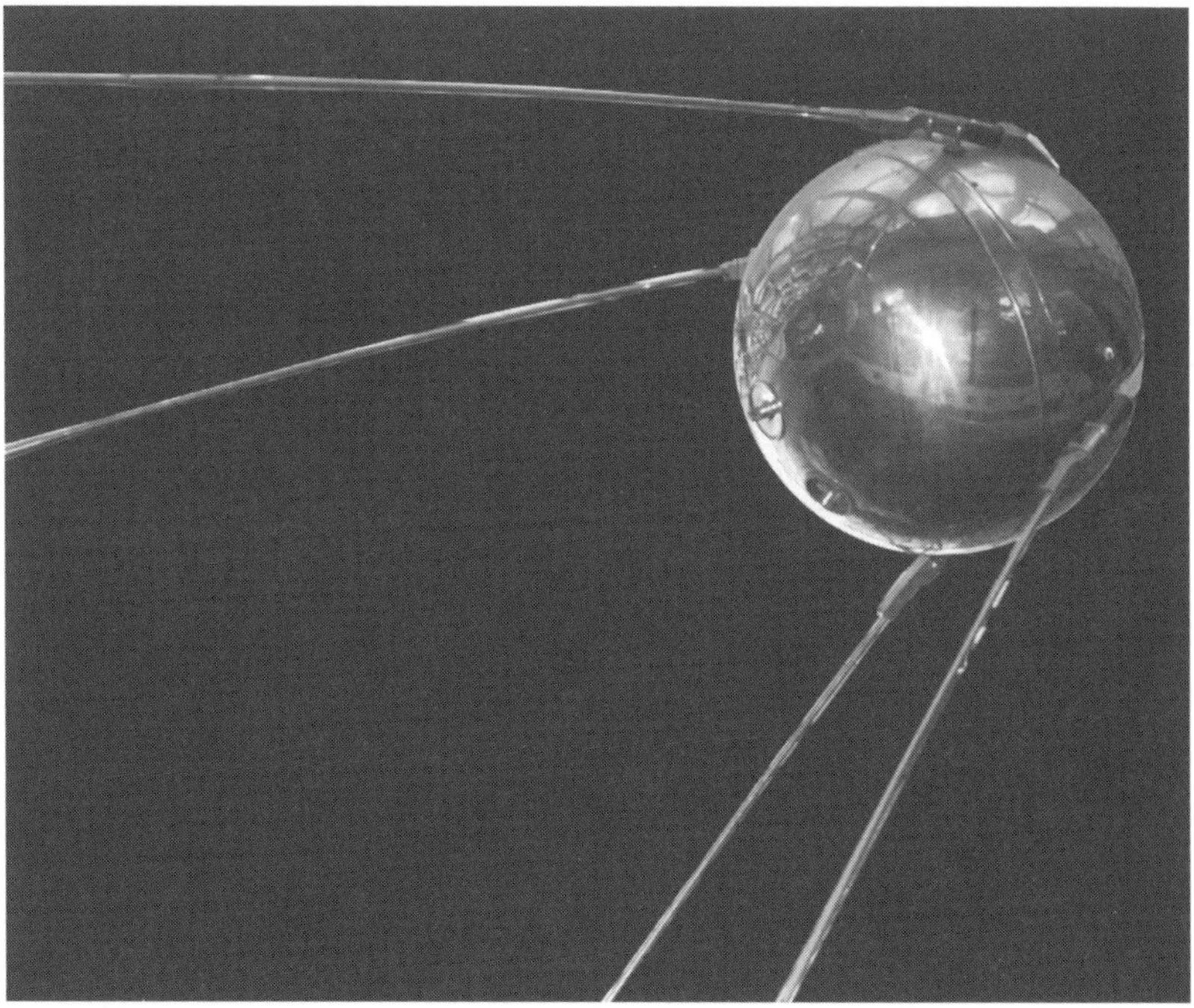

スプートニク

た。

　じつのところスプートニクの打ちあげ成功は、驚くほどのことではなかった。ソ連もアメリカも、国際地球観測年（１９５７～58年）の期間に人工衛星を軌道に乗せる計画をあきらかにしていたのだから。ソ連にいたっては、打ちあげ前に技術情報の一部を公表していたほどだ。ところが１９５7年10月、信号を発するだけのこの小さな球体のことを、一般大衆はそうは受けとめなかった。

　西欧諸国は畏《い》怖《ふ》の念に打たれた。アメリカは恥をかかされた。そして同年12月、アメリカはいっそう恥をかくことになった。スプートニクが呼び起こした反響の大きさに対抗しようと、あわててヴァンガードＴＶ３を打ちあげたところ、このロケットはフロリダ州のケープ・カナベラル空軍基地の発射台から発射されたほんの2秒後に爆発した。この事故を受けて、その後、ソ連の国連代表団のメンバーがアメリカの代表団にむかって、「わが国には発展途上国向けの技術支援プログラムがあるから、貴国も受けてはいかがだろうか」と、声をかけたのである。

公衆の面前で辱《はずかし》められたこの出来事によって、わが国の宇宙開発をもっと加速させろ、せめて、いまわかっている範囲での技術の遅れを取り戻せ、理数系の教育に力を入れろという声が、アメリカ国内で大きくなった。このとき、アメリカの学校教育制度が受けた衝撃たるや、史上最大だったかもしれない。

わたし個人にとっても、こうした一連の出来事はきわめて大きな意味をもっていた。１９５７年10月当時、わたしはチェコスロバキアに暮らす10代の少年だった。歩いて通学する道すがら、毎日、西ドイツのほうをのぞき込んでいた――有刺鉄線と地雷原に阻まれて近づくことはできなかったけれど。鉄線の向こう側は、べつの惑星のように思えた。当時のソ連の首相ニキータ・フルシチョフは、その少し前に西側に対して「おまえたちを埋めてやる」*と言ったが、パニックにおちいったかのようなアメリカ側の反応を見て、ますます共産主義体制下の科学技術のほうが優れていると自慢するようになった。スプートニクをめぐる出来事を見て、われわれの世代では共産党支配が終わることなどないのではと、恐怖にさいなまれるチェコスロバキアの国民も多かった。

ところが、あとになって、実際には両国の科学技術力に差などなかったことが判明した。アメリカはすぐに通信、天気予報、そしてスパイ活動を目的とした人工衛星の打ちあげにおいて、まちがいなく先陣を切ったのである。そしてスプートニクの衝撃から12年弱で、ニール・アームストロングとバズ・オルドリンが月面に立った。いっぽう、ソ連の宇宙飛行士がそこに着陸することはなかった。

スプートニク1号の打ちあげから11年後、「ソビエト帝国」はプラハの春により一時的ではあったものの弱体化し、チェコスロバキアは共産主義を保ちながらも、以前より自由な体制に移行しようとしていた。その結果、共産党員ではないチェコ人でも西側へ旅をするパスポートを取得できるようになった。そこで1969年8月、妻とわたしはニューヨークに降り立った。ところが、その数週間後、20年に及ぶチェコスロバキアの国境封鎖がまた始まったのである。

1975年、わたしたち夫婦がアメリカからカナダに移ってほどなく、完成したばかりのウィニペグ・コンベンション・センターで最初の大規模な展覧会が開催され、ソ連の宇宙開発の展示があった。足を運んでみたところ、メインロビーの天井からはワイヤーでスプートニクの実物大模型が吊るされていた。エスカレーターに乗り、その光り輝く球体を見あげたとたん、わたしは1957年10月4日に引き戻された。当時のわたしにとって、ピーッピーッと電波を送ってくるこの人工衛星は、科学技術の栄誉などではなく、ソ連の支配は自分が死ぬまで続くのではないかという恐怖を象徴していたのである。

わたしたちはどうにか生き延びたが、フランス人が言うように「物事は変われば変わるほど《プリュ・サ・シャンジュ》、同じものでありつづける《プリュ・セ・ラ・メム・ショーズ》」のだ。

---

*訪米中のフルシチョフのこの発言を通訳が誤訳し、誤解を招いたと言われている。実際には、資本主義は没落するという信念を表現するために「ブルジョア階級が自分の墓掘人をつくりだす」というカール・マルクスとフリードリヒ・エンゲルスの共著書『共産党宣言』の言葉を引用したものだった。

２０ 帝国の宿命——栄枯盛衰は世の習い

帝国を維持するのは、けっして簡単なことではない。ほんものの帝国（皇帝もしくは女帝が元首）であれ、事実上の帝国（経済力や軍事力を基盤としてその威力を誇示し、同盟関係を変化させて影響力を維持する）であれ、これまで容易に維持できたところなど存在しないのだ。それに、帝国がどのくらいの期間続いたのかを比較するのもむずかしい。中央集権化の度合い、領土、政治、経済支配の強さが、それぞれ異なるからだ。それでも１つ、明確な事実がある。諸大国の軍事力、技術力、経済力がどれほど増したところで、大帝国を長きにわたって維持するのは、ますます困難になっているということだ。

２０１１年、ハーバード大学計量社会科学研究所に所属していたサミュエル・アーベスマンが、紀元前３０００年から紀元６００年までに出現した41の古代帝国の寿命を分析したところ、平均寿命が２２０年であることがわかった。しかし、偏りはとても大きく、少なくとも２００年間もちこたえた帝国は６つしかない。そのうえ、もっとも長く続いた３大帝国（古代エラム王国は１０００年、古代エジプトの古王国と新王国はどちらも５００年）は、いずれも紀元前１０００年以前に最盛期を迎えている。古代エラム王国は紀元前１６００年ごろ、エジプト古王国は紀元前２６００年ごろ、新王国は紀元前１５００年ごろが最盛期だった。

紀元６００年以降も、数々の帝国が出現したものの、寿命はまったく延びていない。たしかに、中国では１９１１年まである種の帝国支配が続いていたが、実際には、モンゴル人が建国したものの短命に終わった元（１２７１～１３６８年）、満州族が建国した清（１６４４～１９１１年）*など、外国からの侵略者による征服王朝を含むさまざまな形の王朝があった。そして、もともと漢民族が住んでいた地域から北や西の地域に貧弱な支配の手をたびたび伸ばし、領土を拡大したり縮小したりして支配の度合いを変えていたのだ。

スペイン帝国と大英帝国が出現した時期については諸説あって、侃々諤々《かんかんがくがく》の議論が続いている。スペイン帝国の勃興《ぼっこう》を１４９２年、事実上の没落を１８１０年としよう。するとマドリッド（１５８４年以降はマドリッド近郊のエル・エスコリアル宮殿）からの統治が３世紀と少し、続いたことになる。では、大英帝国についてはどうすべきだろう？　大英帝国の始まりを１４９７年（ジョヴァンニ・カボートの航海により北アメリカ大陸を発見）にすべきか、はたまた１６０４年（ロンドン条約によって英西戦争が終結）にすべきか？　それに、終わりについては？　アンギラ島やタークス・カイコス諸島など、きわめて小さいイギリス領土がいまだに残っていることは無視して、終焉《しゅうえん》を１９４７年（インド領を失う）にすべき

＊清は１９１１年末に辛亥革命《しんがい》によって内部崩壊し、１９１２年１月１日に中華民国が樹立、同２月12日に最後の皇帝、宣統帝が正式に退位。

近代以降の帝国と「いわゆる帝国」の持続期間

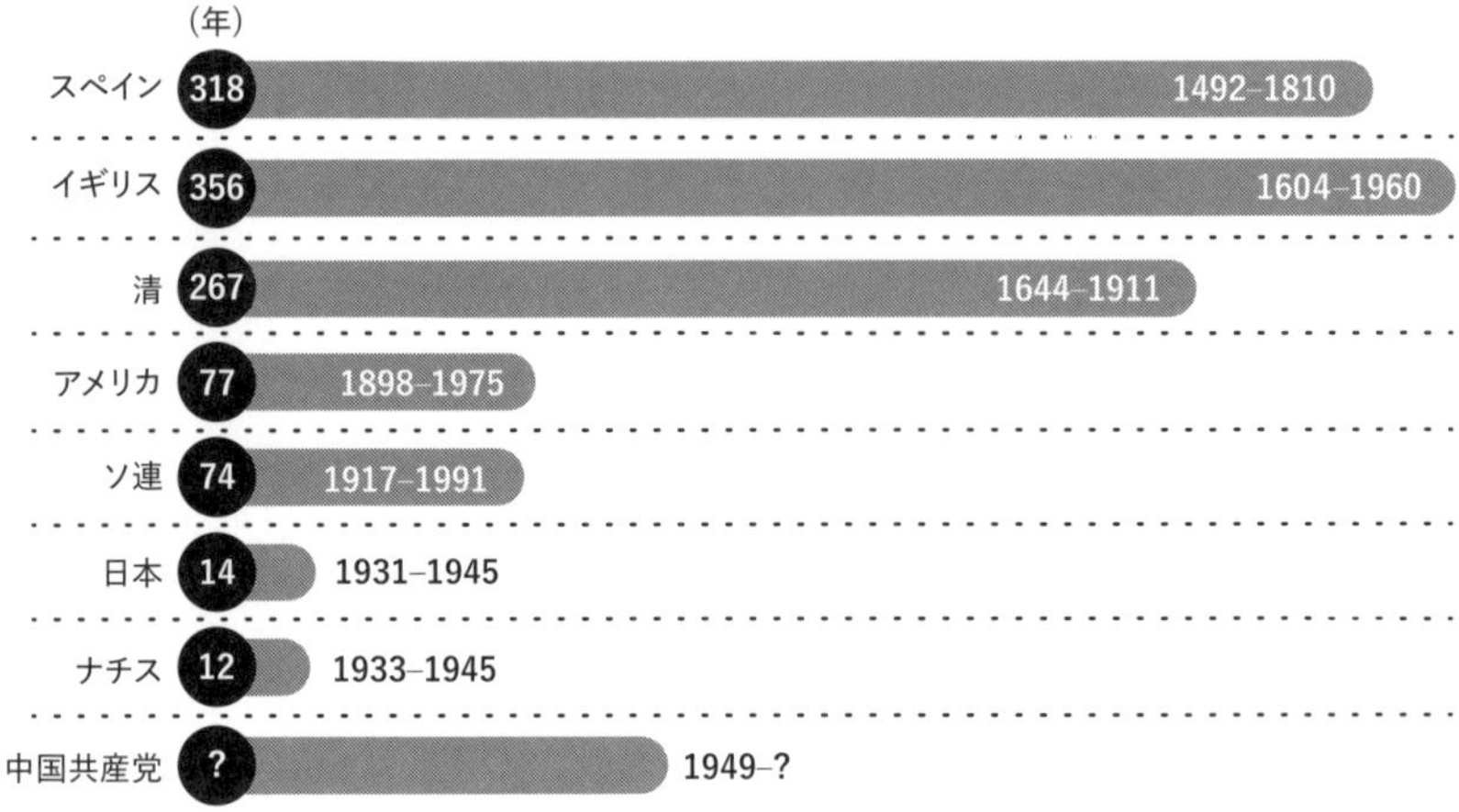

か、それとも１９６０年（ナイジェリアが独立し、アフリカ最大の人口の領土を失う）にすべきか？　仮に、始まりを１６０４年、終わりを１９６０年とした場合、大英帝国は３５６年、続いたことになる。

さらに20世紀を迎えると、１００年以上続いた帝国は皆無となる。最後の中国王朝であった清は１９１１年に２６７年にわたる治世を終え、それに代わって、いわば「中国共産党帝国」が誕生したのは、中華人民共和国が成立した１９４９年のことだ。いっぽうロマノフ朝に続く、いわゆる「ソビエト帝国」は（独立したフィンランド全土とポーランドの一部を例外として）、もともと皇帝《ツァーリ》が支配していた領土の大半をふたたび支配下に置いたうえ、第二次世界大戦後には東および中央ヨーロッパにまで触手を伸ばした。その結果、バルト海から黒海にいたるヨーロッパ大陸に鉄のカーテンが下ろされることになったのである。

冷戦下の「ソビエト帝国」は、ＮＡＴＯ首脳陣やワシントンの政策立案者からすれば、いかにも強大に見えただろうが、内側から見れば（わたしは26歳まで東側で暮らしていた）、手に負えないほどおそろしくはなかった。それでも、ついに、あれほどあっけなく崩壊したのは意外だった。「ソビエト帝国」は結局、１９１７年11月の第１週から１９９１年12月の最終週まで、74年と１か月のあいだ続いた。ヨーロッパ人男性の平均寿命と同じくらいの長さだ。

日本とドイツ両国の他国への侵略は、ありがたいことに、さらに短命に終わった。日本軍は１９３１年９月に満州への進軍を開始した。その後、１９３７年には中国東部のいくつかの省を、１９４０年以降はベトナム、カンボジア、タイ、ビルマ（現ミャンマー）といったアジアの国々を次々に占領し、オランダ領東インド（ほぼこんにちのインドネシアの領土に相当）を占領し、１９４２年６月にはアッツ島（アラスカ準州のアリューシャン列島の最西端の島）と、そこから３００キロメートルほど西にあるキスカ島を占領した。この２つの前哨《ぜんしょう》基地はたった13か月後にアメリカ軍により奪還され、１９４５年９月２日、日本は降伏文書に署名した。つまり、日本がいわば「帝国」として領土の拡大を続けたのは14年間だけだった。かたや、ナチス・ドイツが千年王国と称していたドイツの第三帝国は、１９３３年１月30日にアドルフ・ヒトラーがドイツ国首相に就任してから12年と３か月続いた。

では、いわゆる「アメリカ帝国」はどうだろうか。このアメリカ帝国なるものが実際に存在すると仮定して、その始まりを１８９８年（米西戦争が勃発し、アメリカがフィリピン、プエルトリコ、グアムを奪った）としよう。さて、このアメリカ帝国なるものは、いまもその強大な権力を維持していると考えていいのだろうか。アメリカが最後に大きな勝利をおさめたのは、まちがいなく第二次世界大戦だ。その後の朝鮮戦争、ベトナム戦争、アフガニスタン紛争、イラク戦争は、犠牲の大きい勝利と双方にとっての消耗戦が渾然《こんぜん》としていて、勝敗をつけがたい。短期決戦となった１９９０～91年の湾岸戦争でさえ、アメリカの勝ち戦《いくさ》だったとは明言できない。なにしろ、この戦争が12年後のイラクへの侵攻とその後の血なまぐさい膠着《こうちゃく》状態（２００３〜11年）の呼び水となったのだから。そのうえ、世界のＧＤＰ総額でアメリカが占める割合は、ほかの経済大国がどこも戦争で壊滅的な打撃を受けていたり、疲弊《ひへい》したりしていた１９４５年に不自然なピークを迎えたあと、着実に減少を続けている。さらには、「アメリカ帝国」臣下であるにもかかわらず、アメリカに同調したり、従ったりする姿勢をほとんど見せなくなっている国があまりにも多い。これでは、存続期間を定められる「帝国」であるとは、とても言いがたい。*

　このように帝国は終焉をまぬかれないという事実から、貴重な教訓を受けるべきなのはだれだろう？　それは言うまでもなく、中国共産党だ。中国はチベットと新疆《しんきょう》ウイグル自治区の弾圧を続けていて、長い国境沿いの地帯に真の友人を獲得するような政策はいっさい実施せず、南シナ海にまで実効支配を強化し、アジアやアフリカの貧しい国々に重点的に投資して（いわば現代版のシルクロードだ）、あきらかに長期にわたる政治的影響力をカネで買おうとしている。中国共産党は２０１９年10月、建国70周年の祝賀行事を実施した。つまり、新たな形で始まった最新の帝国支配が70年続いたことを祝ったのである。20世紀以降、１００年以上続いた帝国は存在しないことを考えれば、この中国共産党支配による帝国がいまからさらに70年続く確率は、どのくらいあるのだろうか。

＊１０６ページの表では、ベトナム戦争終結の１９７５年を「アメリカ帝国」の存続期間の終わりとしている。

21

第一次世界大戦の負の遺産

２０１８年11月、世界で初めて地球規模で繰りひろげられた紛争、すなわち第一次世界大戦の終結１００周年を記念した式典が大々的に開催された。たしかに第一次世界大戦の大虐殺《ぎゃくさつ》はある世代の記憶に深い傷を残しているが、この戦争がもたらした最大の悲劇はロシアが社会主義国家になったこと（１９１７年）、イタリアでファシスト党が政権を獲得したこと（１９２２年）、そしてドイツでナチスが政権を握ったこと（１９３３年）だ。こうして世界情勢が変化した影響を受け、ついに第二次世界大戦が勃発し、さらに多くの人命が奪われ、直接的にも間接的にも負の遺産が残された。その結果、いまだに北大西洋条約機構（ＮＡＴＯ）とロシアの対立、南北に分断された朝鮮半島といった問題は解決を見ていない。

第二次世界大戦のほうが犠牲者の数は多いものの、第一次が第二次の大戦勃発にいたる流れをつくったことを考えれば、第一次世界大戦がきわめて重い意味をもつ大惨事であったことはあきらかだろう。たしかに兵器の破壊力に関しては、第二次世界大戦のほうがはるかに大きな進歩を遂げた。たとえば、ピストン・エンジンを積んだ最速の戦闘機、エンジンを４基搭載した大型爆撃機（B‐17）、ミサイル（ドイツ

フランス北部で連合軍とドイツ軍が繰りひろげた熾烈な塹壕戦、ソンムの戦い（1916年）。イギリス軍部隊とマークⅠ戦車

のV－1とV－2）、そして、戦争末期に広島と長崎を壊滅させた原子力爆弾などだ。

　これと比べれば、塹壕《ざんごう》戦によって前線が停滞していた第一次世界大戦のほうが動きの少ない戦争だったのはまちがいない。ところがよく調べてみると、第一次世界大戦が長引き、死者数が増えたおもな原因は技術の進歩にあったことがわかる。

　戦闘で毒ガスがあれだけの規模で使用されたことはなく、ほかにも第一次大戦期に生まれた重要な近代戦法もいくつかあり、なかには開戦後、早い時期に完成されたものもある。ディーゼル潜水艦を長期潜航させて商船隊の攻撃に利用したのも、戦車を戦闘で使ったのも、飛行船と航空機を用いての爆撃も、第一次世界大戦で初めておこなわれた。戦闘準備がととのった初の航空母艦は１９１４年に進水している。フランス軍が航空機から地上に向けて音声通話のできるポータブル送受信機のテストを成功させたのは１９１６年、空中で航空機同士がこのテストを成功させたのは１９１７年で、より小さく、より高性能の電子部品の開発をめざす長い道のりはここから始まった。

このように、第一次世界大戦中にはさまざまな技術の進歩が見られたが、なかでも封鎖されていたドイツが複数の戦線を保持しなければならない二正面作戦に4年にもわたって耐える原動力となった重大なイノベーションを１つ挙げるとしたら、それはアンモニアの合成だ。戦争が勃発すると、イギリス海軍の海上封鎖により、ドイツは爆薬の製造に必要なチリ産硝石《しょうせき》の輸入を断たれた。だが、偶然に偶然が重なり、ドイツは輸入に頼らずに国産硝酸塩を供給できるようになった。アンモニアの構成元素である窒素《ちっそ》と水素からアンモニアを人工合成する手法の開発は長年の悲願だったが、ついに１９０９年、カールスルーエ工科大学教授のフリッツ・ハーバーがアンモニア合成に成功した。触媒を利用して窒素と水素を高圧下で化合させ、アンモニア（NH_3）を合成したのである。

その後の１９１３年10月、カール・ボッシュ率いる世界有数の総合化学会社だったＢＡＳＦがドイツのオッパウに世界初のアンモニア工場を建設し、合成アンモニアの商業化に成功した。当初、この合成アンモニアは、硝酸ナトリウムや硝酸アンモニウムといった固形肥料の製造に利用されるはずだった【第3章第22節参照】。

ところが、工場建設から1年もたたないうちに戦争が勃発すると、ＢＡＳＦはアンモニアを肥料にするのをやめ、爆薬の合成に利用しようと、硝酸塩をつくりだせる化合物の大量生産に着手した。１９１７年4月には、さらに規模の大きなアンモニア工場がライプツィヒ西部のロイナに完成し、この２工場の生産量だけで、ドイツは爆薬の製造を終戦まで維持することができたのである。

このように産業界はなんとかして物資不足を解消しようとさまざまな工夫を重ね、新たな技術を開発してきた。そうした努力が結果として第一次世界大戦を長引かせたうえに、数百万人もの犠牲者を増やしたというわけだ。これらを理解したうえで、第一次世界大戦時に兵器がおそるべき近代化を遂げた事実を直視すれば、「第一次世界大戦は原始的な感じがする」という世間のイメージは偽りであることがわかる。たしかに「第一次世界大戦」と聞けば、泥まみれの塹壕戦が延々と続いたという印象をもつ人が多いかもしれない。だが実際には、第一次世界大戦で開発されたさまざまな軍事技術が基盤となって、１世代後のいっそう規模の大きい大虐殺へと続く道が切り拓《ひら》かれていったのである。

第3章

食

FOOD

身体にも地球にも
やさしい「食べ方」とは

22 世界の食料供給を支える窒素肥料

19世紀末までには、化学や植物生理学の分野での研究が進み、農作物の栽培においては窒素こそが、生育に欠かせない多量必須元素であることが判明した。植物にはさらにリン（肥料としてはリン酸の形）とカリウムのほかに、さまざまな微量元素（鉄や亜鉛など、ごく微量が必要な要素）も欠かせない。リン酸とカリウムと窒素は肥料の三大要素だ。たとえば、オランダの豊作年の小麦（1ヘクタール当たり9トン）には、約10％（900キログラム）のたんぱく質が含まれている。そのうち140キログラムが窒素で、リンとカリウムはどちらも35キログラム程度だ。

近代化以前の農業では、肥料に必要な窒素を2つの方法でほどこしていた。1つは、簡単に入手できる有機物質（藁《わら》、茎、葉、人間や動物の排泄《はいせつ》物）を再利用して堆肥《たいひ》にする方法。もう1つは作物の輪作《りんさく》で、穀物や植物油をとるための油糧作物をマメ科の植物[†1]と交互に作付けする方法だ。輪作に用いるこうしたマメ科の植物は、自分で自分に窒素を供給することができる。というのも、根に付着した細菌が窒素を「固定」する（大気中の安定した窒素分子をアンモニアに変換して、植物が生育に利用できる形にする）からだ。そのうえ、その固定した窒素の一部を、次に作付けする穀物や油糧作物などのために残していく。

　だが、有機物質を再利用する方法は骨が折れる。とりわけ人間や動物の排泄物を集めて、それを発酵させて堆肥にして、畑にほどこすのはたいへんな作業だ。たしかに、牛や馬の糞《ふん》や人肥《じんぴ》は比較的窒素の含有率が高く、たいてい１〜２％だが、藁や植物の茎の含有率は０・５％未満だ。いっぽう、輪作する方法では、米であれ小麦であれ、主要穀物を続けて作付けすることができない。人口の増加と都市化が進むにつれ、主要穀物の需要も増えたため、新たな、人工合成した「固定」窒素源（空気中の不活性な気体ではないもの）がなければ、将来、食料需要を満たせなくなることがわかってきた。つまり、植物が成長のために取り込み利用できる窒素がどうしても必要だったのだ。

　この努力がついに実を結んだのは１９０９年のことだった。ドイツのカールスルーエ工科大学の化学教授フリッツ・ハーバーが、窒素と水素を高圧高温下で金属の触媒を使って反応させるとアンモニア（NH_3）を合成できることを示したのだ。ハーバーはその後、やはりドイツの化学者であるカール・ボッシュの力を借り、アンモニアを合成して大量生産するハーバー・ボッシュ法を確立した。

　ところが第一次世界大戦が勃発したうえ、その後の１９３０年代は経済危機に直面したため、ハーバー・ボッシュ法を急速に世界に広めることはできなかった。それでも、世界人口の増加[†2]にともない食料需

†1　アルファルファ、クローバー、カラスノエンドウなど土壌を保護し肥沃にする植物。または大豆、インゲン豆、エンドウ豆、レンズ豆などの食用作物。
†2　１９５０年の25億人から、２０２０年には77億５０００万人に増加。

世界の穀物生産量

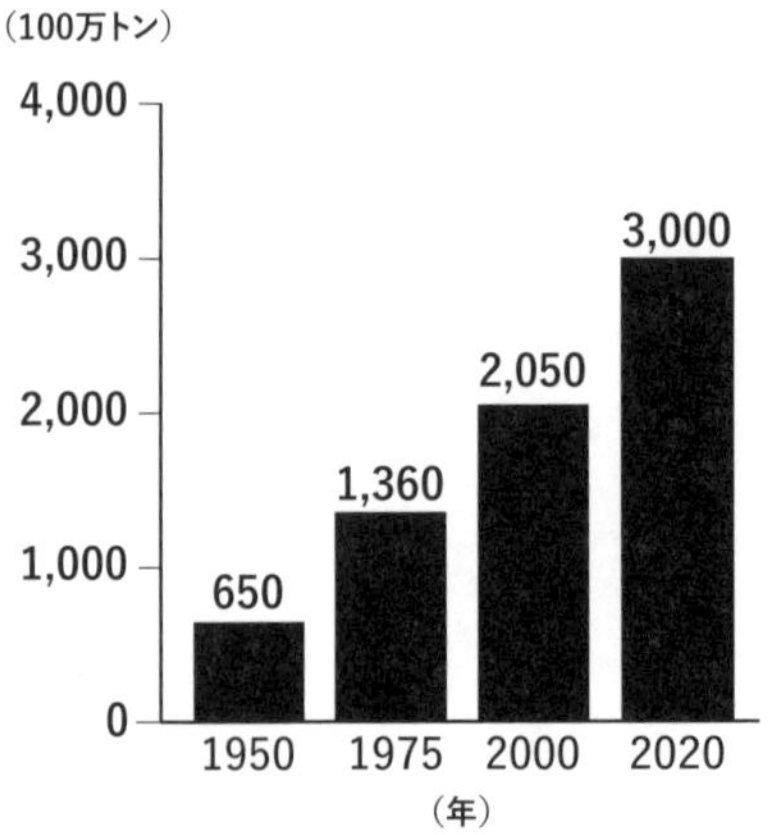

世界のアンモニア（固定窒素）生産量

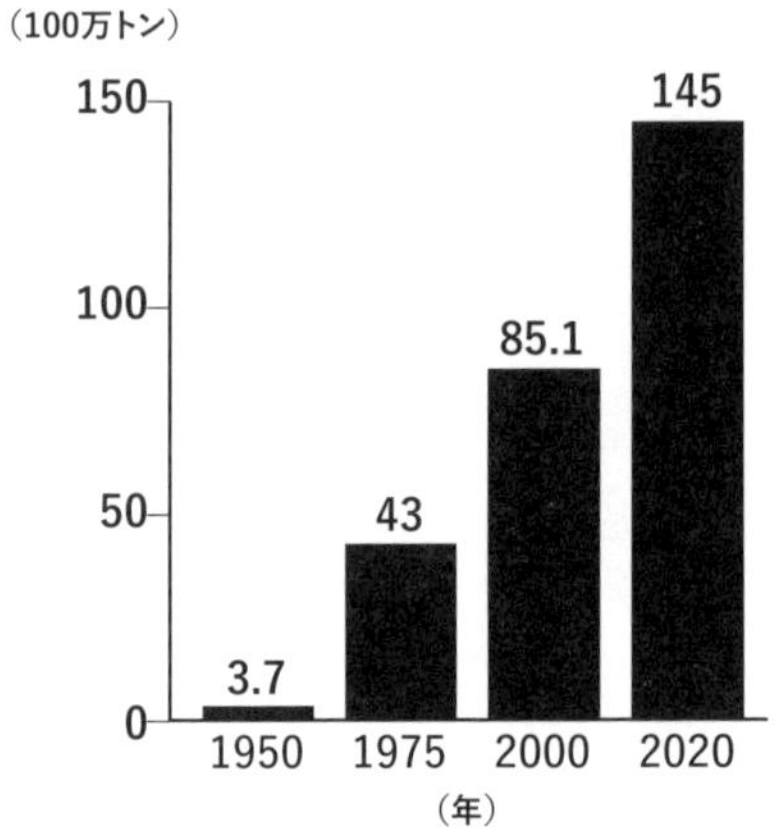

要が急増したため、アンモニアは世界各地で大量生産されるようになった。１９５０年には５００万トン未満だった生産量は、近年では１億５０００万トンに近づいている。このきわめて重要な技術がなければ、これまでの歳月で主要穀物の生産量を何倍にも増やすことはできなかっただろうし【次節参照】、こんにちの世界の人々に食料を提供することもできなかっただろう。

ハーバー・ボッシュ法で合成したアンモニアを利用した窒素肥料（固体尿素の製品がいちばん多い）は、現在、世界の植物に必要とされる窒素の約半分を提供している。残りの半分はマメ科の植物と組みあわせた輪作、有機物の再利用（人肥や作物の残渣《ざんさ》）、そして大気中の窒素酸化物などの降下によってもたらされている。こんにち、食品に含まれるたんぱく質の約85％は農産物由来（残りは牧草か水産物由来）であるため、窒素を含む化学肥料がなければ、30億を少し超える程度の胃袋を満たす食料しか確保できないだろう。30億という数字は、中国†とインドをあわせた人口よりはいくらか多いだけだ。さらにアジアの一部とアフリカ全体ではよりいっそうの人口増加が見込まれているため、人類の合成窒素への依存度は、じきに50%まで上昇するだろう。
中国はいまだに石炭を原料としていくらかアンモニアを合成しているが、ほかの地域ではハーバー・ボッシュ法を活用し、大気中から得た窒素と天然ガス（大半がメタン）から得た水素を利用している。また合成の際に必要な大量のエネルギーに関しても、天然ガスから得ている。その結果、全世界のアンモニア合成と、その後の固形および液体窒素肥料の製造、流通、施肥の過程で大量の温室効果ガスを排出しており、世界の総排出量の約１％を占めるまでになっている。しかも、年間１億５０００万トン近いアンモニアの大量生産にすぐに利用できる脱炭素の商用代替エネルギーなど、１つもない。

目下、それよりもやっかいな問題は、肥料として使用された窒素の漏出《ろうしゅつ》（揮発、溶出、脱窒《だっちつ》*）だ。この使われなかった窒素分はそのまま、またはさまざまな生物学的、化学的プロセスを経て、窒素ガス、硝酸塩、窒素酸化物、亜酸化窒素などの形で環境に放出される。硝酸塩は川や湖などの淡水や沿岸部の海水を汚染する（酸欠状態となった「死の海域《デッドゾーン》」が拡大する）。また、大気中の窒素酸化物が降下して地上に戻れば、自然生態系の酸性化が進む。窒素酸化物のなかでも亜酸化窒素は、二酸化炭素、メタンに次ぐ3番目の温室効果ガスとして問題になっている。最近の地球環境評価によれば、窒素利用効率は１９６０年代初頭から低下していて、現在は約47%程度しかない。つまり施肥した肥料の半分以上の窒素が収穫され

† 中国は肥料全体の60%超を合成窒素に依存している。

＊ 肥料として与えられた硝酸アンモニウムなどを含む硝酸塩や亜硝酸塩を土壌中の細菌が窒素ガスに還元し、大気中に放出すること。

た作物に利用されずに失われているのだ。

いまのところ、窒素肥料の供給は先進国の需要を十分に満たしているが、今後50年で20億もの人口がアフリカで増えることを考えれば、窒素肥料をもっと大量に生産して食料を提供しなければならない。そのためにも、これから窒素の漏出を減らすには、施肥の効率を上げ、食品《フード》ロスを減らし【本章第24節参照】、食べる肉の量をほどほどにする【本章第29節参照】しかない。そのための努力を惜しんではならないのだ。それでもやはり、窒素の漏出をゼロにすることはできないだろうが、そうした努力こそ、１９００年の16億人から２１００年には１００億人に達すると見込まれている人口増加に対して、わたしたちが支払う代償である。

23

小麦の生産量を数倍に増やすには

フランス中央部、アメリカのカンザス州東部、中国河北《かほく》省南部において、小麦は１ヘクタール当たり、どのくらいの量を収穫できるのか？　この質問に即答できるのは、農家、農機具や化学製品を農家に売るビジネスマン、農家に助言している農学者、それに新種の作物を開発している科学者ぐらいだろう。というのも、いかんせん、現代社会の人たちは実際の作物栽培からほぼ切り離された状態で日々を暮らしているからだ。われ関せずとばかりに、農作物からできた食品を食べているだけ。でも、ここで思いをめぐらしてもらいたい。あなたが口にする香ばしいバゲットやクロワッサン、ハンバーガーのバンズやピザ、中国の蒸しパン（饅頭《マントウ》）、ラーメンの縮れ麺の1本1本、そのすべてが小麦からできているのだ。

　自分は教養があるし情報にも通じていると自負する人、車のどんな性能が向上したのかをすぐに説明できる人、パソコンやスマートフォンの新機能をとくとくと語れる人であろうと、20世紀のあいだに主要穀物の収穫量がはたして数倍になったのか、それとも1桁増えているのかと尋ねられれば、返答に窮《きゅう》するだろう。だが、１９００年から２０２０年にかけて世界人口が約4倍にまで増えたのは、スマホの性能や

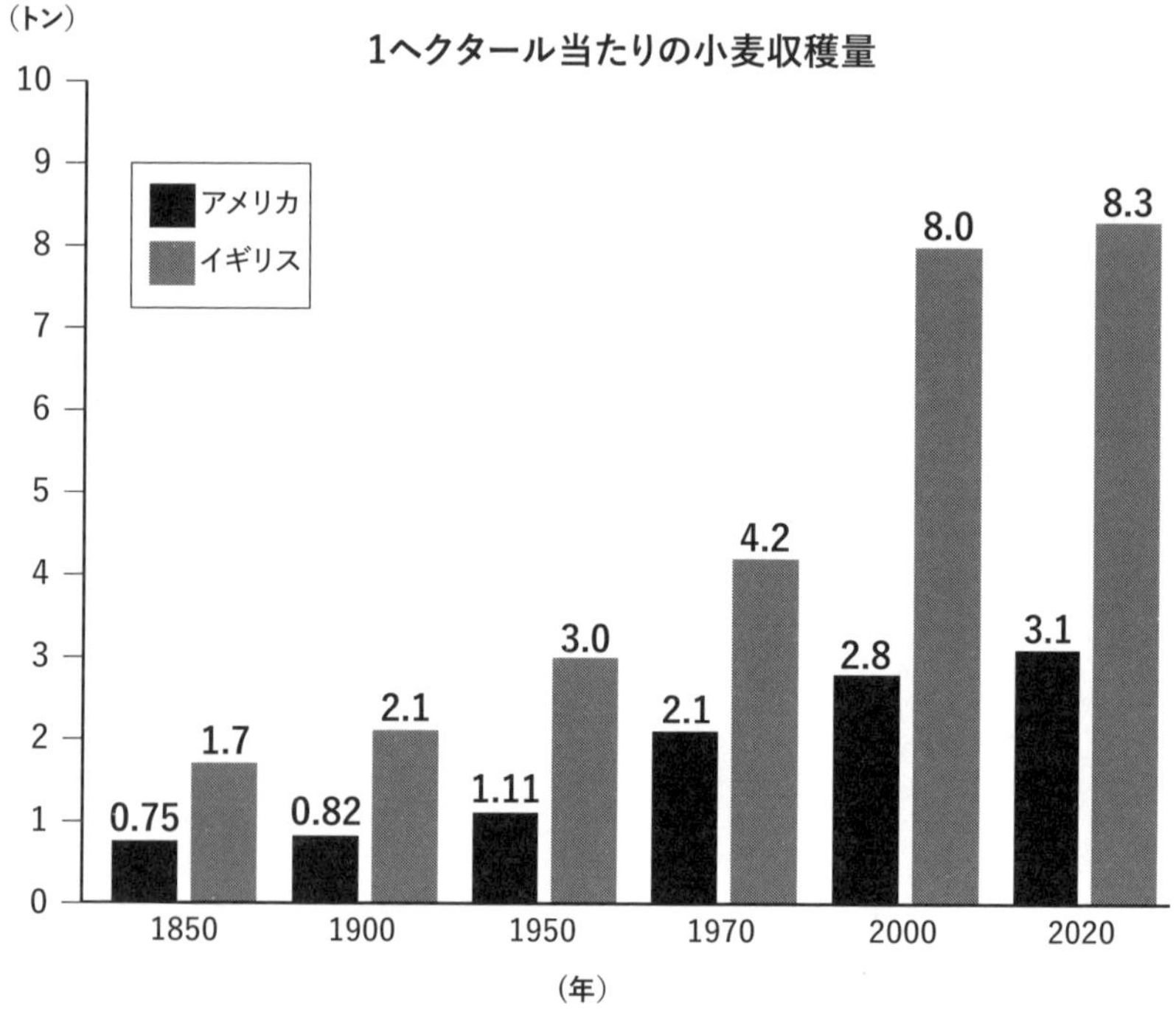

クラウドストレージの容量が向上したおかげではない。主要穀物の収穫量が数倍に増えたおかげなのだ。では、世界でもっとも多く食べられている穀物、小麦の収穫量はいったいどうなっているのだろう？

近代以前の収穫量は少ないうえに、ばらつきがあった。長期的な傾向を検証しようにも、データの正確性についてはどうしても疑問が残る。比較的しっかりと記録が残っているこの１０００年近いイギリスの小麦収穫量の推移を見ても、あまり当てにはならない。というのも、収穫量はまいた種が収穫につながる割合で示されている場合が多いからだ。しかも不作の年には、収穫した小麦の最大30％を翌年の種子のために保管しておかなければならない。平年並みに収穫できた年でも、25％は翌年の種子に回された。よって、中世初期の収穫量は１

ヘクタール当たりせいぜい５００〜６００キログラム（わずか0・5トン）という場合が多かった。収穫量が1ヘクタール当たり1トンに増えたのはようやく16世紀になってからで、１８５０年には１ヘクタール当たり約1・7トンになった——１３００年と比べれば3倍の量である。その後、さまざまな手法†を組みあわせて工夫した結果、１ヘクタール当たりの収穫量は2トンを上回るまでになったが、フランスではまだ1・3トンだったし、アメリカのロッキー山脈の東側に広がるグレートプレーンズの広大な農地でも１ヘクタール当たり1トンの収穫量だった。しかも、１９５０年まで全米の平均がその程度だったのだ。

そんな具合に数世紀にわたってじわじわと収穫量が増えたあと、ついに大きな進展がもたらされた。茎が短い短稈《たんかん》品種の小麦を導入したのである。近代以前の小麦は茎が長くて、穀物の3〜5倍の量の藁が出た（ブリューゲルの絵画で描かれているように、小農たちが大鎌で刈るほど背が高かった）。近代農業における初の短稈品種の小麦は、東アジアとアメリカ大陸などの小麦を交配したもので、１９３５年に日本で発表された。第二次世界大戦後、この品種はアメリカに渡り、メキシコの国際トウモロコシ・小麦改良センターのノーマン・ボーローグ博士の手に届いた。そして１９６２年、博士とチームは2種類の収穫量の多い半矮性《はんわんせい》品種（藁と同量の穀物が実る）の育成に成功した。ボーローグ博士は世界の食料不足改善への貢献を認められ、ノーベル平和賞を受賞した。こうして、世界は前例がないほど大量の小麦を収穫したのである。

１９６５〜２０１７年のあいだに、世界の耕作面積当たり小麦収穫量の平均は約3倍に増え、１ヘクタ

---

† 窒素を固定させるマメ科の植物などとの輪作、灌漑《かんがい》と排水、集約的な施肥、多様な作物の作付けなど。

ール当たり1・2トンから3・5トンになったうえ、アジアでも3倍以上に増加し（1トンから3・3トン）、中国にいたっては5倍以上になった（1トンから5・5トン）。いっぽう、2世代前からすでに飛び抜けて高かったオランダでは、なんと4・4トンから9・1トンと2倍以上になったのである。この期間で、世界の小麦収穫量は3倍近く増えて7億7500万トンになったが、人口の伸びは2・3倍にとどまったので、1人当たりに供給できる小麦の量は約25%増加した。おかげで現在、世界には十分な量の小麦粉がゆきわたっていて、ドイツでは堅いバオアンブロート（小麦粉とライ麦粉でつくるパン）を、日本ではうどんの麺（材料は小麦粉、塩少々、水）を、フランスでは昔ながらのミルフィーユ（小麦粉、バター、少量の水など）を存分に食べられるというわけだ。

　しかし、小麦に関しては心配しなければならない問題もある。いちばん生産性の高いEU諸国での1ヘクタール当たりの収穫量がここのところ横ばいになっているだけでなく、中国、インド、パキスタン、エジプトなど、1ヘクタール当たりの収穫量がEUよりはるかに低い国々でも同様の傾向が見られるのだ。その理由は、環境問題に考慮した窒素肥料使用の規制や、地域によっては水不足など多岐にわたる。いっぽうで大気中の二酸化炭素濃度が上昇すれば、光合成が促進されて小麦の収穫量は増えるはずだし、農業経営学が進歩すればイールドギャップ（その地域で見込める収穫量と実際に得られる収穫量の差）は多少なりとも縮むはずだ。しかし、いずれにせよ、わたしたちが言い訳できないほど大量に出しているフードロスの対策に、ようやく本腰を入れるのであれば、小麦をいまより大幅に減らさなければならないのはまちがいない。

24

食品《フード》ロスはグローバルな大問題

——いますぐ行動を！

いま世界は言い訳できないほどの規模で、毎日、とんでもない量の食品を廃棄している。フードロスが地球環境や人間の生活の質にどれほど悪影響を及ぼすかを考えれば、まったく理解の範疇《はんちゅう》を超えている。国連食糧農業機関（ＦＡＯ）によれば、世界では毎年、根菜、果物、野菜の40〜50％、魚の35％、穀物の30％、油がとれる大豆や菜種などの油糧種子、肉、乳製品の20％が廃棄されているという。つまり、全世界で生産・採取された食料の少なくとも3分の1は廃棄されているのだ。

食料を廃棄する理由はさまざまだ。最貧国でいちばん多いのは、食料を貯蔵するための設備がととのっていない（ネズミなどの齧歯《げっし》類や害虫、カビなどの菌類が、不適切に保管された種子、野菜、果物を害する）、あるいは冷蔵施設がない（肉、魚、乳製品がすぐに腐る）という理由だ。したがって、サハラ砂漠以南のアフリカ諸国におけるフードロスは、食料が消費者の手に届かないうちに廃棄される例が多い。いっぽう先進国におけるフードロスは、過剰生産が実際の消費量を大きく上回っているという単純な理由がもっとも大きい。たしかに過食している人も多いとはいえ、大半の高所得国では、重労働をこなす林業従事者や炭鉱労働者にしか適さないほど大量の食料を一般市民に提供している。デスクワークの人やほとんど身体を動かさない人、高齢者の大半には、多すぎるのだ。

予想どおり、フードロス率がもっとも高いのはアメリカ合衆国で、食料の供給過剰を示すデータは山ほどある。なにしろアメリカでは１日に１人当たり約３６００キロカロリーの食料が供給されているのだ。ただし、これはあくまでも供給量であって、消費量ではない——まあ、一安心というところか。

だがここで、１日に必要なエネルギー量が１５００キロカロリー未満の乳幼児と家からあまり出ない80歳以上の高齢者を除いて計算しなおすと、成人１人当たり４０００キロカロリー以上のエネルギーが供給されていることになる。いくらアメリカ人には過食の傾向があるにせよ、それだけの量を毎日食べることはできない。米国農務省はその数字から食品の「腐敗などによる廃棄物」を差し引いて、成人が１日に消費できるエネルギー量は１人当たり約２６００キロカロリーとしている。だが、これでも正確とはいえない。自己申告による食品の消費量（全国健康栄養調査による）と基礎代謝量の推定値のいずれを見ても、アメリカ人が実際に１日に摂取しているエネルギー量は１人当たり２１００キロカロリー程度だ。そこで１人に供給されているエネルギー量３６００キロカロリーから、実際に摂取している２１００キロカロリーを引くと、フードロスは１人当たり１５００キロカロリーという計算になる。つまり、アメリカの食料の約40％が捨てられているのだ。

なにも、昔からずっとこんな状態が続いているわけではない。米国農務省によれば、１９７０年代初頭、成人１人が消費できるエネルギー量は、小売り前に廃棄される食料などの分を調整すると、１日当たり約２１００キロカロリーで、現在より20％ほど少なかった。アメリカ国立糖尿病・消化器病・腎臓病研究所

サプライチェーン(供給網)におけるフードロス率

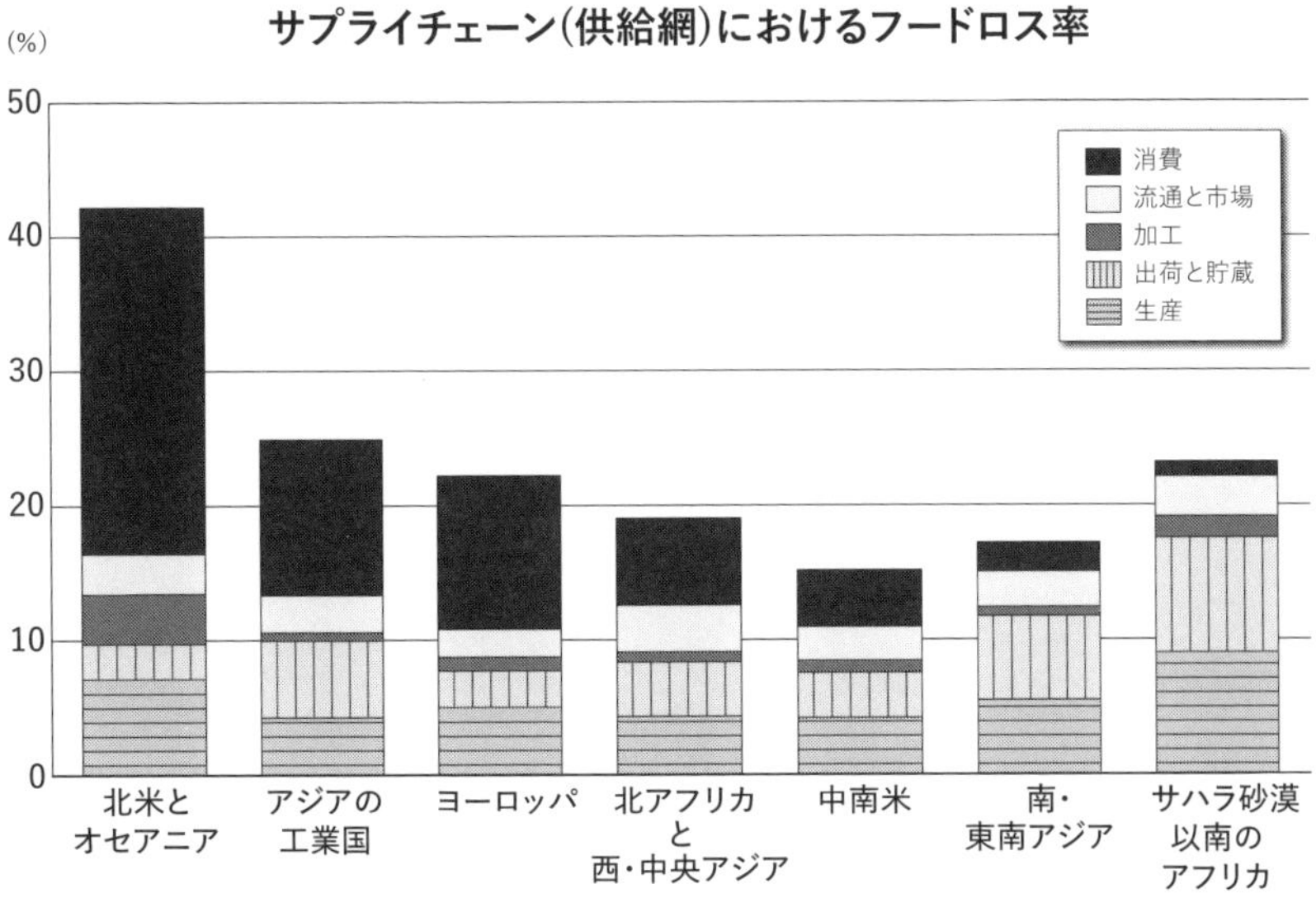

の推定によれば、アメリカ人１人当たりのフードロスは１９７４年から２００５年のあいだに50％も増えていて、その後も悪化の一途をたどっている。

たとえアメリカの１日のフードロスの平均が本書を執筆時の１人当たり１５００キロカロリーから増えないと仮定しても、単純に計算すれば、２０２０年の時点で（人口約3億３３００万人として）、アメリカ全体のフードロスの総量で約2億３０００万人に十分な栄養（１人当たり２２００キロカロリー）を供給できることになる。これは中南米最大の国で、世界第6位の人口を擁《よう》する国、ブラジルの全人口をわずかに上回る人数だ。

このように、アメリカ人は盛大に食品を廃棄しているうえ、適量をはるかに超える量を食べている。ＢＭＩ（体格指数）30以上を肥満とした場合、アメリカの20歳以上の成人人口における肥満率は１９６２年から２０１０年にかけて2倍以上になり、13・4％から35・7％に増加した。これに過体重の人（ＢＭＩ25〜30）を加えると、成人男性の74％、成人女性の64％が過体重か肥満にあたることになる。なにより心配なのは、いまでは6歳以上の児童の50%以上が過体重か肥満にあたるということだ。太っている状態はたいてい一生続くことを考慮すれば、この数値はきわめて深刻だ。

イギリスの非営利団体、廃棄物・資源アクション・プログラム（ＷＲＡＰ）は、フードロスについてきわめて詳細に調査し、さまざまな観点から現状を報告している。たとえば、イギリスのフードロスをすべて合計すると、年間約１０００万トンになる。金額に換算すると約１５０億ポンド（２００億ドル近く）になるものの、そのうち食べられない部分（皮や骨）にあたるのは30%程度だ。つまり、廃棄されている食品の70%は食べられるものなのだ。なぜこのような結果になっているのか、ＷＲＡＰはそのプロセスも報告している。まず、廃棄された食品の30%近くは「適切な期間に食べられなかった」ため、廃棄されていた。つまり「賞味／消費期限」がすぎたからという理由で3分の1が捨てられていたのである。そのほかの約15%は大量に調理されたり、提供されたりしたからという理由。その他の理由としては、当人の好き嫌い、偏食、偶発的な出来事などが挙げられている。

フードロスは栄養物がむだになるという話だけではすまされない。そうした食品を生みだすために要した大量の労働力やエネルギーも必然的にむだになるのだ。田畑で耕運機や灌漑用ポンプを使用するといった直接的な労働力やエネルギーだけではなく、そうした機械やその材料として必要な鋼鉄、アルミニウム、プラスチックの製造、肥料や農薬の合成といった間接的な労働力やエネルギーも、ただ浪費されることになる。農業によけいな負荷がかかれば、土壌侵食、窒素の地下水などへの溶出、生物多様性の喪失、薬剤耐性菌などの問題を引き起こし、環境破壊にもつながる。これに加えて、全世界が排出している温室効果ガスの10%程度にもあたる量を、結局は廃棄されてしまう食料の生産過程で排出しているのだ。

先進諸国は食料生産を大幅に減らすと同時に、食料の廃棄量も大幅に減らさなければならない。それなのに、食料生産を増やせという声は、かつてないほど高まっている。ここ最近では、豆のたんぱく質を加工してつくった代替肉《フェイクミート》を市場に大量に送り込み、食料の生産量を増やそうとする動きがある。だが、容認できるレベルまでフードロスの量を減らすほうが、よほど賢明ではないだろうか。フードロスの量を半分に減らせば、世界全体で食料をもっと合理的に利用する道が拓けるし、そこからとてつもない見返りを得られるからだ。ＷＲＡＰによれば、フードロスの削減に1ドルを投資すれば、さまざまな点で14倍の利益《リターン》が見込めるという。だから、いますぐ行動を起こすべきだ。これほど説得力のある話はそうあるものではない。

25

地中海式食事法の衰退

地中海式食事法の利点が広く知られるところとなったのは、１９７０年以降の話だ。この年、ミネソタ大学の生理学者アンセル・キーズが、イタリアやギリシャなど世界７か国を代表する少人数の集団を対象に、長期にわたって実施した食生活と健康状態に関する研究結果を初めて発表し、地中海式の食生活を送っている人たちは心疾患の発症率が低いことをあきらかにした。

地中海式食事法の大きな特徴は、炭水化物（おもにパン、パスタ、米）をたくさん食べて、副菜として豆類（インゲン豆、エンドウ豆、ヒヨコ豆）、ナッツ類、乳製品（おもにチーズとヨーグルト）、果物、野菜、魚介類、あまり加工されていない旬の食材を、たいていオリーブ油で調理する点にある。また、砂糖と肉の摂取量がだいぶ控えめというのも特徴だ。そしてなによりうれしいことに、食事のお供にワインもたっぷり飲む。いまでは、ワインの大量摂取をすすめる栄養士はいないものの、地中海式食事法を続けていればあきらかに心血管疾患に罹患するリスクが減り、ある種のがんに罹患するリスクが10％ほど低くなるうえ、２型糖尿病にも罹患しにくくなる。欧米諸国が足並みをそろえてこの食事法を採用していれば、これほどまでに肥満が蔓延することもなかっただろう。２０１３年、ユネスコ（国際連合教育科学文化機関）は「人類の無形文化遺産」として、クロアチア、キプロス、ギリシャ、イタリア、モロッコ、ポルトガル、スペインの地中海料理を登録した。

ところが、こうしたいわば健康の聖域にも、じわじわと魔の手が伸びている。というのも、昔ながらの地中海式食事法は、いまでは沿岸や山間《やまあい》の人里離れた地でしか実践されていないからだ。食生活の急激な変化が広範囲に及び、とりわけ、もっとも人口の多いイタリアとスペインではその傾向が強い。

この50年で、イタリアの食生活では果物にかぎって地中海化が進み、消費量は50％近く増えた。そのいっぽうで、動物性脂肪と肉の消費量は3倍に増加している。食事に含まれる油脂のうちオリーブ油が占める割合はいまでは半分以下となっているし、信じられないことに、パスタの消費量も減っていて、ワインの消費量にいたっては70％以上も減少している。いま、イタリアの人たちは、赤《ロッソ》や白《ビアンコ》のワインと同じくらいの量のビールを買っているのだ。

スペインの地中海式離れはもっと駆け足で進んでいるし、もっと徹底している。スペインの人たちはいまでも魚介類が好きで消費量も増えているが、穀物、野菜、豆からはどんどん遠ざかっているのだ。そのうえ、スペインで消費される油脂のうちオリーブ油が占める割合は半分にも達しない。さらに意外なことに、スペイン人は年間1人当たり20リットル程度しかワインを飲まない――ビールの消費量の半分未満である。驚くなかれ、スペインのワイン消費量は、ドイツやオランダとさほど変わらないのだ。

スペインで「ティント（赤ワイン）」が「セルベッサ（ビール）」に敗北を喫する――これほど、1つの食生活の終焉を象徴するものはないだろう。ヨーロッパの人々は、頭のなかでは昔ながらの食生活のパタ

イタリアの1人当たりアルコール消費量（リットル）
（左側はワイン、右側はビールをあらわす）

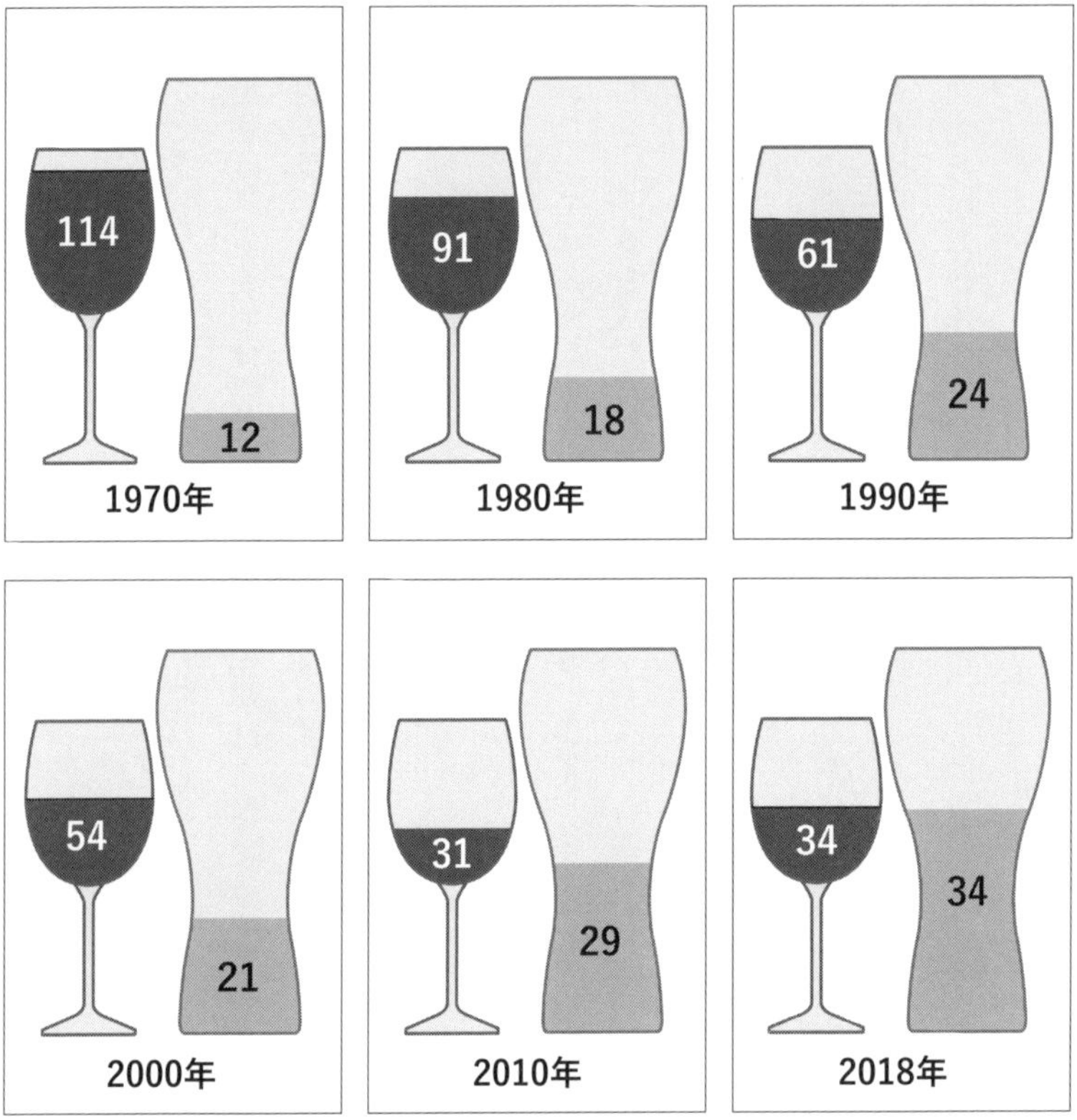

ーンを覚えているのに、こうした実際の変化には気づいていないのだ。フランコ総統が死去した１９７５年、スペインの食肉供給量は１人当たり年20キログラム程度だったのに、いまでは１００キログラム近くにまで増えていて、ドイツ、フランス、デンマークといった伝統的に肉食を好む国よりはるかに多くなっている。

　今後の見通しもよくない。若い人たちのあいだでは新しい食習慣が根づいていて、親の世代と比べると生鮮食料品を買わなくなっている。そのうえ、スペインで生活していれば、マクドナルド、ケンタッキーフライドチキン、タコベル、ダンキンドーナツ（スペインでは「ダンキンコーヒー」と呼ばれている）といったファストフード店には困らない。肉、油、塩、砂糖を大量に使っているファストフードのチェーン店が全世界に広がった結果、各地で受け継がれてきた伝承料理が失われているだけではなく、現代よりも優れていた古来の文化の数少ない美点も消えているのだ。

　このように食生活が大きく変化を遂げてきた理由は世界共通だ。収入が増えれば、肉、油脂、砂糖を多く摂取できるようになる。昔ながらの家族の形態は、共働きやひとり暮らしの世帯へと変化し、そうした人たちはあまり自炊をせず、調理済み食品を買うようになっている。多忙な生活を送る人が増えた結果、スナック菓子やインスタント食品の消費も増えるばかり。スペインやイタリアと同様、フランスでも肥満率が高くなっているのもふしぎはないというものだ。

26

絶滅危惧種、クロマグロ

頭のなかで、マグロの姿を思い描いてもらいたい。マグロは流体力学的に完璧に近い形をしていて、推進力の効率もいい。というのも、高温の血液が流れる胴体深部の筋肉を駆使して泳ぐので、マグロはすばらしいスイマーなのだ。最大級のマグロは最高時速70キロメートル、すなわち約40ノットで泳ぐとも言われる。そのスピードはモーターボートでも速いほうだし、公表されているどんな潜水艦よりも速い。

しかし、その身体の大きさと味わい深い肉質のせいで、マグロのなかでもいちばん威風堂々たる種であるクロマグロは、絶滅への道をたどっている。よく缶詰で売られているマグロの白身には、比較的漁獲量の多いビンナガマグロが利用されている。ビンナガマグロはマグロのなかでは小型で、体重はたいてい40キログラム未満だ。赤身のツナ缶の原料には、やはり漁獲量の多い小型マグロの一種、カツオが使われている。いっぽう、こうした小型のマグロとは対照的に、クロマグロ（日本語では「マグロ」あるいはほんもののマグロを意味する「本マグロ」と呼ばれている）は以前からもっとも希少な種のマグロだ。成魚であれば体長が３メートルを超え、体重は６００キログラムを超える場合もある。

初競りで史上最高値を更新したクロマグロ

日本では、刺身といえばマグロ、鮨《すし》といえばやはりマグロである。刺身と鮨はどちらも19世紀に江戸で人気が出た料理だ。だが、本来、もっともよく食べられていたのは胴体の奥にある脂《あぶら》の少ない筋肉の部分（赤身）だったのだが、のちに体軸より下にある部位（脂が乗っている中トロ）や腹部の肉（さらに脂が乗っている大トロ）が好まれるようになった。

マグロのなかでも別格のクロマグロは、東京の初競りで異常な高値で競り落とされる。２０１９年には史上最高値を記録し、日本北部の沖合で釣れた体重２７８キログラムのクロマグロに３１０万ドルという高値がついた。１キロ当たり１万１１００ドルを超えるのだ。

日本は世界のクロマグロ漁獲量の約80％を消費している。割り当てられている漁獲量をはるかに上回る量を消費しているため、足りない分のクロマグロは生のまま、あるいはエラや内臓を抜いて血抜きをしてから冷凍したものを航空貨物として輸入している。需要はさらに増えているので、大海で獲《と》ったマグロを生け簀《す》で養殖して太らせる手法もとっていて、餌《えさ》としてイワシ、サバ、ニシンを与えている。そのうえ、海外でも「スシ」ブームが巻き起こった結果、日本人の大好物が世界的にも高級魚の地位を獲得し、需要はますます高まっている。

　クロマグロの世界の漁獲量は、いまでは年間約７万５０００トンと報告されている。20〜40年前よりは減少しているが、違法操業や漁獲量の過少申告は数十年も前から横行していて、いまでもかなりの不正漁獲がある。マグロ船の漁獲実績報告書（きわめて正確だと考えられている）に記載されている量と、日本最大の魚市場で売られているマグロの量とを比較した先駆的な調査によれば、少なくとも２倍の食いちがいが見られた。

　主要漁業国は漁獲枠、すなわち漁獲可能量の大幅な削減にこれまでずっと抵抗してきた。したがってマグロの絶滅を防ぎ、今後もずっと命をつないでいくには、絶滅がもっとも危惧されている個体群の取引を禁止するしかない。２０１０年、世界自然保護基金（ＷＷＦ）、国連食糧農業機関、そしてモナコ公国が、大西洋クロマグロの国際的な取引の禁止を求めたが、提案は否決された。だが事態はさらに深刻で、地中海と北東大西洋での漁業を完全に禁止してもクロマグロ漁場はすでに壊滅状態となっていて、もう手遅れかもしれない。

　そのうえ、残念ながら、養殖場でクロマグロを卵から育てるのは、現時点ではきわめてむずかしい。初期のかよわい仔魚《しぎょ》や稚魚《ちぎょ》の大半は、生後３〜４週間を生き延びることができない。もっとも成功をおさめている日本の養殖プロジェクトは近畿大学水産研究所によるもので、30年以上の歳月をかけて養殖技術の確立をめざしてきたものの、生きながらえて成魚になるのは１％だけだ。

漁獲量が減少し、養殖の技術開発でも壁にぶつかるなか、世界ではマグロを謳《うた》う偽装表示がはびこっている。なかでもひどいのはアメリカだ。入店したレストランで、メニューに「マグロ」と書いてあったとしても、ほぼほかの種類の魚を食べるはめになる。なにしろアメリカでは、レストランやスシ店で提供されるすべてのマグロの半分以上が偽装表示されているのだから。

27 鶏肉は世界を制するか?

数世代にわたって、アメリカでいちばん多く食べられていた食肉は牛肉で、その次が豚肉だった。１９７６年、牛肉の年間消費量は1人当たり40キログラム（骨を抜いた重さ）となってピークを迎えた。これは、食肉の全消費量の半分に迫る量だった。いっぽう、鶏肉が市場で占める割合は20％しかなかった。ところが２０１０年、鶏肉は牛肉に追いつき、２０１８年にはシェアが36％に達し、牛肉より20ポイント近く高くなった。そしていま、平均的なアメリカ人は鶏肉を毎年30キログラム（骨を抜いた重さ）食べている。カットされた肉や加工された肉、すなわち骨を外した鶏胸肉やチキンマックナゲットなどを大量に購入しているのだ。

アメリカの人たちは「ダイエットしなければ」という強迫観念につねにとらわれていて、牛肉や豚肉や羊肉などの赤肉を多く食べるとコレステロールや飽和脂肪を摂りすぎるのではないかという恐怖心から、鶏肉消費へと大きく舵を切ってきた。とはいえ、飽和脂肪の差は目を見張るほどのものではない。たとえば、脂肪分の少ない牛の赤身肉１００グラムには１・５グラムの飽和脂肪が含まれるが、皮なし鶏胸肉に含まれるのは1グラムだ（それどころか、コレステロールは鶏肉のほうが多く含まれている）。それでも鶏肉の消費量が伸びたおもな理由は、鶏肉のほうが安価だからだ。その背景には、鶏の代謝のよさがある。食肉を得るために繁殖され、飼育されている鶏（ブロイラー）は陸生の家畜のなかで、群を抜いて効率よく飼料を肉に変換できるのだ。現代になってから養鶏業が発展したのは、ブロイラーの効率のよさが大いに関係している。

１９３０年代、ブロイラーが体重を1単位増やすのに何重量単位の飼料が必要かを示す数値、つまり飼料要求率は約5で、豚より効率がいいわけではなかった。ところが１９８０年代も半ばになると、ブロイラーの飼料要求率は半減し、アメリカ農務省が発表した最新の報告では約1・7にまで下がっている。つまりブロイラー1羽（生体重量）を育てるのに、その1・7倍ほどの重さの飼料（飼料用トウモロコシを標準とした）があればいい。これと比べて豚の場合、豚1頭の生体重量の5倍の重さの飼料が、牛の場合は1頭の約12倍の重さの飼料が必要となる。

生体重量に対する可食部（肉の食べられる部分）の割合は、肉の種類によって大きく異なるため（鶏では約60％、豚では53％、牛では約40％にすぎない）、可食部の肉1単位当たりの飼料要求率を計算すると、効率のよさがもっと明確になる。最近の調査によれば、ブロイラー1羽の可食部の肉1単位につき、その3～4倍の重さの飼料が必要となる。豚の場合には9～10倍、牛の場合は20～30倍だ。これらの数値は、飼料から肉への平均変換効率と相関していて、鶏の平均変換効率は15％、豚は10％、牛は4％だ。

さらに、ブロイラーは以前より成鶏になるスピードが速くなっているうえ、かつてないほど肉付きがよくなっている。自由に動きまわらせる昔ながらの平飼いの鶏は、1歳になった時点の体重わずか1キログ

鶏肉は効率がいちばんいい

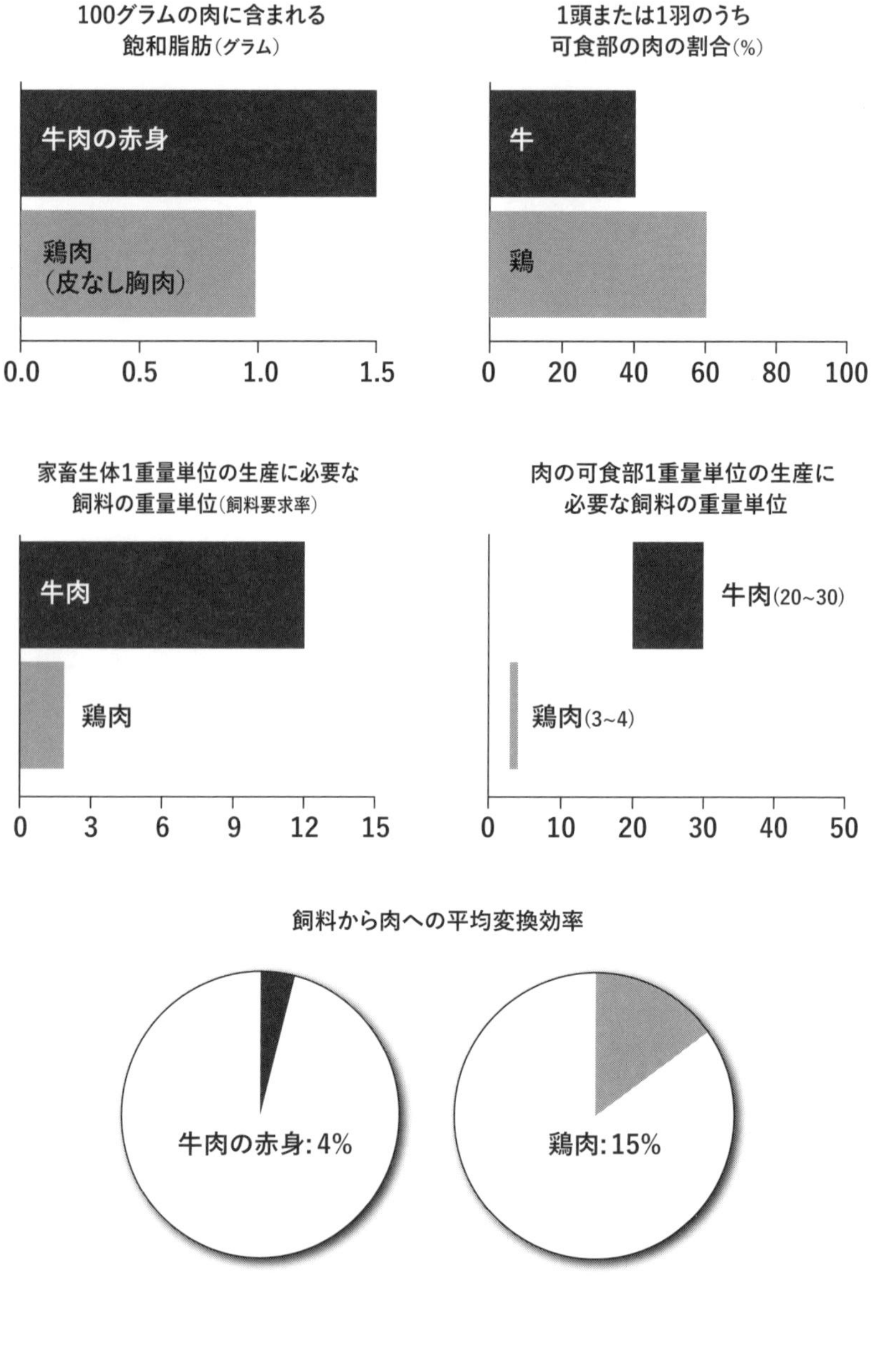

ラムで食肉に加工されていた。アメリカのブロイラーの平均体重は、１９２５年の１・１キログラムから、２０１８年には２・７キログラム近くにまで増え、飼料を与える期間も１９２５年の１１２日から、２０１８年には47日まで大幅に短縮されている。

こうして消費者が利益を得るいっぽうで、鶏たちはつらい思いをしている。暗く狭苦しい鶏舎に閉じ込められ、好きなだけ餌を食べさせられ、急激に太らされているのだ。そのうえ、消費者が脂肪分の少ない胸肉を好むため、胸が異様に大きくなる鶏が選択され、繁殖されている。すると鶏の重心が前方に移り、自然な動きができなくなり、脚と心臓に負担がかかる。どのみち鶏は動くことなどできない。全米鶏肉協議会によれば、鶏舎でブロイラー１羽に割り当てられる面積は５６０～６５０平方センチメートル。Ａ４サイズのコピー用紙１枚よりやや広い程度の面積しかないので、どうやっても身動きできないのだ。さらに長きにわたって暗い鶏舎に閉じ込められて、急激な成長をうながされるため、夕暮れどきの薄明かり程度の光しか浴びないまま成鶏になる。この環境のせいで、正常な概日《がいじつ》リズムと行動リズムが混乱する。

つまり、あなたに消費されるために、鶏は命を縮められているうえ（通常、長ければ８年は生きられるのに、ブロイラーの寿命は７週未満）、暗いところに閉じ込められたせいで奇形になっているのだ。そのいっぽうで、２０１９年末時点での鶏肉の小売価格は、骨を外した胸肉が１ポンド当たり２・94ドル（１キロ当たり６・47ドル）。かたやローストビーフは１ポンド当たり４・98ドル、ステーキ用のサーロイン肉を選べば１ポンド当たり８・22ドルだ。

このように鶏肉が食肉市場で優勢になっているとはいえ、まだ世界を制しているわけではない。中国とヨーロッパでは豚肉が優勢で、全世界の食肉市場では豚肉が鶏肉よりまだ約10％ほど大きなシェアを占めているし、南米の大半の国では牛肉がもっとも多く食べられている。それでも、狭い鶏舎に閉じ込められて大量生産されるブロイラーは今後10～20年のうちに、ほぼまちがいなく、食肉市場で世界一の座に君臨するだろう。こうした現実を考えれば、生産者がブロイラーの短い生涯からもっとストレスを減らせるように、消費者は鶏肉への代価を少し余分に支払うべきではないだろうか。

28
フランス人とワインの微妙な関係

フランスとワイン——じつに絵になる関係だし、数世紀にわたり切っても切れない間柄が続いている。ワインは、古代ローマ人がほぼ現在のフランスに相当するガリアを征服するはるか前に、古代ギリシャ人によってもたらされ、中世に広く普及し、やがて国内外を問わず優れた品質（ボルドー、ブルゴーニュ、シャンパーニュ）の象徴となり、ワイン醸造用のブドウ栽培、ワインを飲む習慣、そしてワインの輸出といったものがフランスという国の個性を示す大きな特徴となってきた。フランスはいつだってワインを大量に生産してきたし、盛大に飲んできた。ワイン産地の農場経営者や村人たちは地元産の当たり年のワインを楽しみ、町や都会の人たちは味も価格も多様なワインのなかから好みのものを選んできたのだ。

フランスで1人当たりの年間ワイン消費量の統計をとるようになったのは、１８５０年のことだ。当時の消費量は多く、年間平均約１２１リットルで、ミディアムサイズのグラス（１７５ミリリットル）で１日に2杯近い量だった。ところが１８９０年を迎えるころには、１８６３年に始まった害虫ブドウネアブラムシの被害が拡大し、フランス全土のブドウ収穫量がピークの１８７５年より70％も減ったため、フラ

フランスの1人当たりワイン消費量

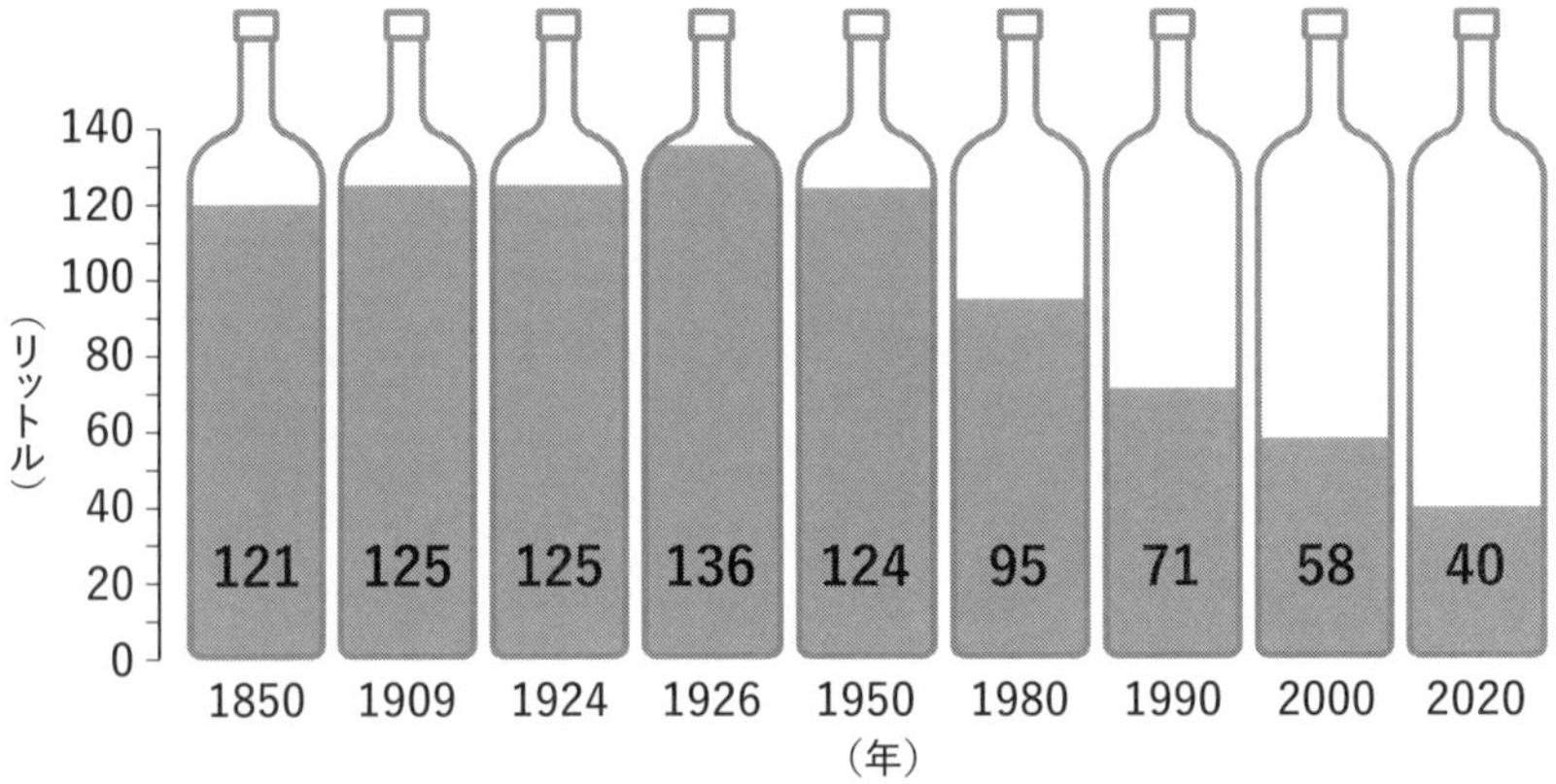

ンスのブドウ園はこの害虫に耐性のある、おもにアメリカ原産の台木に接《っ》ぎ木をして、ブドウ畑を立て直さなければならなかった。その結果、ワインの年間消費量に変動が起こりはしたものの、１８８７年には輸入量が国内生産量の半分近くに増えたおかげで、全体の供給量は急落せずにすんだ。

やがてブドウ畑が害虫被害から回復すると、１９０９年には第一次世界大戦前の１人当たり消費量のピークを迎え、年間１２５リットルを記録した。１９２４年にもこれと同じ記録を達成し、その後2年も記録更新を続け、１９２６年には史上最高となる１人当たり年間１３６リットルという記録を残したが、１９５０年、その量はわずかに減って約１２４リットルとなった。

第二次世界大戦後、フランスの生活水準は驚くほど低いままだった。１９５４年の国勢調査によると、屋内トイレがある家は25%にすぎず、浴槽、シャワー、セントラルヒーティングをそれぞれ備えている家は10%にすぎなかった。ところが１９６０年代にそうした状況は急速に変化を遂げ、収入が増えるにつれ、食生活も大きく変わっていった。ワインの消費量が減少しはじめたのは、この時期である。１９８０年を迎えると、１人当たりのワイン消費量は年間約95リットルにまで減り、１９９０年には71リットルに、そして２０００年にはたったの58リットルにまで減った。つまり20世紀のあいだに、ワインの消費量は半減したことになる。今世紀に入っても減少傾向は続き、最新のデータでは年間約40リットルで、１９２６年の記録を70％も下回っている。２０１５年のワイン消費調査では、減少の要因として男女間と世代間でワイン消費量に隔たりが広がっているという傾向が挙げられている。

40年前、フランスの成人の約半数以上がほぼ毎日ワインを飲んでいたのに、いまや日常的にワインを飲む成人の割合はわずか16％だ。その割合を細かく見ていこう。まず性別では、男性が23％、女性が11％。年代別では、15〜24歳ではわずか１％、25〜34歳で５％に対して、66歳以上は38％だ。この男女間と世代間の隔たりを見ても、今後、ワイン消費量が増える見込みがないのはあきらかで、しかも、この傾向はあらゆるアルコール飲料に当てはまる。ビール、蒸留酒、シードルも消費量が徐々に減っているのだ。これに対して、１人当たりの消費量がいちばん伸びている飲み物は、ミネラルウォーターと湧き水を使用したスプリングウォーター（１９９０年からほぼ倍増）、フルーツジュース、炭酸飲料で、いずれもアルコールを含まない。

こうして、ワインは毎日飲むものではなく、たまに楽しむものになった結果、フランスは昔から維持してきたワイン消費大国の首位の座をスロベニアとクロアチアに明け渡した（両国とも１人当たり年45リットル近くを消費する）。たしかに往年のワイン消費大国のなかで、消費の絶対量も消費量の相対的な順位もフランスほど下落した例はないが、イタリアもそのすぐ後ろに続いているし、スペインとギリシャでもワイン消費量の減少が続いている。

それでも、フランスには1つだけ、いい傾向が見られる。ワイン輸出があいかわらず好調で、２０１８年には輸出額の新記録（約１１０億ドル）を打ち立てたのだ。フランス産のワインには他国産のワインより高い価格がつけられていて、その証拠に、世界のワインおよび蒸留酒の取引量においてフランス産ワインが占める割合は15％であるのに対して、総取引額では30％を占めている。この20年で1人当たりのワイン年間平均消費量が50％以上伸びたアメリカがフランス産ワインをいちばん多く輸入しているのに加えて、新興の中国市場の需要も増え、総取引額に占める割合が高まっている。

フランスは、これまで世界に数えきれないほどのヴァンオルディネール（テーブルワイン）だけではなく、最高級のグランクリュクラッセも提供してきた。ところがいまフランスでは、脚のついたグラスをあわせて乾杯し、健康《サンテ》を祈る習慣が絶滅の危機に瀕《ひん》しているのだ。

29

理性的に肉を食べよう

概して肉を食べるという行為、とりわけ牛肉を食べるという行為は、いまではきわめて望ましくない習慣のリストに加わっている。肉食の弊害については、昔からあれこれ指摘されている。健康に悪いという批判や、家畜の飼料作物の栽培には広大な土地が必要となるうえ、大量の水を利用するため環境にも悪影響が及ぶという批判は以前からあったものの、近年では牛がげっぷやおならで排出するメタンガスが地球の気候変動の大きな原因になっているという終末論のような警告まで出現している。

でも、しっかりと現実を見れば、そこまで煽《あお》りたてる必要はまったくないことがわかる。というのも、わたしたち人間はチンパンジーとよく似ているからだ。チンパンジーはわたしたちにいちばん近い霊長目《もく》で、共通の祖先をもっていて、オスは自分より小さいサルやイノシシを俊敏にとらえて獲物にしていた。つまり人類もチンパンジーも古来、雑食なのであり、肉はこれまでもふつうに摂取してきた重要な食べ物なのだ。肉は、牛乳や卵と同様、成長に必要なたんぱく質がすべて含まれているすばらしい栄養源である。さらに、肉には重要なビタミン（とりわけビタミンB群）とミネラル（鉄、亜鉛、マグネシウム）も含ま

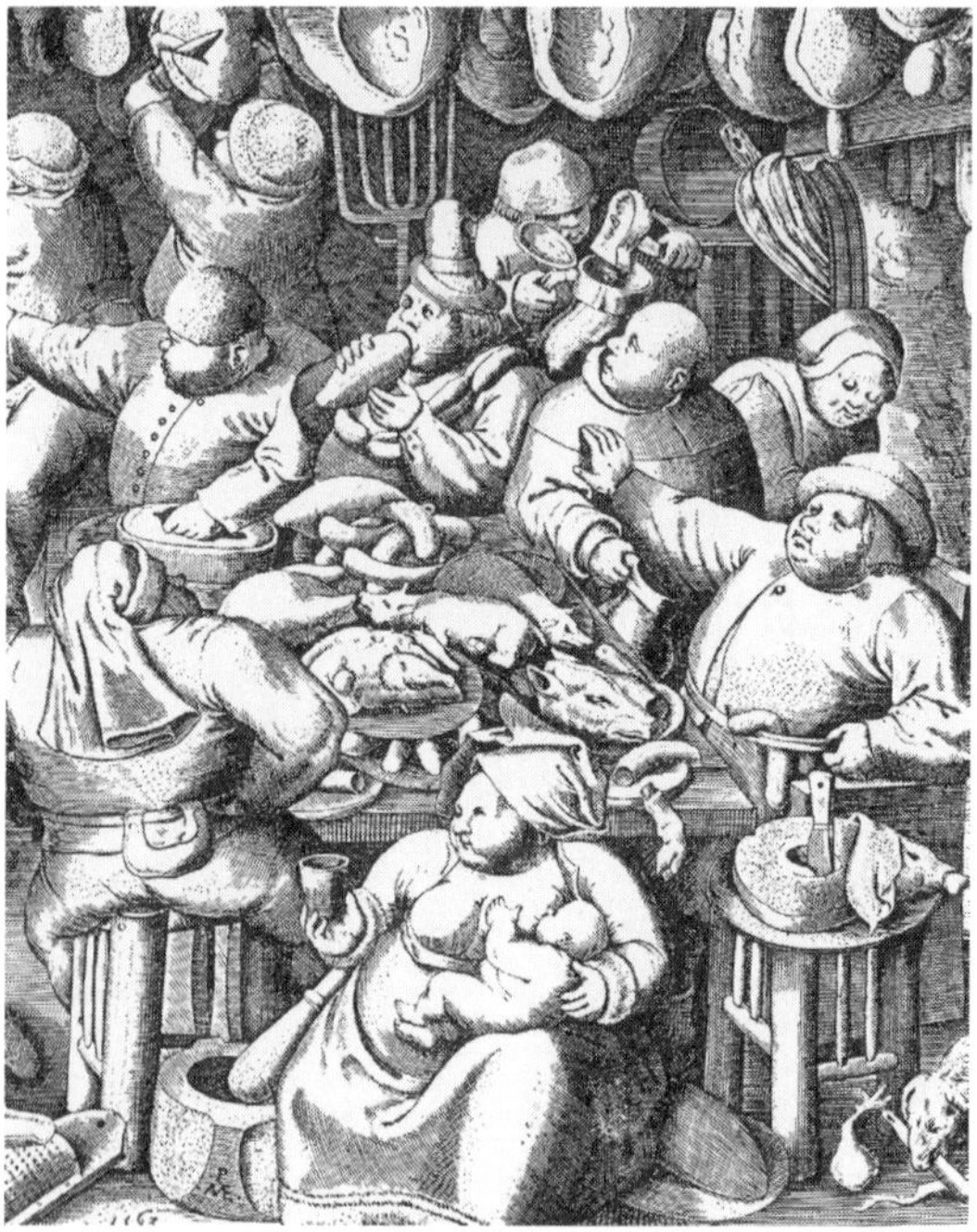

ピーテル・ブリューゲルの版画「太った台所」
（刻版者ピーテル・ファン・デル・ヘイデン）

れている。また、脂質の摂取源としても申し分ない（脂肪を摂取すると満腹感を覚えるので、以前はどんな時代の社会でも珍重された）。

ところが残念ながら、動物、とくに畜牛は、飼料を肉に換える効率が悪いため【本章第27節参照】、先進諸国で食肉の生産を拡大した結果、農業のおもな任務は人間が食べるための作物栽培ではなく、動物の飼料用の作物栽培となっている。北アメリカとヨーロッパでは、穀物の全収穫量の約60％が飼料作物で、直接、人の口に入ることはない。それでも当然、窒素肥料と水が必要となるため、環境に大きな影響が及ぶ。ただし、畜牛の飼料作物の生産に大量の水が使われていることを引き合いに出すのは見当ちがいというものだ。骨無し牛肉1キログラムの生産には少なくとも1万5000リットルの水が必要となるから、たしかに大量ではあるが、肉1キログラムに含まれる水分はせいぜい0・5リットル。1万5000リットルの水の99%以上は飼料の栽培に使われる。よって結局は、土からの蒸発や作物からの蒸散により大気に戻り、雨となって大地に降るのだ。

肉食が健康に及ぼす影響についていえば、大規模に実施された研究により、適量の摂取であれば悪影響はないことがあきらかになっている。それでも、そうした研究の手法が信頼できないのであれば、国別の平均寿命【次節参照】と1人当たりの肉の消費量を比較すればいい。

世界の長寿国と肉の消費量

第1位　日本……肉を適度に食べている。2018年の1人当たり食肉消費量はほぼ40キログラム
第2位　スイス……かなりの肉食で年間70キログラム以上
第3位　スペイン……ヨーロッパ一の肉食国で90キログラムを超える
第4位　イタリア……スペインに迫り、80キログラムを超える
第5位　オーストラリア……90キログラムを超え、うち約20キログラムは牛肉

肉を食べると寿命が縮むというが、それほどでもない。いっぽうで日本型の食生活（というより、東アジアの食生活全般）を見るかぎり、肉をたくさん食べることが健康や長寿につながることはなさそうだ。
だからこそ、わたしとしては、こう強く主張したい。「もっと理性的に肉を食べよう」、と。環境への負荷

を大幅に減らして生産された肉を、ほどほどに食べるのだ。

　こうした食生活を世界に広めるには、食肉の主要３種を消費する割合を変えればいい。たとえば、２０１８年における世界の食肉総生産量３億トンのうち、豚肉、鶏肉、牛肉が占める割合はそれぞれ40%、37%、23%だ。この割合をそれぞれ40%、50%、10%に変えれば、あまり効率のよくない畜牛用の飼料穀物を節約できるし、そのおかげでいまより鶏肉をゆうに30%多く生産できると同時に、牛肉生産が環境に与える負荷を半分以上減らすことができる。鶏肉は生産の効率がいいため、鶏肉の生産の割合を増やして牛肉のそれを減らせば、食肉を10%は多く供給できるようになるだろう。

　こうして得られる食肉の生産量は、世界で３億５０００万トン近くになる。２０２０年初め、地球には77億５０００万人が暮らしているわけだから、年間１人当たり約45キログラムの食肉を届けられる計算になる。骨を外した肉で換算しても、１人当たり25〜30キログラムにもなるのだ。

　この食肉の生産量は、平均的な日本人の近年の食肉消費量と同じくらいだが、とりわけ肉食を好むフランス人のかなりの割合が好ましいと思っている消費量でもある。最近、フランスで実施された研究によれば、フランスの成人の30%近くがプティ・コンソマトゥール（少量しか消費しない人）になっているそうだ。食肉の摂取量は１日平均80グラム、年間では約29キログラムにすぎない。

　栄養の観点から見れば、年に25〜30キログラムの食肉を摂取する場合（うち25%がたんぱく質にあたるとして）、１日に摂取する完全たんぱく質*は20グラム近くになる。この量であれば近年のたんぱく質の平均摂取量より20%多く、なおかつ環境にかける負荷を大幅に軽減できるうえ、適量の肉食がもたらす健康と長寿という恩恵まで得られるのだ。

だからぜひ、世界一の長寿を誇る日本の人たちと、フランスの意識の高い人たちがとりいれている習慣を見習おうではないか。万事につけ、ほどほどが肝心で、ほどほどこそが長続きの秘訣なのだから……。

＊9種類の必須アミノ酸すべてを含むたんぱく質。

30

長寿国日本の食生活の秘訣

現代の日本。数字のうえでは豊かだが、人々は狭苦しい家に暮らし、満員電車に長々と揺られて通勤し、夜遅くまでの残業を強いられるうえ、休日は少なく、いまだに大勢の人が喫煙していて、因習的なヒエラルキー社会に従うよう大きな圧力をかけられている。そのうえ、つねに大地震に見舞われるリスクがあり、国土の大半で火山が噴火するおそれもあり、季節によっては巨大台風や熱波の脅威にもさらされている。北朝鮮が隣国であるという脅威は言わずもがなだ。それでも、日本人の平均寿命はどの国よりも長い。最新の主要国の数字は次のようになっている。

平均寿命（女性／男性）2015～20年

- 日本　87・5歳／81・3歳
- スペイン　86・1歳／80・6歳
- フランス　85・4歳／79・4歳

●イギリス　82・9歳／79・4歳
●アメリカ　81・3歳／76・3歳

さらに特筆すべきは、80歳まで生きた日本人女性は平均してさらに12年生きると予想されること。アメリカは10年、イギリスは9・6年だ。

はたして、日本人は特異な遺伝子の持ち主なのだろうか？　まず、そうは考えられない。というのも、近隣の大陸から渡来した人たちが日本列島に定住したと考えられているからだ。近年、日本人の遺伝的集団構造と進化に関して詳細な研究が実施され、日本人の祖先にはおもに朝鮮半島を経由して渡来した人々、漢民族、そして東南アジア諸民族の特徴があったことが確認されている。

もしかすると、国民のあいだに広く浸透している宗教的な教訓のおかげで長寿なのかもしれない。つまり「物質より精神」を重んじる考え方が功を奏している可能性がある。しかし、こうした日本人の思考の基本にあるのは、宗教心というよりは精神性かもしれない。古い文化を継承している人口の多い国はほかにもあるが、伝統的なものの考え方が人々の胸に深く沁み込んでいる国として、日本に比肩するところはない。

さて、精神的な信条を除けば、長寿の第一の理由は日本特有の食生活ということになる。では、いったいどんな点が優れているのだろう？　日本人が大好きな食べ物や調味料に注目しても、あまり役には立たない。たとえばしょうゆは、ミャンマーからフィリピンにいたるアジア大陸の大半で、その土地独自のしょうゆがあるし、豆腐も同様。少し範囲は狭くなるが、納豆でさえ、世界ではほかにも食べられている地

日本 vs. アメリカ

男性の平均寿命

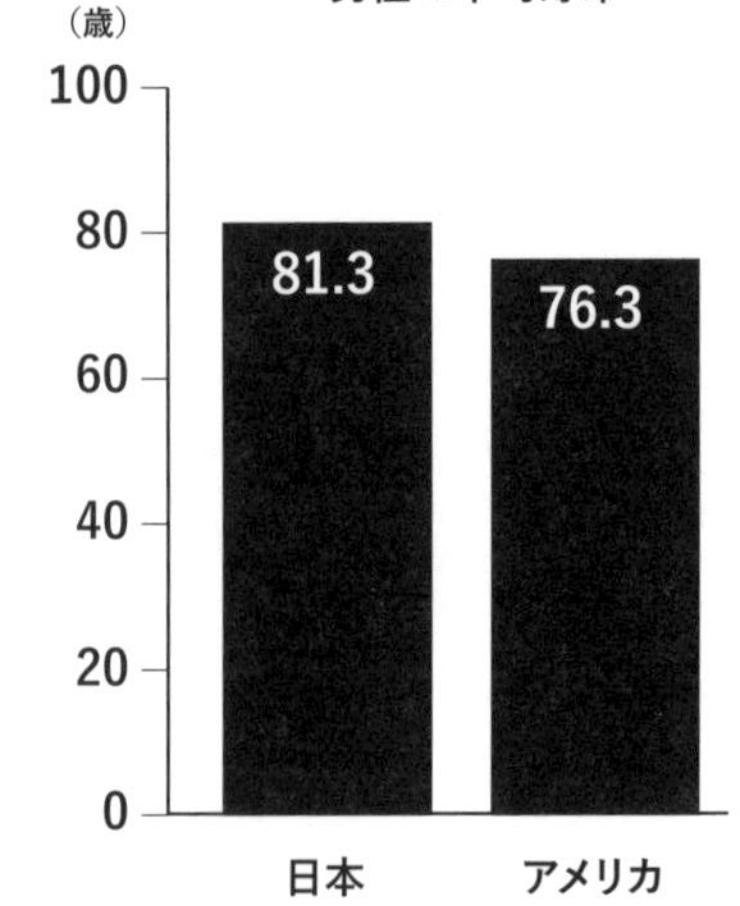

女性の平均寿命

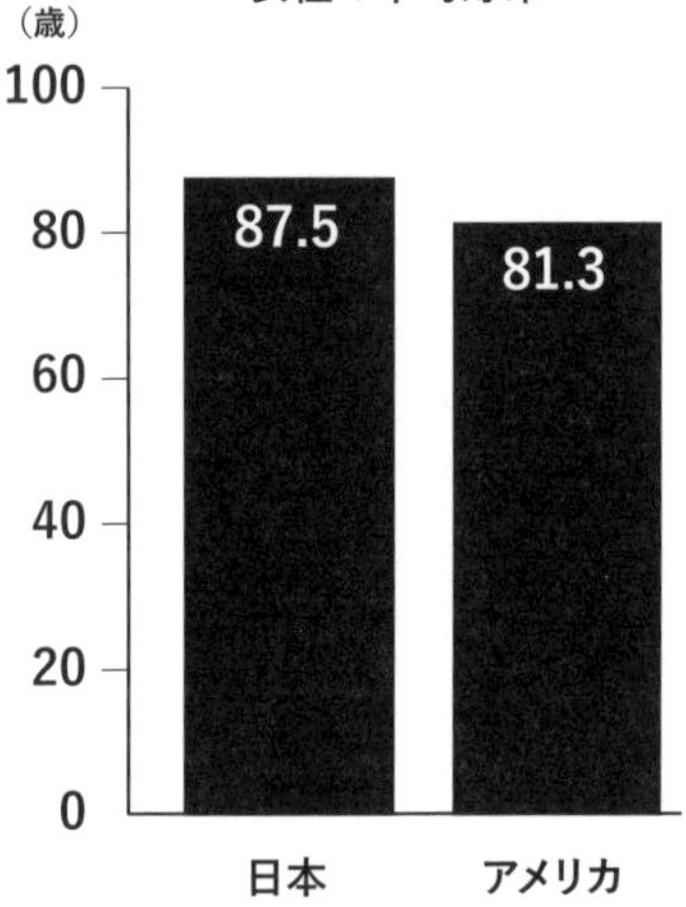

1日の1人当たり食料供給

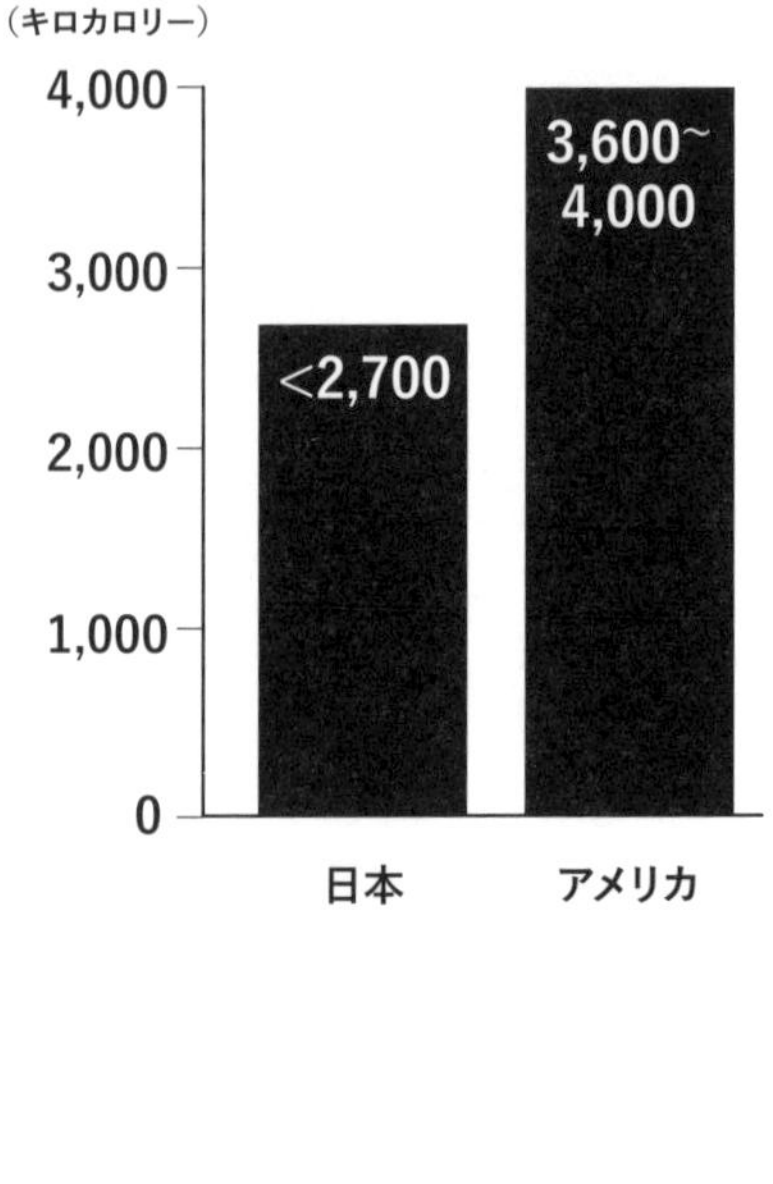

成人の肥満率*

*BMIが30以上の人

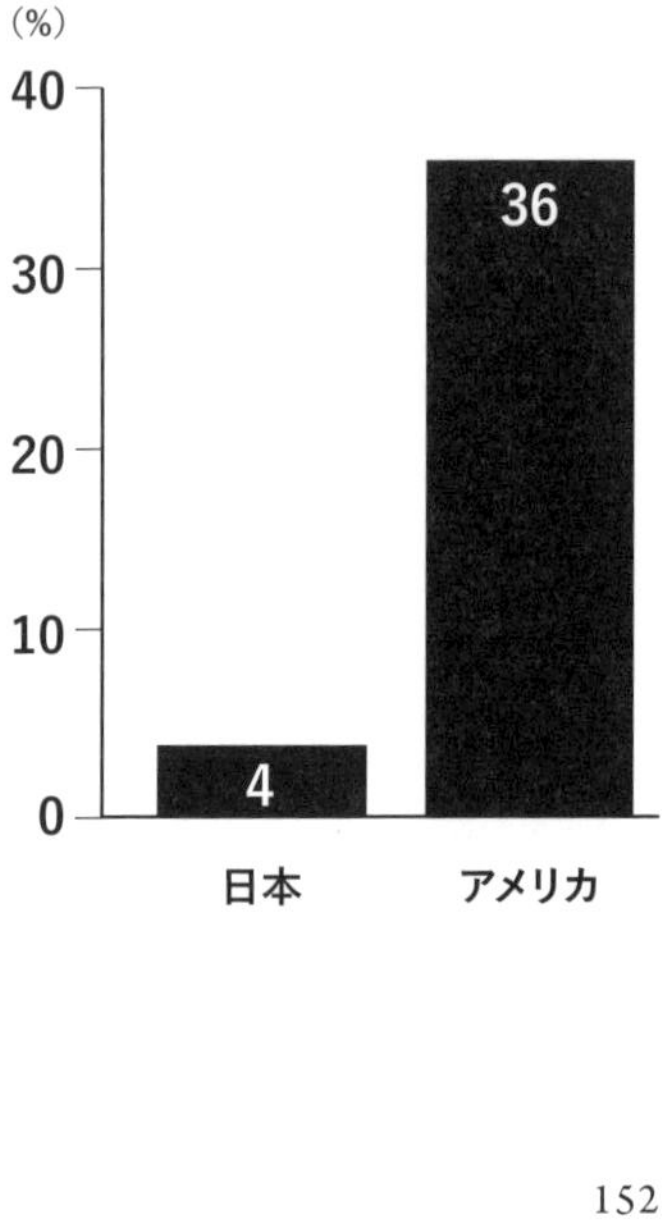

域がある。また日本の緑茶は、チャノキの葉を摘んですぐ熱処理を加えて茶葉にしたものだが、チャノキは中国原産である。日本の茶葉とは色合いが微妙にちがうものの、中国ではいまでも茶葉を生産していて、1人当たりの消費量は減っているとはいえ、その大半を国内で飲んでいる。

ところが、フードバランスシート†を見ると、平均的な日本人、フランス人、アメリカ人の食生活におけるたんぱく質・脂質・糖質の主要栄養素の割合に大きな差があることがわかる。食事から摂取する全エネルギーに占める動物性食品の割合は、フランスで35%、アメリカで27%だが、日本ではたったの20%だ。

このように、日本人の食生活には植物性食品を多く摂取する傾向があることはわかるものの、脂肪（植物性、動物性を問わず脂質）由来のエネルギー摂取、さらに砂糖や人工甘味料由来のエネルギー摂取の割合のほうがよほど重要な意味をもっている。アメリカ、フランスの両国では、脂肪由来のエネルギー摂取が日本のほぼ2倍（正確には1・8倍）である。そのうえ、アメリカ人は1日に日本人の2・5倍近くの砂糖や人工甘味料（アメリカでは果糖ブドウ糖液糖が主流）をたっぷりと摂取していて、フランス人もやはり日本人の1・5倍の量を摂取している。こうした数値は漠然とした関連性を示しているだけだということをつねに念頭に置くべきだが、そのうえであえていえば、悪影響を及ぼしていると疑われる栄養素を摂取しないようにすれば、やがて脂質と糖質の摂取を減らすことが長寿の秘訣だとわかるかもしれない。

しかし、それが、実際に日本を特別な長寿国たらしめているいちばんの理由ではない。鍵を握るのは、

---

†国連食糧農業機関の手引きにより作成される食料需給表。生産から最終消費にいたるまでの総量や、家庭に届くまでに失われるすべての数量などが記されている。

日本の１人当たりの食料供給量（カロリーベース）がきわめて少ないことだ。たとえば、欧米の先進諸国のフードバランスシートを見ると、アメリカであれ、スペインであれ、フランスであれ、ドイツであれ、ほぼすべての国の１日の食料供給量は１人当たり３４００〜４０００キロカロリーであるのに対して、日本のそれは２７００キロカロリーを下回り、欧米諸国と比べて約25％少ない。もちろん、実際に欧米諸国の１日の平均消費カロリーが３５００キロカロリーを超えるはずはない（それだけのエネルギーを必要とするのは重労働をこなす長身の男性くらいだ）が、フードロスの割合が弁解の余地さえないほど高いことを考慮しても、これほど過剰に食料を供給していれば、過食や肥満を生みだすのは必然だ。

いっぽう、実際のエネルギー摂取量を調査したところ、人口の年齢分布と、高齢者が身体を動かす機会が減っていることを考えれば当然の話だが、日本人１人当たりの１日のエネルギー摂取量は１９００キロカロリーを下回っている。よって、日本が世界一の長寿国となっている最大の理由はしごく単純。すなわち、なんでも「ほどほどの量を食べている」から。この習慣は、日本語では４つの漢字で表現されている。それが「**腹八分目**」[*1]。これは儒教の教えで[*2]、やはり中国からもたらされた考え方ではあるが、宴会好きで、食べ物をむだにしがちな中国の人たちとはちがい、日本人は「**腹八分目**」をしっかり実践しているというわけだ。

＊１　この言葉は原文も日本語で書かれている。
＊２　この熟語に似た表現は江戸の儒学者、貝原益軒が儒教の中庸の教えをもとに使っている。

31 乳製品を消費する国の劇的な変化

ほぼすべての新生児は、乳糖（ラクトース）を消化するために必要な酵素、ラクターゼを十分に分泌している。乳糖とは、母乳などに含まれる二糖、つまりグルコースとガラクトースが結合したものだ。そして、ごく一部の赤ちゃんに先天性ラクターゼ欠損症、いわゆる乳糖不耐症が見られる。

幼児期が終わると、乳類を消化する力は変化する。たとえば、昔から牧畜が盛んだったり、乳畜を飼育したりしていた社会では、乳糖を消化吸収する力がそのまま維持される。その反対に、乳畜を飼育したことがない社会では、その力が弱まっていって、完全になくなる場合もある。もっとも、たとえ乳糖を消化できなくなったとしても、少量の牛乳を飲んだあとはたいていお腹がゴロゴロする程度ですむ。ところが、なかには吐き気を催したり、実際に嘔吐《おうと》したりする人もいる。

進化によって、こうした特徴は複雑なパターンを生みだしてきた。そのため、乳糖不耐症の住民をとりかこむようにして乳類を飲める住民が暮らしている場合もある。たとえば、畜乳を飲まない中国人の北側には馬乳《ばにゅう》を飲むモンゴル人が暮らしているし、西側にはウシ科のヤクの乳を飲むチベット人が暮らしている。また、そうした2つの社会が混ざりあっている場合もあり、アフリカのサハラ砂漠以南では、牧畜民、焼畑農業を続ける農民、狩猟採集民が混在している。

　こうした現実に目を向けると、経済発展による近代化の結果、にわかには信じがたい2つの現象が確認できておもしろい。まず、酪農大国と言われている国々では牛乳類（牛乳と乳飲料）の１人当たり年間消費量が減少を続けている。その反対に、昔は牛乳を飲む習慣がなかった国々では飲用牛乳と乳製品の需要がまったくのゼロからかなりの量へと増えている。20世紀初頭、アメリカの年間の牛乳類消費量（クリームを含む）は１人当たり１４０リットル（うち80%が加工乳ではないふつうの牛乳）だった。ピークを迎えたのは１９４５年で１５０リットルだったが、その後ずっと減少を続け、２０１８年には55%以上も減少し、66リットルになった。同時に、乳製品全体の需要も減少しているが、その減少スピードが牛乳類ほど速くないのは、アメリカン・ピザのおかげでモッツァレラチーズの消費量がじわじわと増えつづけているからだ。

　乳製品の需要が減ったおもな要因は、肉と魚の消費量が多くなり、以前は牛乳で摂取していたたんぱく質と脂質を得られるようになったこと、そして、乳製品に含まれる飽和脂肪酸を摂取すると健康に害が及ぶと数十年にわたって警告されてきたことだ。だが、乳製品は身体に悪いという結論は誤りであることがすでに立証されていて、最新の研究によれば、乳製品に含まれる脂肪は冠動脈性心疾患への罹患や脳卒中による突然死を防ぐ可能性があるという。もっとも、こうした報告は、すでに乳製品が売れなくなっている業界にとっては遅きに失した感がある。いっぽうヨーロッパには、かつては毎日チーズを食べ、牛乳を大量に飲んでいた国々があったが、そうした国でも消費量の減少傾向が見られている。とりわけフランス

1人当たりの年間牛乳類消費量

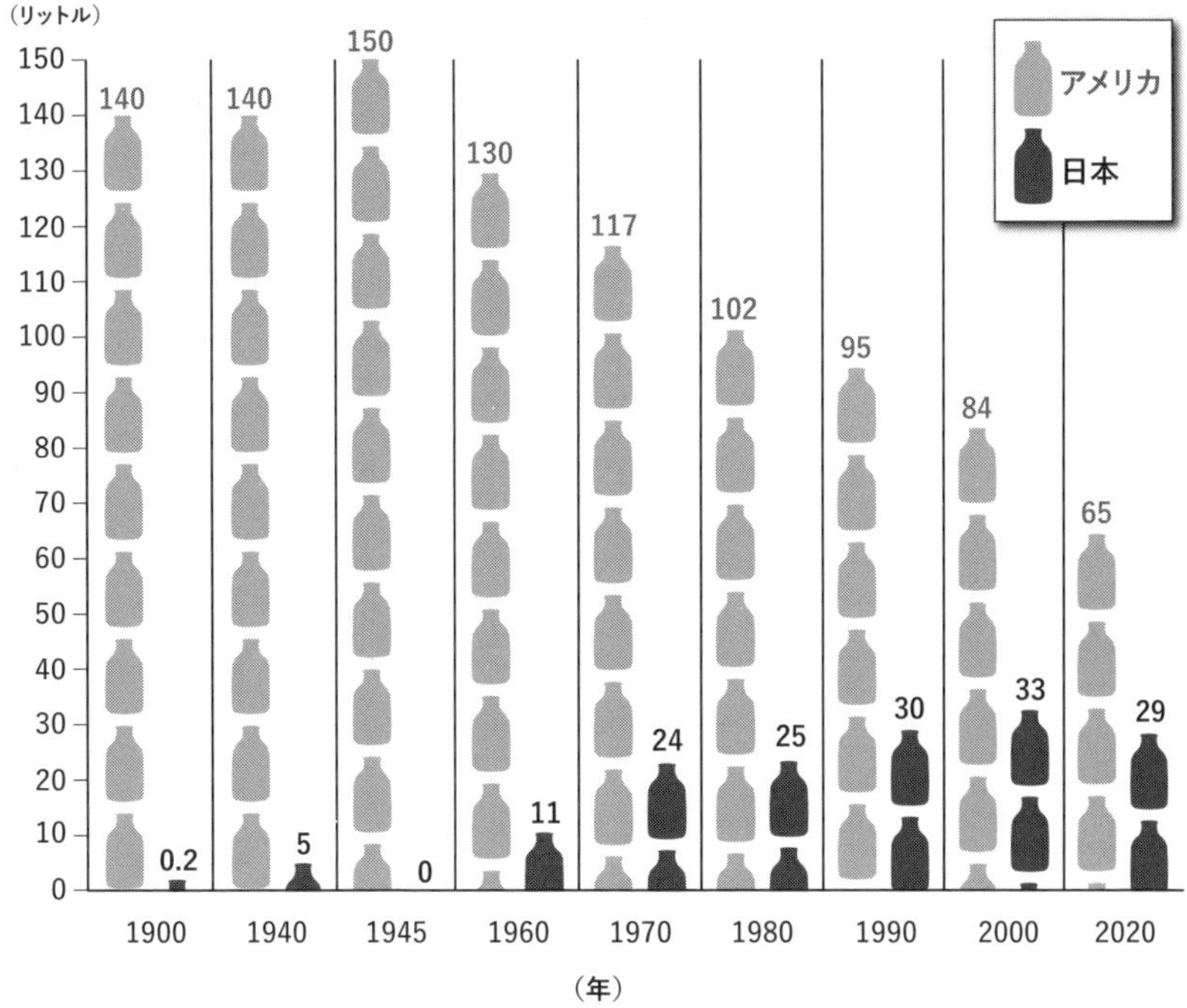

は、１９５０年代半ばには年間の１人当たり牛乳類消費量が１００リットルだったが、２０１８年には45リットルにまで減少している。

　こうした例とは対照的に、昔は牛乳を飲む習慣がなかったのに、乳製品の消費量が増えている国もあって、その筆頭は日本だ。１９０６年には１人当たりの年間消費量は１リットルにも満たず、１９４１年になっても5・4リットルだった。年間5・4リットルというと、１日当たり15ミリリットル（大さじ1杯分）だ。というのも、１９４５年に米軍などが日本を占領するまで、大都市の住人のごく一部にしか牛乳を飲んだり、ヨーグルトやチーズを食べたりした経験がなかったのだ。やがて、都市部と地方における児童の成長の格差を解消するために、学校給食プログラムを通じて給食に牛乳が提供されるようになった。すると１９８０年には牛乳類の１人当たり年間消費量は25リットル、２０００年には33リットルとなり、乳製品全般（チーズとヨーグルトを含む）の消費量は年間80リットルを超えるまでに増えたのである。

では、中国の推移はどうだろう。国の規模を考えれば当然だが、中国では乳製品の定着に時間がかかった。平均消費量は１９５０年代にはごくわずかだったが、１９７０年代、中国の急激な現代化が始まる前には１人当たりの年間消費量が３リットルになり、いまでは30リットルを超え、韓国を上回っている。[†]現代化した都市で乳製品を手軽に入手できるようになったこと、食の多様化、核家族化、都市部で働く女性の割合の増加などが原動力となって、中国の食文化は大きく変容してきた。健康的で高級な食品として、政府が牛乳の消費を推奨したのも追い風とはなったものの、実際には牛乳の品質が悪かったり、大量の混ぜ物が入っていたりしたため、逆風も吹いた。そして２００８年には、30万人以上の乳児がメラミン入りの粉ミルクを飲んで健康被害を受けた。粉ミルクを出荷する際の検査では、たんぱく質含有量の目安として窒素の含有量が測定されていたため、業者が窒素を多く含む化学原料メラミンを混入し、たんぱく質の基準をクリアできるよう偽装していたのである。

このようにして、牛乳は世界に普及してきたわけだが、乳糖不耐症の人が多い社会は、いったいなぜこの変化に対応できたのだろう？　それは、その社会の人が全員、乳糖不耐症であるわけではないからだ。それに、乳糖不耐症は絶対的なものというよりは、相対的なものだからだ。つまり、不耐症の度合いの問題で、軽症の人が多いのだ。たとえば日本人の５人に４人は、１日コップ１杯の牛乳を飲んでもなんら問題はない。１日コップ１杯飲むと仮定しても、１年で１人当たり70リットル以上を消費する計算になる。

近年のアメリカ人の平均を超えてしまうのだ。

　それに、牛乳を発酵させればそれだけ乳糖が減るため、乳清チーズのリコッタなどフレッシュタイプのチーズでさえ含まれる乳糖は牛乳の3分の1未満だし、チェダーやパルミジャーノなどハードタイプのチーズにいたっては微量しか残っていない。ヨーグルトには乳糖がほぼそのまま残っているが、乳酸菌の酵素が消化をうながしてくれる。

　というわけで、牛乳は赤ちゃんにとって理想的な食品であるだけではなく、ほどほどに飲むのであれば、万人にとって優れた食品なのだ……乳糖への耐性がまったくない人を除いては。


---

†ちなみに、韓国も以前は牛乳を飲まない文化だったが、現在では牛乳、チーズ、ヨーグルトを消費している。

第4章

環　境

ENVIRONMENT

賢い選択をするために、
知っておくべきこと

32
牛の惑星

長年、わたしはこんな想像をめぐらしてきた。ものすごく賢い地球外生命体が惑星全体のようすを瞬時に観測できる探査機を飛ばしてきたら、いったい、地球はどんなふうに分析されるのだろう、と。もちろん、探査機はすべての生物を一つ残らず数えたあと、即座にこんな分析結果を出すだろう。まず、大半の個体は微細《ミクロ》である（細菌、古細菌、原生生物、菌類、藻類《そうるい》）か、きわめて小さい《スモール》（昆虫）。そのうえ、そうした微生物の総重量が、この惑星の生物量《バイオマス》*の大半を占めている、と。

これはそれほど意外な結果ではないだろう。こうした微小な生物はサイズこそ小さいものの、数で補ってあまりあるからだ。微生物は生物圏のありとあらゆる生態的地位《ニッチ》を占めていて、極限環境で生きる微生物も多い。また、細菌は数のうえで人体の生細胞《せいさいぼう》の約90％を構成していて、細菌の総重量は人間1人の体重の約3％にあたる。いっぽう、探査機が動物の生態をもっと大きなサイズを基準に分析した場合、たった2種類の脊椎《せきつい》動物の生物量が圧倒的に多いという意外な結果が出るはずだ。すなわち、畜牛（家畜化されたウシ）がいちばん多く、その次に多いのが人類（ホモ・サピエンス）であるという結果が。

さて、地球外に暮らしている科学者たちとはちがい、わたしたちにはそうしたデータを即時に読みとることはできない。それでも、生物量を物差しにするのであれば、畜牛の生物量《キャトル・ズーマス》と人間の生物量《アンスロポマス》をかなり正確に数量化できる。高所得国では家畜化された大型反芻《はんすう》動物の頭数はわかっているし、低所得国でも、あるいは牧畜民でさえ、その頭数をそこそこ正確に推定できるからだ。国連食糧農業機関によれば、２０２０年の時点で地球上には畜牛が約15億頭いるそうだ。

地球上に存在する畜牛の頭数から生物量を計算する際には、月齢と性別の分布に基づいて調整しなければならない。大型の雄牛であれば体重が１０００キログラムを超える。アメリカの肉用牛は体重が６００キログラム近くになると食肉に加工されるが、ブラジルでは２３０キログラムに達しない時点で、もう市場で売りに出される。いっぽう、インドの有名な乳牛ギル種の体重は成牛となっても３５０キログラムに満たない。このような多様性を考慮して性差と月齢差で調整すれば、畜牛の平均体重は約４００キログラム。そうすると、地球上の畜牛の生物量は6億トン程度となる。

同様に、地球上の人間の総重量を計算する際にも、年齢と体重を考慮する必要がある。低所得国は先進国より、人口において児童が占める割合がはるかに高い（２０２０年の時点で、アフリカでは児童の比率が約40％、ヨーロッパでは約15％）。同時に、過体重と肥満の人の割合は、無視できるほどごくわずかな国々（アフリカ諸国）から成人人口の70％にいたる国（アメリカ）まで、大きな差がある。よって、入手可能な年齢別人口や男女別人口のデータのほかにも、人体測定学の研究結果や代表的な国々の児童の成長

---

*ある時点に任意の空間内に存在する生物体の量。本節では「特定生物の1個体の平均重量×地球上のその個体の総数」として計算している。

曲線などを参考に、国によって異なる手法を用いることにした。こうした複雑な調整を加えたところ、人間の平均体重は約50キログラムと推定された。よって、２０２０年の世界人口を77億５０００万人とすると、地球上の人間の生物量は3億９０００万トン近くになる。

つまり、地球上の畜牛の生物量は、いまでは人間の生物量よりも50％以上大きく、畜牛と人間の生物量を合計すると、10億トンに迫る。地球最大の哺乳類の生物量でさえ、畜牛と人間の生物量と比較すれば微々たるものだ。アフリカに35万頭いるゾウの生物量は、１頭の平均体重を２８００キログラムとして１００万トン未満であり、畜牛の生物量の０・２％にも満たない。

２０５０年には、世界人口は90億人となり、畜牛も20億頭になっているだろう。すでに地球では人間と畜牛が圧倒的に優勢であるというのに、その状態にいっそう拍車がかかる未来がやってくるのだ。

2020年の地球上の人間と畜牛の生物量

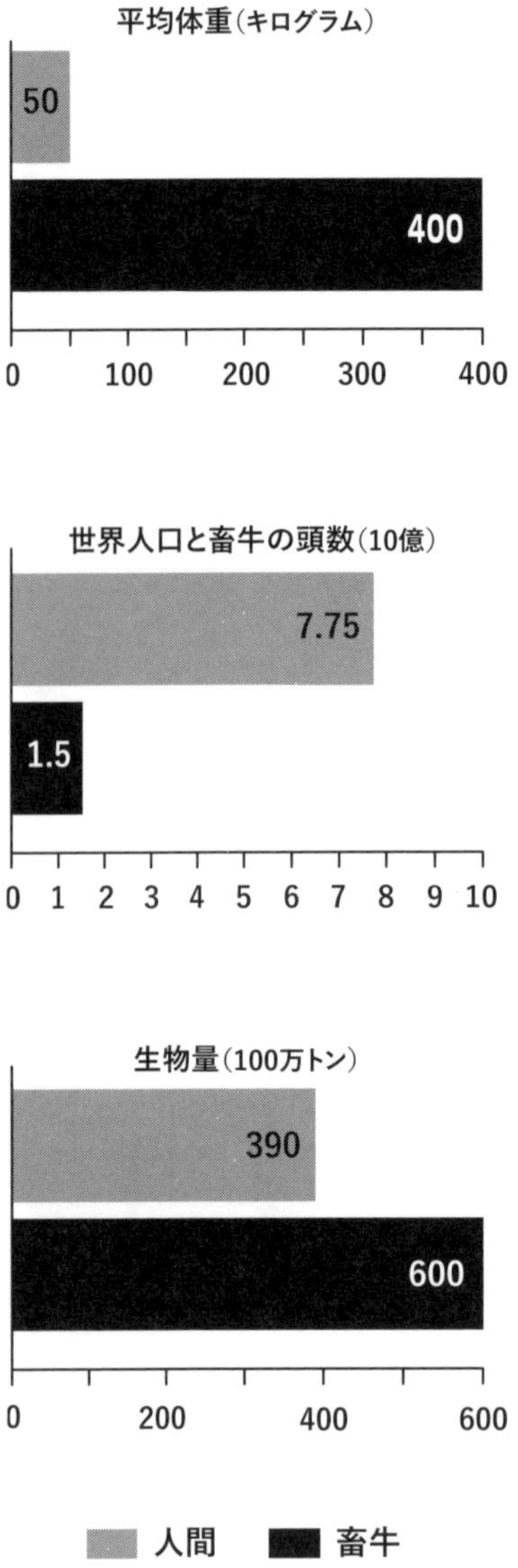

33 アフリカゾウの死

アフリカゾウは世界最大の陸生哺乳類だ。おとなのオスの体重は６０００キログラムを超え、メスの体重は平均でその半分ほど、生まれたばかりのゾウは１００キログラム前後だ。社交的で、知能が高く、「ゾウはけっして忘れない」ということわざもあるほど記憶力に優れているうえ、死についてのふしぎな意識をもっているらしい。というのも、祖先たちの骨に出くわすと、ゾウはその場をうろうろしたり、骨に触れたりと、めずらしい行動をとるからだ。

さて、このアフリカゾウの骨はアフリカ大陸にずっととどまっているが、その牙《きば》はピアノの鍵盤《けんばん》になったり、暖炉の上の象牙《ぞうげ》の置物になったりして、世界各地に分散している。古代エジプト人はゾウを狩り、カルタゴ人はローマとの戦いでゾウを利用していたが、やがて北アフリカのゾウが絶滅したため、現在も多数が生存しているのはサハラ砂漠以南のみとなった。アフリカ大陸全体の環境収容力＊は、19世紀初頭で

＊ある環境条件の地域で持続的に維持できる生物の最大個体数。

約２７００万頭だったと思われるが（小型のマルミミゾウを含む）、実際は２０００万頭程度だったかもしれない。ところが、こんにち、その数は１００万頭を大きく下回っている。

　ではここで、これまでの象牙の取引量を振り返ってみよう。１８６０年ごろまでは、年間１００トン前後でかなり安定した取引量が続いていたが、１９００年を迎えた直後、その量は5倍に跳ねあがった。そして第一次世界大戦が勃発すると、取引量は急落し、戦後、やや盛り返したものの、次の大戦でまた急落し、その後、また上昇に転じ、１９８０年代後半には年間９００トンを超えてピークに達した。このように需要に応じて変動する量のデータを収集したところ、わたしの推定によれば、19世紀の１００年間で合計2万５０００トン、20世紀には少なくとも4万トンの象牙が採取されていた。

　象牙が4万トン採取されたのであれば、最低１２００万頭のゾウが殺されたことになる。１９７０年以前は、生存していたアフリカゾウの頭数に関して体系的な推定値を入手することはできないものの、アフリカ大陸全体では20世紀最後の数十年で着実に減少したと考えられている。マイクロソフトの共同創業者、故ポール・G・アレンが資金提供したプロジェクト〈グレート・エレファント・センサス〉では、アフリカゾウ生息地の約80％にあたる面積のサバンナの上空を飛行して、その頭数を調査した。２０１６年に調査を完了したところ、生息が確認されたアフリカゾウは35万２２７１頭だった。これは１９８０年代半ばに最大頭数として推定された値よりも30％低い数字だ。

　ほかにも大いに失望させられる知らせがある。モザンビークのアフリカゾウの頭数が２００９～14年のあいだに1万頭へと半減し、タンザニアでは同5年間で8万５０００頭以上が殺され、約11万頭から4万３０００頭へと激減した（年5％の出生率で調整）。１９９６～２０１４年に押収された大量の象牙

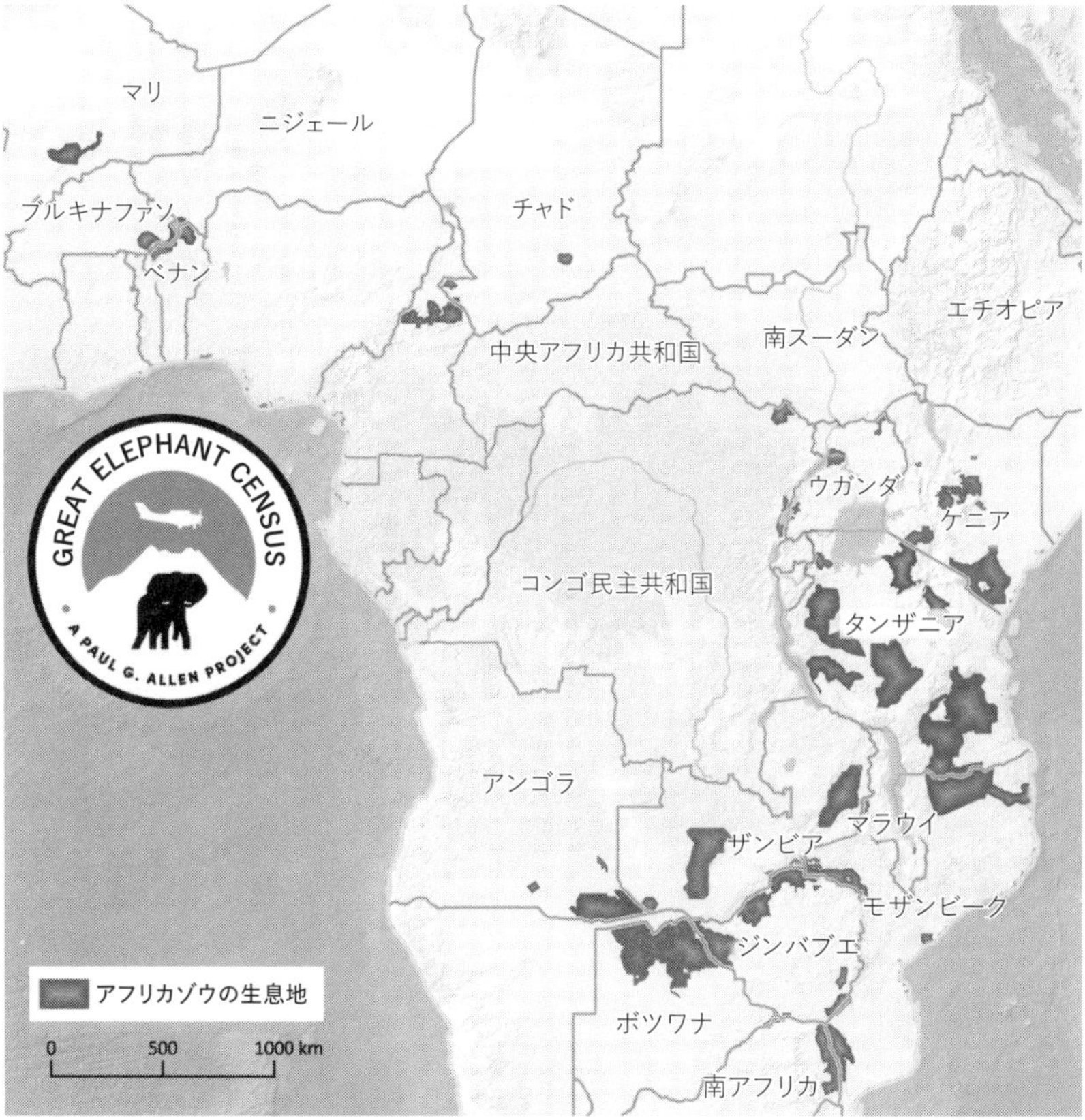

アフリカゾウがまだ生息している地域

をDNA分析したところ、密猟のおよそ85％が東アフリカでおこなわれていることがわかった。なかでもタンザニア南東部のセルース猟獣保護区、モザンビーク北部のニアッサ国立保護区、そして近年ではタンザニア中央部がとくに多い。

その元凶は、あいかわらず象牙の需要が高い中国にあるとされていて、象牙の大半は精巧ではあるものの低俗な彫刻の置物などに加工される。ときには、人類史上最悪の大飢饉を引き起こした責めを負う毛沢東《もうたくとう》の小像になる場合さえある。近年、国際的な圧力がようやく功を奏し、中国国務院（内閣に相当）は２０１７年末、国内での象牙の商業取引と加工を全面的に禁止した。おかげで、中国の需要による悪影響はやや軽減されたものの、中国人観光客は近隣諸国を旅行中にまだ象牙製品の購入を続けている。

　アフリカゾウの虐殺が完全になくなったとしても、アフリカの一部の地域ではまた新たな問題が生じるかもしれない――というのも、南アフリカの一部地域は、長年にわたってすでにその問題に直面してきたからだ。その問題とは、地域によってはアフリカゾウが増えすぎていることだ。破壊力をもつ大型動物がどんどん増えれば、その数を調整するのは容易なことではない。とりわけ農業や牧畜業を営む人たちにとって、すぐそばに生息しているアフリカゾウに対処するのは至難の業だろう。

34 人新世と呼ぶのは時期尚早

歴史家や科学者の多くが、われわれはいま「人新世（アントロポセン）」を生きていると主張している。つまり、人類が生物圏を支配するという特徴をもつ新たな地質年代「人新世」がすでに始まっているというのだ。２０１９年5月、地質学者たちで構成された「人新世ワーキング・グループ」は投票により、この地質年代を正式に採用することを承認した。今後、この提案は国際地質科学連合の国際層序委員会で検討されることになるだろう。

これに対するわたしの意見は、古代ローマの格言にならって「フェスティーナ・レンテ」、すなわち「ゆっくり急げ」だ。

もちろん、人間の活動によって生物地球化学的な循環への介入が広がり、生物多様性が失われているのは明白で、議論の余地はない。大量の廃棄物、大規模な森林破壊と加速化する土壌流出、農場経営、都市、産業、輸送によって地球規模の汚染が生じているのだ。こうした人間の活動による悪影響が重なって、前代未聞の衝撃が地球に及んでいるうえ、その規模の大きさを考えると、人類の未来までが危険にさらされてもおかしくない。

とはいえ、わたしたち人間はそれほどまでに地球の命運を握っているのだろうか？　これに対する反証なら山ほど挙げられる。まず、地球で生命を維持するための基本的な条件について考えてみよう。太陽のエネルギー源となる熱核反応、放射線で満たされた環境、地球の形、ほかにも、自転、自転軸、公転軌道の離心率†、地球規模の大気の流れ（大気の大循環）といった条件を挙げることができるが、どの条件にも人間は介入することができない。

それに、地球物理学的な問題にかぎっても、わたしたち人間に地球表面全体の動き、つまりプレートテクトニクスをコントロールするなどという大それたことができるとは思えない。プレートテクトニクスとは、地球の表面を覆うプレートと呼ばれるいくつもの岩板が独立して動く結果、さまざまな地質現象が起こるという説だ。この理論によれば、地球内部の熱によって物質が上昇し、それが海嶺《かいれい》の両側に広がって古い海底を押しやり、ゆっくりと時間をかけてつねに新しい海底を生みだしている。このようにして海底（海洋プレート）が大陸プレートとぶつかり、広大な大陸が形を変え、集合と分離を繰りかえし、また隆起する。そして、そうした大陸の配置と高さの変動が気候変動の大きな要因となり、その地域が居住に適しているかどうかを左右するのだ。

さて、このプレートテクトニクスがもっとも甚大《じんだい》な被害をもたらす3大現象は、火山の噴火、地震、津波であり、どの現象が起こったところで、わたしたちには傍観することしかできない。それほど激しくない現象なら頻繁に生じていて、その程度の影響を受けるだけであれば人間は生活していけるが、東京、ロサンゼルス、北京といった世界最大規模の都市のなかには、いまのところ巨大地震に見舞われずにすんでいるからなんとかやっているところもある。それに火山の巨大噴火が起ころうものなら、現代文明は断絶してしまうかもしれない。そもそも地質年代ではなく、ずっと短い文明史というタイムスパンで時間の流れを見たとしても、小惑星が地球に衝突するといった脅威は無視できるほど小さいわけではない。小惑星の進路を予測できても、変えることはできないからだ。

ある１年間をとればこうした現象が起こる確率はきわめて低いかもしれない。それでも、仮に起こった場合、その破壊力はすさまじく、有史以来、人類が経験したことのない災禍がもたらされるかもしれない。そして、いまのところ、わたしたちにはそうした事態に対処する有効な方策がない。よって長期的な展望に立てば、こうした脅威は森林における生物多様性の喪失や化石燃料の燃焼ほど差し迫った問題ではないなどと高《たか》をくくってはいられないのだ。

それに、なぜあわてて人類を格上げして、新しい地質年代の創造主に仕立てあげる必要があるのだろうか。ホモ・サピエンスによる実験があとどのくらい続くのか、もう少しようすを見てもいいはずだ。なにしろ、６６００万年前に始まる暁新世《ぎょうしんせい》から１万１７００年前に始まる完新世《かんしんせい》まで、新生代という「代」に含まれる７つの「世」のうち６つは、現在の完新世にいちばん近い２つの世（鮮新世《せんしんせい》と更新世《こうしんせい》）も含めて、最短でも２５０万年続いた。そのうえ、完新世は始まってからまだ１万２０００年も経過していない。もし、本当に人新世という世をすでに迎えているのであれば、その始まりはせいぜい８０００年前（定住農業が始まったとき）か、１５０年前（化石燃料の本格的燃焼が始まったとき）あたりと考えるべきかも

† 楕円《だえん》の度合い。氷河期の周期的到来を引き起こす主因となる。

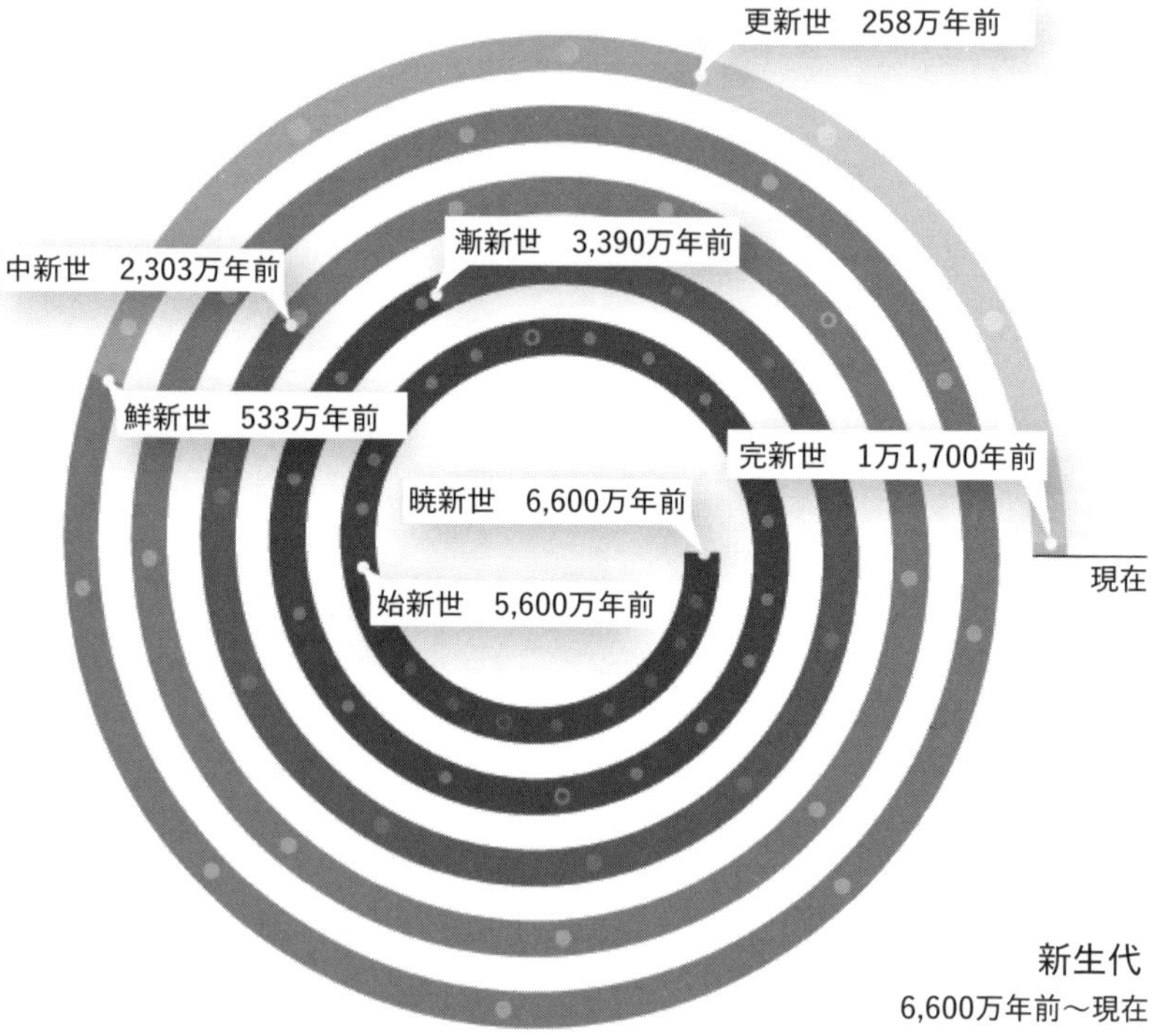

地質年代

しれない。

　というわけで、人新世に入っているかどうかは、あと1万年ほど待ってから決めるべきだろう。1万年など、SF小説の読者にはごく短い期間だ。だが、大量にエネルギーを消費する現代文明にとっては永遠と思われる時間の長さでもある。1万年後も人類が存続していたら、そのときこそ胸を張って、自分たちの活動によって形成された地質年代に「人新世」という名前をつければいい。だから、わたしたち人類が地球に残した痕跡が地質学的変遷《へんせん》という壮大な記録にごく薄い膜を重ねたにすぎないのかどうかの判断は差し控えて、しばらくようすを見ようではないか。

35 コンクリートの具体的《コンクリート》な事実

コンクリートを考案したのは古代ローマ人だ。骨材（砂と割石）、水、混和材を混ぜてコンクリートをつくりだした。この建築材料は広く利用されたが、現代のセメント[†1]は使用せずに、石膏《せっこう》と生石灰を混ぜていた。当時、もっとも上質な生石灰は、ベスビオ山近くのプテオリ（現ポッツオーリ）で採掘される火山灰でつくったものだった。この生石灰を加えたからこそ、巨大なドーム型天井[†2]のみならず、カイザリア（こんにちのイスラエルに位置する）など地中海沿岸の港町で見られる海底遺跡にも、コンクリートが利用されるようになったのである。

現代のセメントの製造が始まったのは１８２４年。この年、イギリスのレンガ職人ジョセフ・アスプデ

---

†1　石灰石、粘土、金属酸化物を回転窯《がま》（ロータリーキルン）に入れて高温で焼成したあと、粉砕して粉末にしたもの。

†2　１１８～１２６年に建造されたローマのパンテオンは、鉄筋を使用していない世界最大のコンクリート製ドームをいまなお維持している。

ィンが石灰石と粘土を混ぜて高温で焼成する方法を編みだし、特許を取得した。石灰石、粘土、ケイ石、金属酸化物などの原料を混ぜて焼成し、急冷すると、アルミナやシリカ、酸化鉄などを含む水硬性*の小さな焼塊《しょうかい》になる。この焼塊をクリンカーといい、これを粉々にしてセメントをつくるのだ。こうしてできたセメントに水（コンクリートの最終的な総重量の10～15％）と骨材（総重量の60～75％の砂と砂利）を混ぜるとコンクリートになり、圧力には強いが引っ張られると弱い、自在に成形できる材料が誕生した。

　引っ張りに弱いという短所は、鉄筋で補強すれば大幅に改善できる。鉄筋による補強の初めての試みは１８６０年代初頭のフランスでおこなわれたが、この技術が普及したのは１８８０年代になってからだった。そして20世紀は、鉄筋コンクリートの時代となる。１９０３年、オハイオ州シンシナティの〈インガルズ・ビルディング〉が世界初の鉄筋コンクリート超高層ビル（16階建て、64メートル）として登場した。１９３０年代になると、構造設計者たちが張力の高いスチール製のワイヤーや棒を埋め込んだプレストレストコンクリートの使用を開始した。

　１９５０年以降、鉄筋コンクリートはあらゆる高さと機能をもつビルに利用されてきた。世界一の高さを誇るドバイの〈ブルジュ・ハリファ・ビル〉でも使用されているが、なかでも一度見たら忘れられないのは、デンマーク出身の建築家ヨーン・ウツソンが設計したシドニーのオペラハウスだろう。また鉄筋コンクリートの登場により、巨大な水力発電ダムの建設も可能になった。世界最大の水力発電ダムは中国の三峡《さんきょう》ダムで、アメリカ最大のグランドクーリーダムの3倍の量の水を溜めることができる。さらに、コンクリート橋もいまではよく見られる。いまのところ、中国の北盤江《ほくばんこう》大橋がコンクリート製アーチ橋では世界最長で、幅４４５メートルの峡谷に架けられ、２つの省をつないでいる。しかし、コンクリートはたいてい目立つ存在ではなく、鉄道の枕木、舗装路、高速道路、駐車場、港湾、空港の滑走路や誘導路といった無数の物体に形を変えている。

１９００～28年のあいだに、アメリカのセメント消費量は10倍の３０００万トンに急増した。第二次世界大戦後に景気が拡大すると、州間高速道路網も建設され、１キロメートル当たり約１万トンのコンクリートが使われ、ピークの２００５年にはセメント消費量は約１億２８００万トンに達した。最新のデータによれば、生産量は年に１億トンを下回っている。

いっぽう中国は１９８６年に世界最大のセメント生産国となり、２０１８年の生産量は23億トンを超え、世界の総生産量の60％近くを占めた。中国の空前の建設ラッシュを如実に示すデータを次に挙げよう。中国は、なんと２０１８～19年の２年間だけで、アメリカが20世紀全体を通じて使用した量（約46億トン）を超える量（約47億トン）を消費したのだ。

しかし、コンクリートには無限の寿命があるわけではない。ローマのパンテオンがとんでもなく長い期間、壊れることなくあの天井を維持しているのは稀有《けう》な例だ。まず、コンクリートはどんな天候のなかでも劣化する。酸性雨や振動でも劣化するし、構造に負荷がかかったり塩害で腐食したりすると劣化は加速する。そのうえ、温暖湿潤な気候ではコケや藻類が広がり、表面が黒くなる。ところが１９５０年以降、地球規模でコンクリート化が進んできたため、今後数十年のうちに、劣化した数百億トンものコンクリートの打ち直しや打ち壊しが必要になると考えられている（あるいは単に放棄されることになるだろう）。

＊水との化学反応で硬化する性質。

1年当たりのセメント生産量

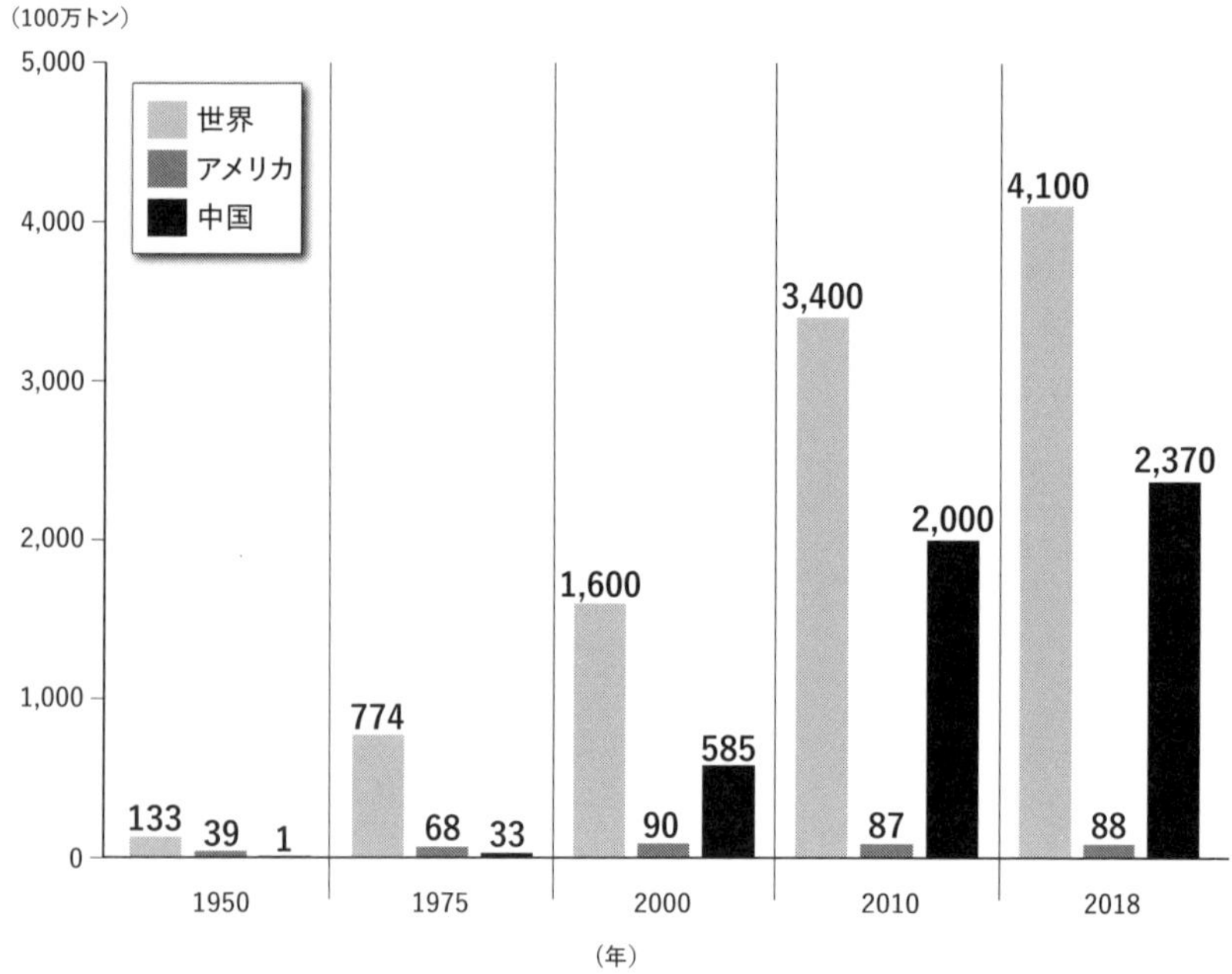

コンクリートが環境に与える負荷もまた懸念されるところだ。セメントの製造過程で発生する大気汚染（粉じん）は繊維フィルターでろ過できる。ところが、低品位炭や石油コークス*などの粗悪燃料の燃焼により、セメント業界はあいもかわらず二酸化炭素のおもな排出源となっていて、セメント１トン当たり約１トンの二酸化炭素を排出している。ちなみに鋼鉄の製造の場合、１トン当たり約１・８トンの二酸化炭素を排出している。

セメント生産時に化石燃料を使用して排出する二酸化炭素の量は、世界全体の二酸化炭素排出量の約５％にあたるが、製品のライフサイクルを通じて排出される二酸化炭素の量はさまざまな方策を駆使すれば減らすことができる。古いコンクリートはリサイクルできるし、砕いたコンクリートは建設現場で再利用できる。石炭火力発電所の火炉でできるスラグ（溶融固形物）や石炭灰は、コンクリートに混ぜるセメントの一部を代替できる。新たなセメント製造法のなかには、炭素を少ししか排出しない、あるいはまったく排出しない方法もいくつかあるが、そうした代替法では全世界で40億トンを超えている現在の年間生産量のごく一部しか製造することができないだろう。

＊石油の重質留分が熱分解により炭化したもの。

36 携帯電話と車、環境に悪いのはどちらか？

エネルギー生産量に関する統計には、かなりの信頼を置くことができる。いっぽう、主要部門のエネルギー消費量については、正確な統計を入手するのがむずかしい。さらに、特定の製品の生産によって消費されるエネルギー量のデータに関しては、いっそう信頼度が下がる。わたしたちが所有し、使用する製品はさまざまな形で環境に負荷をかけており、その製品ができあがるまでに消費されたエネルギーも、そうした負荷の一部にすぎないからだ。

1つの製品が完成するまでに消費されたすべてのエネルギー量を推定するには、車1台で使用されている鋼材の量、パソコン1台で使われているマイクロチップの数といった明確な事実をもとにするだけでは十分ではない。さまざまな比率を引きだすために、どうしても物事を単純化したり、仮定したりする作業が必要となる。車にはどのモデルを選ぶ？　パソコンは、携帯電話は、どのモデルを選ぶ？　ある製品カテゴリーの代表とするにふさわしいモデルを選び、その製造過程で消費されるエネルギーを推定するのは、なかなかの難題だ。だが、ふさわしいモデルをきちんと選ぶことができれば、人間が製造した人工物の世界をまったく新しい観点から見られるようになる。

たとえば、モバイル端末と自動車を比べてみることにしよう。比較対象としてモバイル端末を選んだのは、モバイル端末のおかげでわたしたちが瞬時にコミュニケーションをとれるようになったうえ、情報を無限に得られるようになったからだ。かたや自動車については、まだ人々が車に乗って現実世界を移動したいと考えているからだ。

さて、車両重量１・４トンの車（ホンダ・アコードＬＸと同程度）が完成するまでには、製造過程で１４０グラムのスマートフォン（たとえばサムスンのギャラクシー）よりも大量のエネルギーを消費する。それでも、そのエネルギー差は、重量比と同じく１万倍ものちがいがあるわけではない。

２０２０年の全世界の携帯電話出荷台数は17億５０００万台ほど、ポータブル電子機器（ノートパソコン、タブレット）の出荷台数は2億５０００万台ほどと推定される。こうしたデバイスをすべてあわせると総重量は約55万トンになる。控えめに見ても、携帯電話を完成させるまでに消費するエネルギーは１台当たり０・25ギガジュール、大型ノートパソコンは１台当たり4・5ギガジュール、タブレットは１台当たり１ギガジュール必要となる。よって、これらの電子機器すべてを製造するには、年間で約１エクサジュール（10^{18}ジュール）の一次エネルギーが必要となる。これは、ニュージーランドやハンガリーといった国が1年間に消費する総エネルギー量に匹敵する。かたや、自動車１台を製造するには平均１００ギガジュール弱のエネルギーを消費するので、２０２０年に出荷されたであろうおよそ７５００万台の自動車は、完成するまでに7エクサジュールのエネルギー量を消費したと推定される。これはイタリアの年間エネルギー消費量よりわずかに多い。そして総重量は１億トンだ。よって、世界で出荷される新車の総重量は、ポータブル電子機器の総重量の１８０倍以上多いものの、製造に要するエネルギー量は7倍程度にすぎない。

意外なのはそれだけではない。もっと驚くようなちがいもある。ポータブル電子機器の寿命はあまり長くはなく、平均するとたった2年程度。よって、全世界のそうした電子機器の製造と使用に要するエネルギーは、１年当たり約０・５エクサジュールとなる。これとは対照的に、乗用車は10年はもつから、全世界の自動車の製造と使用に必要なエネルギーは年間０・７エクサジュールとなり、ポータブル電子機器より40%多いだけだ。当然のことながら、これはかなりざっくりした計算だ。とはいえ、たとえ多少の誤差があって、両者の差がもう少し大きくなるとしても、たとえば実際には車の製造過程で消費するエネルギー量がもっと多く、電子機器のほうがもっと少なかったとしても、全世界の総計は意外なほど推定値に近く、両者の差は2倍にはならないだろう。また今後を見すえると、両者の差はますます縮まりそうだ。自動車とポータブル電子機器の年間出荷台数の伸びはいずれも近年、鈍くなってはいるものの、内燃機関エンジンをもつ車のほうが早く台数は減少していくと思われるからだ。

どちらも大量のエネルギーを必要とするものの、この2種類の機械を使用する際にかかるエネルギーコストには、当然のことながら大きな差がある。アメリカ製小型乗用車は、寿命とされる10年間で約５００ギガジュール相当のガソリンを消費する。その１台の車が完成するまでに必要とするエネルギーの5倍にあたる量だ。かたや、１台のスマートフォンが消費する電力は年間4キロワット時にすぎず、寿命である2年間で消費するエネルギーは30メガジュールに満たない。

しかし、スマートフォンはネットワークに接続できなければなんの役にも立たない。そのうえネットワ

2020年の生産重量と一次エネルギー消費

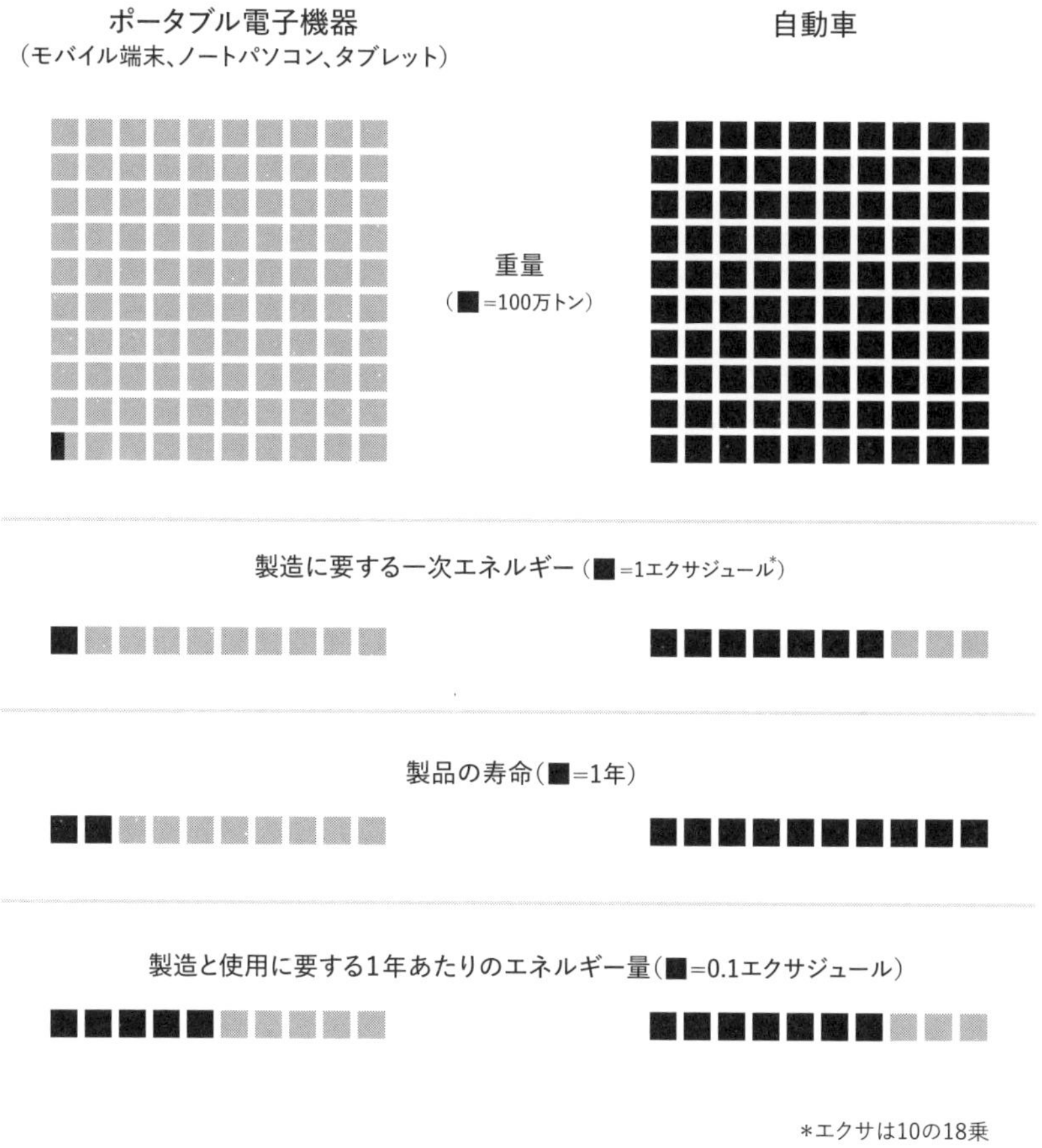

ークに電力を供給するコストは高く、現在も上昇を続けている。そうしたコストの今後の上昇率についてはさまざまな予測がなされており、革新的な機種が出現して安定する可能性もある。けれども、あの手のひらサイズの電話機も全体としてみれば大量のエネルギーを消費しているのは事実で、地球環境にも大きな負荷をかけているのだ。

37

最高の断熱材とは

誤った第一印象によって、勘ちがいしてしまうことは多い。わたしは以前、カナダの首都オタワの某ヨーロッパ大使の公邸で、にこやかに歓迎していただいたことがある。挨拶をすませると、この公邸にいればカナダの冬も快適にすごせるんですよ、なにしろこの建物はほんもののレンガと石でつくられていますからねと、先方が自慢げに言ってきた。北アメリカでよく見られる、なかに空洞がある例の木製の薄っぺらい内壁の建物とはものがちがうと言いたかったのだろう。公邸の主はすぐに話題を変え、わたしもさすがにその立派な邸宅の断熱性にケチをつけるような真似はしなかった。

そんなふうに誤解する気持ちもよくわかる。でも、質量と密度は頑丈さの目安にはなるが、断熱性とはあまり関係ない。木枠のなかに細い木製の間柱《スタッド》を並べて、外側に薄い合板とアルミ外壁材を、内側にもろい石膏ボードを張っただけの壁に比べれば、たしかにレンガづくりの壁は堅牢《けんろう》に見える。だからレンガの壁の家に住んでいれば、いくらヨーロッパの男性諸氏がむかっ腹を立てても、壁に穴をあけたりせずにすむだろう。

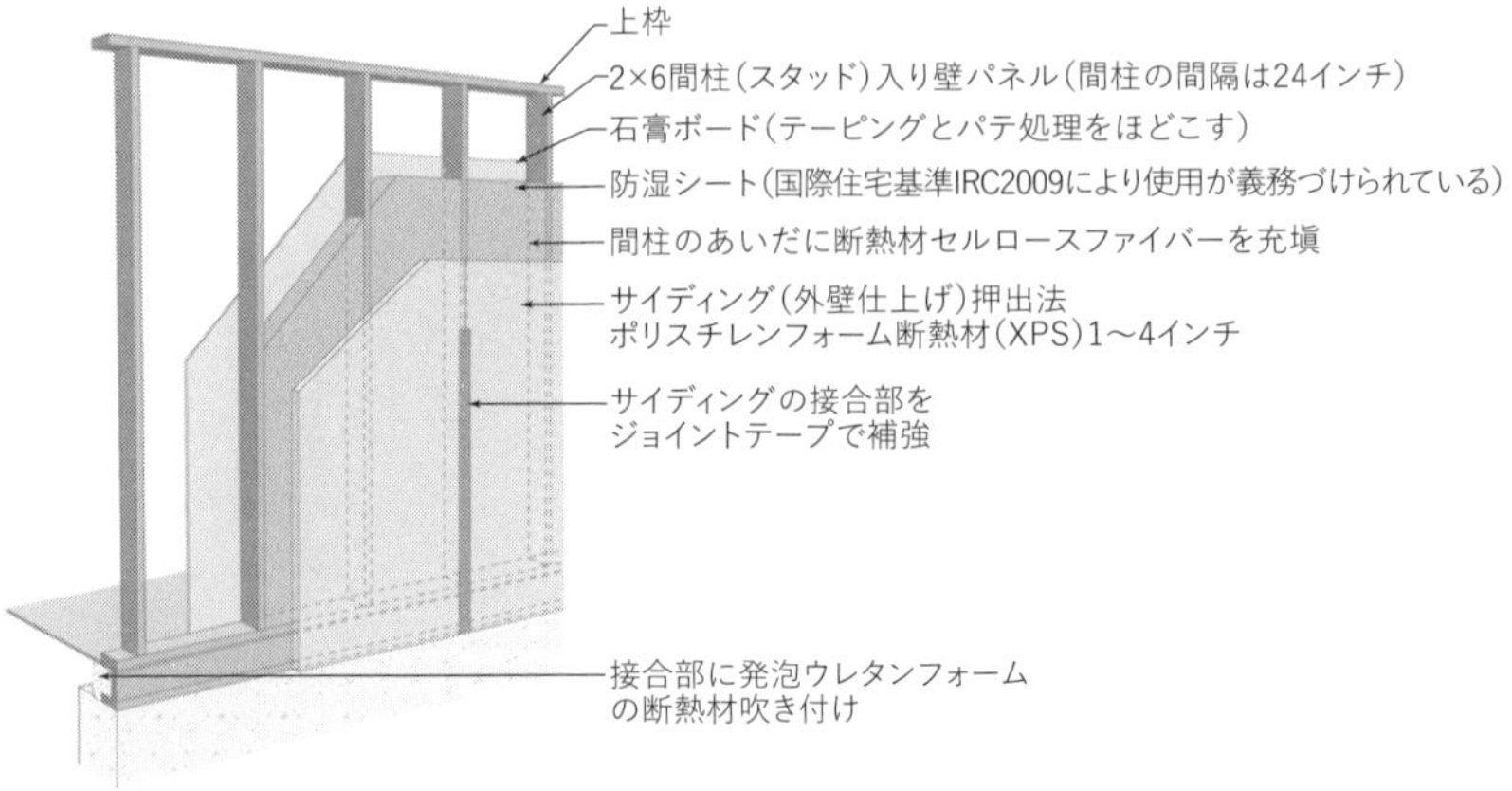

壁の断熱構造

ほんの数十年前、原油価格が1バレル2ドル程度だったころには、石油ストーブなどの暖房を遠慮なく焚《た》けたので、１９６０年以前に建てられた北アメリカの家屋では、合板と乾式壁*だけで外の冷気と家のなかを隔てていた。合板と乾式壁のあいだの空洞にかんなくずや細く切断した紙を詰めることもあったようだが。ところが意外にも、その頼りない組み合わせのほうが、がっしりしたレンガよりわずかながら断熱効果は高いのだ。

断熱性、すなわち熱の伝わりにくさをあらわす熱抵抗値を「R値」という。R値は断熱材の素材、厚さ、密度だけでなく、外気温や湿度にも影響を受ける。１９６０年以降の２×４《ツーバイフォー》などの枠組壁工法の壁パネルのR値は次のとおり。アルミ外装材（0・6）、薄い合板（0・5）、枠組材のあいだの空気層（0・9）、乾式壁（0・5）。合計すると2・5になる。いっぽう、標準的なレンガの壁（0・8）の両側に漆喰を塗っても、R値はせいぜい1・0だ。したがって、北アメリカの多くの建物で利用されているあの薄っぺらい壁には、ヨーロッパの漆喰塗りのレンガの壁の少なくとも2倍の断熱性があるのだ。

ところが、エネルギー価格がどんどん高くなった結果、北アメリカでは以前より合理的な建築基準が定められ、防湿シートの使用が義務化された。また、くるくると丸めると枕のような形になるファイバーグラス断熱材を木枠や間柱のあいだに詰めることも義務づけられた。壁全体のR値を手っ取り早く高くしたいのであれば、いまよりも幅の広い間柱（2×6）《ツーバイシックス》†を使えば壁が厚くなるからいいだろうし、もっと高くしたいのなら、間柱を二重にするダブルスタッド工法を利用するのがいい。つまり、断熱材をそれぞれに詰めた2枚の壁パネルをサンドイッチのようにあわせるのだ。このように頑丈にすれば、北アメリカの建物の壁のR値は、乾式壁（0・5）、ポリエチレンの防湿シート（0・8）、ファイバーグラス断熱材（20）、ファイバーボード外壁材（1・3）、〈タイベック〉のハウスラップ透湿防水シート（5）、外壁を覆うクラッディング（0・8）の合計となる。これに壁パネルの空気層のR値を加えると、全体の合計は約29になる。

いっぽう、レンガの壁の断熱性も改善されている。建物の外側に関しては好みの色のレンガの外観を保ったまま、古い壁を室内側からリフォームできるようになったからだ。レンガ壁の内側にまず透湿防水シートを張り、そこに石膏ボード付き断熱複合パネルを重ね、下地を塗り、バテン壁（細い板を並べて断熱材を覆う壁）をほどこせばいい。厚さ2インチの断熱複合パネルを利用すれば、標準的なR値の3倍になるものの、ここまで古いレンガ壁をリフォームしたところで、北アメリカで主流の2×6工法の壁パネル

＊石膏ボードを使った壁。これに対し、コンクリートなどを流し込んだ壁を湿式壁という。
†北アメリカでは「2×6」工法に利用される軟らかい木材の寸法は、実際には2×6インチではなく1・5×5・5インチ、すなわち38×140ミリメートルである。

に比べれば1桁小さい。R値のことをある程度知っている人でも、これほど大きな差があるとは思わないだろう。

ところが、これだけ壁に工夫をほどこして断熱性を上げたところで、窓からどんどん熱が逃げだしているのであれば、断熱の効果はあまり得られない【次節参照】。

38

三層ガラス窓——確実な省エネ策

確立されていない技術で問題を解決しようとするのは、エネルギー政策にとっては災いのもとだ。ソーラーパワーで走る自動運転車、安全性がきわめて高い小型原子炉[*]、遺伝子操作による光合成強化など、例は尽きない。

それなら、効果のほどが実証されている技術から利用するほうがいい。それも、エネルギーの需要を減らせる技術を活用するのが手っ取り早い。まずは、住宅や商業施設といった建築物から工夫してみよう。というのも、アメリカでもEUでも、一次エネルギー消費の約40％は建築物によるものだからだ[†]。なかでも、住宅のエネルギー消費の約半分は冷暖房によるものであることを考えれば、わたしたちにできる最

＊原子炉を小型にして冷えやすくすれば災害時にも安全性が高まるという理論のもと、さまざまなタイプの小型モジュール原子炉が複数の国で開発されている。

†2位は運輸で、アメリカで28％、EUで約22％を占めている。

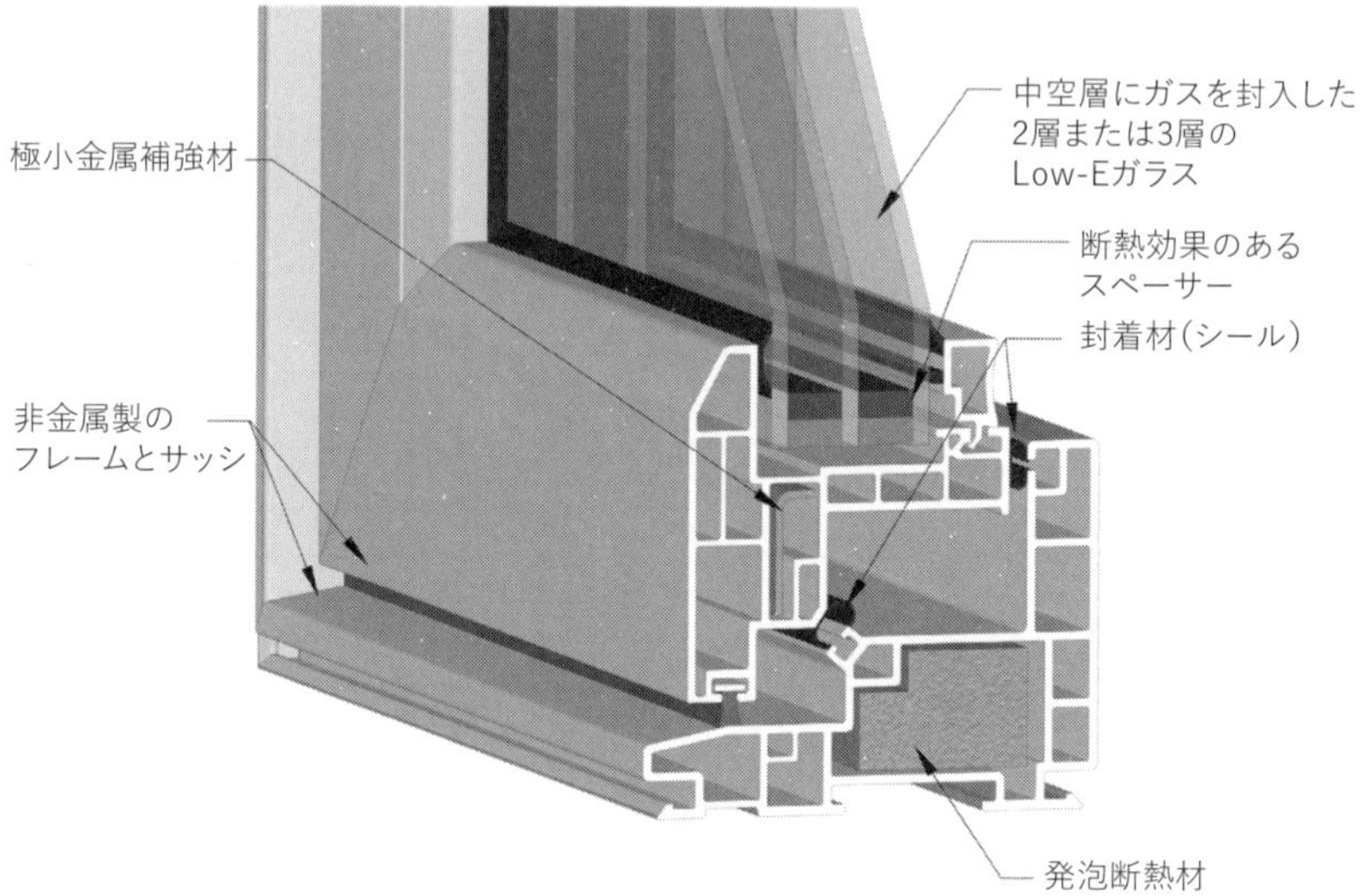

複層ガラス窓の断熱効果

善の省エネ対策は、もっと性能の高い断熱材を利用して、熱が室外に出ていかないように（あるいは室内に入ってこないように）することだ。

断熱材がもっとも効果をあげる場所は、エネルギーロスがもっとも多い窓だ。温度の異なる流体（空気）が壁や窓を介して接する場合、温度の高いほうから低いほうへと熱伝達[*1]が起こるが、この移動しやすさをあらわす数値を熱貫流率という。壁や窓の表面1平方メートルを1秒間で通過する熱量をあらわすワット数を、その両側の絶対温度差ケルビンで割ったものである。

さて、1枚の窓ガラスの熱貫流率は5・7〜6W/m^2K（ワット毎平方メートル毎ケルビン）で、6ミリメートルの中空層を挟む二層ガラス窓の熱貫流率は、あいだに熱を伝えにくい空気があるため3・3になる。紫外線と赤外線の透過を最少にするコーティングをほどこすと熱貫流率は1・8〜2・2まで下がり、さらにガラスのあいだの空気層にアルゴンガスを封入して熱伝達の速度を下げると、1・1まで下がる。三層ガラス窓に同様の処理をほどこせば、０・６〜０・７にまで下げられる。アルゴンガスより断熱性能の高いクリプトンガスを封入すれば、０・５にまで下げることも可能だ。

つまり三層ガラスを利用すれば、ふつうのガラス窓１枚だけの場合より、熱の損失を最大90％減らせるようになる。省エネルギーの世界では、数十億（枚）という単位の対象物で活用できる手法などほかにない。それに、実際に省エネ効果があることがわかっているのだ。

さらに、複層ガラスがあれば快適に暮らせるというおまけもついてくる。たとえば外気温がマイナス18℃（カナダのアルバータ州エドモントンなら1月夜間の気温で、ロシアのノボシビルスクなら日中の気温）で、室内温度が21℃だとすると、１枚ガラス窓の室内側の表面温度は１℃前後、昔ながらの二層ガラス窓では11℃、最高品質の三層ガラス窓なら18℃だ。ガラスの表面温度がそれだけ高ければ、窓のすぐそばに座っていても快適にすごせるというものだ。

そのうえ三層ガラス窓には、室内側のガラスの表面温度が露点を超えるため、結露が発生しにくくなるという利点もある。スウェーデンやノルウェーではすでに普及しているが、カナダでは安価な天然ガスを利用できるため、２０３０年までに義務化されることはないかもしれない。また、ほかの寒冷地の自治体でも、Ｌｏｗ－Ｅ二層ガラス窓[*2]を基準としている程度のところが多い。

寒冷地の国々は、これまで長い時間をかけて断熱について学んできた。いっぽう、気候が温暖な国では

＊１　熱伝導、対流、放射による熱移動の総称。

＊２　ガラスの表面に特殊な金属膜をコーティングしたガラス窓で、より断熱性、遮熱性が高い。

断熱に関する知識があまり広がっていない。しかし、エアコンが普及しつつあるいまこそ、断熱に関する知識を広めなければならない。とりわけ中国とインドの地方の建築物では、いまだに1枚ガラスの窓がふつうなのだから。もちろん、暑いときにクーラーをつけたときの気温差は、高緯度の地域でヒーターをつけたときの気温差ほどには大きくない。たとえばカナダのマニトバにあるわたしの自宅では、1月の夜間の平均気温はおよそマイナス25℃だから、就寝中にサーモスタットを切っていても、室内と外気の気温差は40℃もある。高温地帯の冷房はそこまでの温度差をつくりだす必要はないから、時間当たりでいえば、そのためのエネルギーは相対的に小さくてすむだろう。とはいえ、高温多湿の地域でエアコンをつける時間は、カナダやスウェーデンでヒーターをつける時間よりもだいぶ長いため、やはりエネルギーを消費する。

　複層ガラス窓の断熱効果が高いのは、物理学的に考えれば異論のないところではあるが、問題となるのは費用だ。そうはいっても、三層ガラス窓は昔ながらの二層ガラス窓より15％ほど費用が高いだけだし、その見返りも十分ある。にもかかわらず、二層ガラス窓を三層ガラス窓に交換する手間をかけるまでのことはないと思われている。三層ガラス窓に替えれば、快適に暮らせるようになるうえ、窓ガラスに結露もできにくくなるというのに。それに、なんといっても三層ガラス窓を導入すれば今後数十年にわたってエネルギー消費量を減らせるのだ。

　そもそも、世間では先見の明があると言われている人たちでさえ、なぜ新たなエネルギー変換技術といった見通しの悪いテクノロジーに資金を投じたがるのだろう？　実際にうまくいくかどうかわからないし、仮にうまくいったとしても、環境に悪影響を及ぼしかねないというのに。シンプルな断熱技術を活用するほうが、よほど効果があるというものだ。

39 住居の暖房効率を上げるには

地球全体の気候を長期的にシミュレーションする現在の気候モデルが正確だとして、温暖化による深刻な事態を回避するために産業革命後の気温上昇を2℃（できれば1・5℃）までに抑えなければならないのであれば、これまでに試したことのないさまざまな手段を講じて炭素排出量を減らすしかない。そのために、たいていの人は効率のいい新技術に目を向ける。たとえば発光ダイオード（ＬＥＤ）のような高効率の技術や、電気自動車のようなまったく新しいエネルギー変換技術の導入に熱心に取り組むというわけだ。省エネのほうが現実的な解決法ではあるのだろうが、残念ながら、世界の寒冷地でこれまでずっと最大のエネルギーを消費してきたもの、すなわち住居の暖房の効率を上げる方法は、前節で説明した三層ガラス窓を除けばほとんどない。

住居に暖房器具を必要とする人の数は、世界で約12億人。ＥＵ、ウクライナ、ロシアに約4億人、北アメリカ（アメリカ南部と南西部を除く）にさらに4億人、そして中国の東北部、北部、西部地域にさらに4億人。しかし、既存のどんな暖房技術に目を向けても、いま以上の効率化はまず望めそうにない。

これまでの歩みを振り返ると、効率のいい暖房器具が登場するたびに、驚くほどのスピードで普及していったことがよくわかる。たとえば１９５０年代、チェコとドイツの国境近くで暮らしていたわが家は重い鋳鉄《ちゅうてつ》製の薪《まき》ストーブで部屋を暖めていた。この薪ストーブの熱効率はせいぜい35％で、残りの熱は煙突から逃げていってしまう。１９６０年代初頭となり、わたしがプラハで研究に打ち込んでいたころ、この都市はもっぱら褐炭《かったん》という低品質の石炭を暖房に使っていて、わたしが褐炭をくべていたストーブの熱効率は45〜50％だった。

そして１９６０年代後半、わたしたち夫婦はアメリカのペンシルベニア州で暮らしていた。住まいは郊外の小さな家の上階で、そこの古いセントラルヒーティングの暖房ボイラーは石油を燃料としていて、熱効率は55〜60％といったところだった。１９７３年、わたしたちがカナダに渡って最初に住んだ家には熱効率が65％の天然ガスのボイラーがついていた。その17年後、こんどはもっと新しくて効率のいい家に引っ越したので、熱効率94％のボイラーを設置した。そして、ついには97％の熱効率のボイラーに交換したのである。

このようにわたしたち夫婦は自宅の暖房器具に関して、燃料においても効率性においても数年おきに改善を続けてきたわけだが、北半球に暮らす数千万もの人たちも同様の体験を重ねてきた。北アメリカでは天然ガスが安価である。ヨーロッパでもオランダ、北海、ロシア産のガスを混合して利用できる（北アメリカより高価だが入手しやすい）ので、北部の寒冷地に暮らす人たちの大半は、薪、石炭、燃料油の代わりに、もっともクリーンな化石燃料である天然ガスに頼るようになった。カナダでは、２００９年に中程度の熱効率（78〜84％）の暖房ボイラーの生産が終了し、新築の家屋には熱効率が90％以上のボイラーを

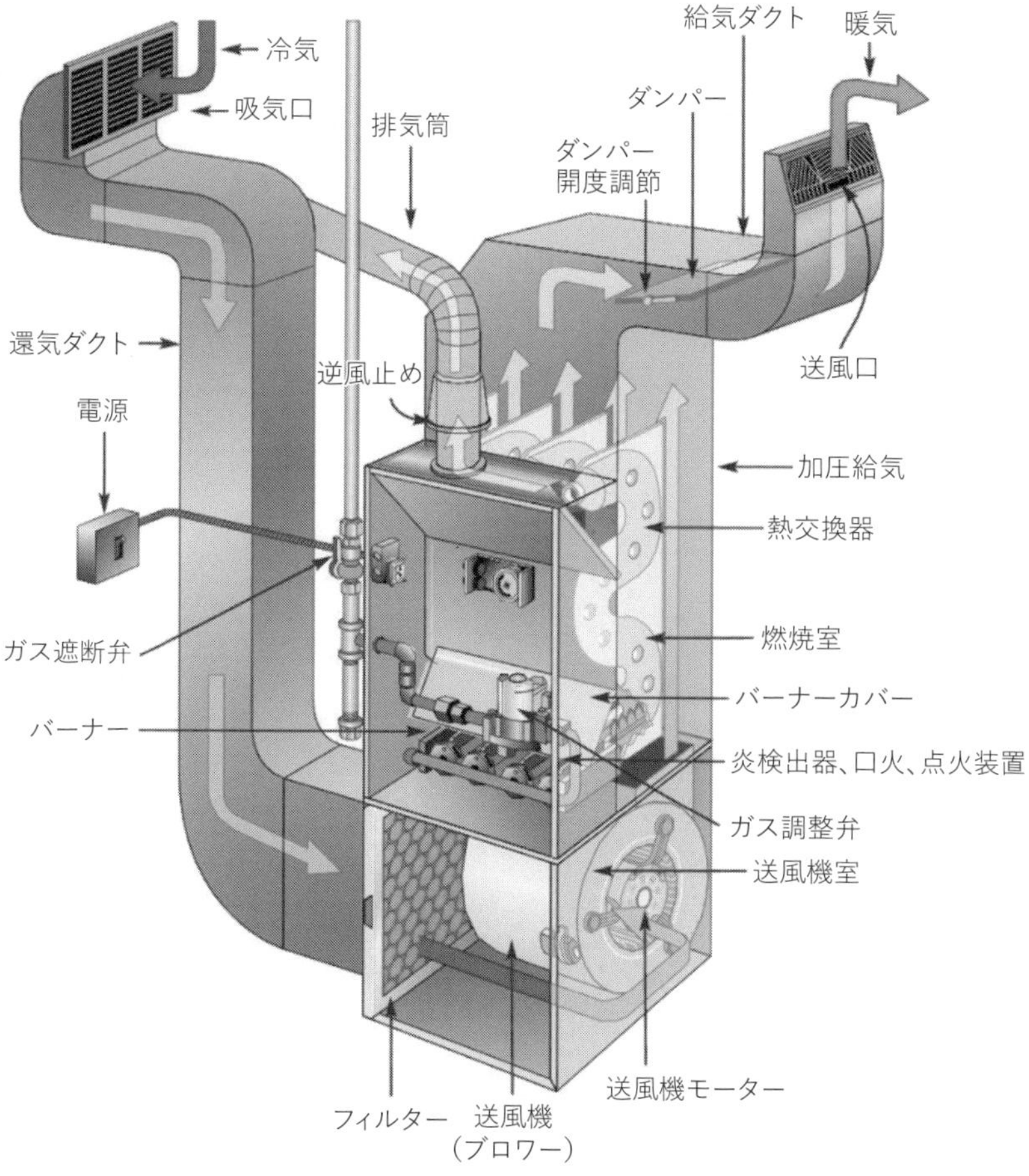

天然ガスの暖房ボイラー（セントラルヒーティング）の内部構造

設置しなければならなくなった。欧米諸国でもじきにそうした基準が設けられるだろうし、中国も天然ガスの輸入量を増やし、石炭から天然ガスへと移行しつつある。

よって、もっと効率化を進めたいのであれば、ほかのところに目を向けるべきだろう。まずは、家の外に面している部分（とりわけ窓）の断熱性を向上させることが先決だ（費用が相当かかる場合も多いが）。また、大気中の熱を集めて、熱交換器を経由して熱を移動させるヒートポンプ式暖房機も多くの地域で普及しつつある。ただし、この暖房機が有効なのは気温が氷点下まで下がらない場合だけ。それより下がればほかの器具を使わなければならない。太陽熱を利用するソーラーヒーターという選択肢もあるが、これは暖房器具をもっとも必要とする時季や地域ではあまり役に立たない。というのも、寒冷地で寒くてどんよりとした曇天が続いたり、暴風雨が吹き荒れたり、太陽熱モジュールが分厚い雪で覆われたりすると、機能しないからだ。

　地球温暖化のスピードを落とすための取り組みは、長いあいだ続けられてきたし、これからも続いていくだろう。そこから、なにか想像を超えるような画期的なアイデアが生まれることが、はたしてあるのだろうか？　わたしとしては、もっとも費用がかからない、つまりいちばん安上がりの方策をここで提案したい。たしかに、暖房には炭素排出がついてまわる。だが、この方策を実施すれば、炭素排出量の削減に最大かつもっとも長続きする貢献ができるはずだ。

　その方策とは、家の大きさに上限を設けること。北アメリカではサブプライムローンによって簡単にローンが組めるようになると、マクドナルドのチェーン店のように画一的なデザインの「マック・マンション」と呼ばれるだだっ広い一戸建て住宅が大量生産された。だからいまこそ、とんでもなく床面積が広いこうした住宅の建設を禁止しようではないか。熱帯地方でも見られる同様の住宅をなくしてしまえば、むだに浪費している冷房費用も節約できる。さて、賛成の方は？

40
脱炭素社会への道のり

　１８９６年、スウェーデンの物理化学者スヴァンテ・アレニウスは、人間が排出した二酸化炭素が地球の温度に与える影響を初めて定式化した科学者となった。当時、大気中の二酸化炭素濃度が2倍になると、中緯度地方の大気の平均気温が５〜６℃上昇すると計算したのである。この結果は、20万行を超えるソースコードを走らせるコンピュータモデルによって得られた最新の研究結果と比較しても、それほど大きな差があるわけではない。

　国連は１９９２年に「環境と開発に関する国連会議」（地球サミット）を初めて開催し、その後も何度か会議を重ね、気候変動枠組条約を発効させた。ところが、世界の二酸化炭素の総排出量はあいもかわらず着実に増加を続けている。

　19世紀初頭、イギリスが唯一の石炭生産大国であったころ、化石燃料の燃焼による世界の炭素排出量は年間１０００万トン未満にすぎなかった（二酸化炭素の排出量はそのわずか３・66倍）。ところが19世紀末になると炭素排出量は5億トンを超え、１９５０年には15億トンに達した。第二次世界大戦後、ヨーロ

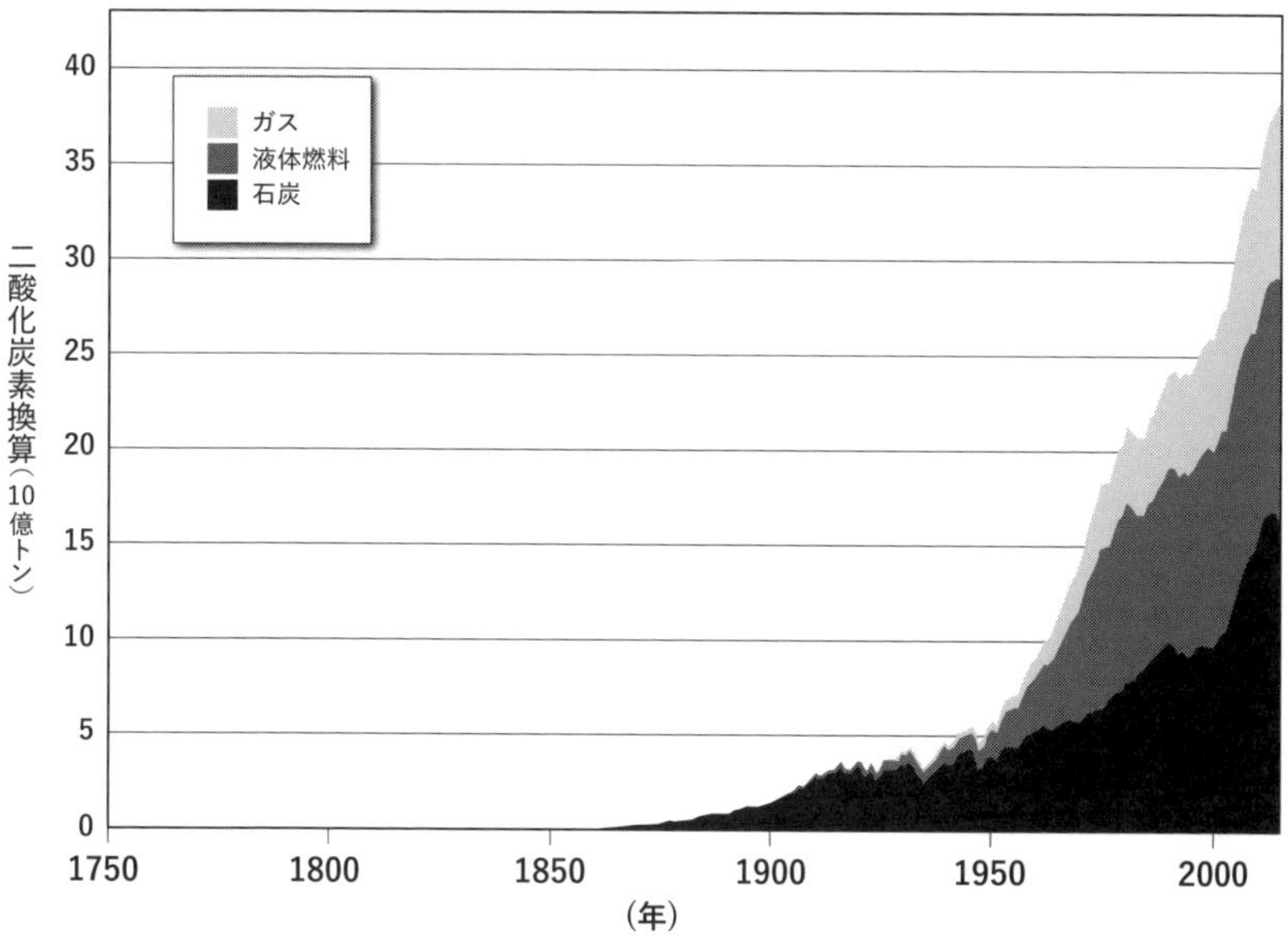

世界の炭素排出量

ッパ、北アメリカ、ソ連、そして日本で経済が成長し、１９８０年以降には中国の台頭もあり、２０００年には排出量が4倍超の約68億トンに跳ねあがった。１８００〜２０００年の2世紀のあいだに、化石燃料を燃焼して大気中に排出された炭素の量は、人口が6倍にしかなっていないというのに、７００倍近くにも膨れあがったのだ。

新世紀に入ったあとも、各国の足並みはまったくそろっていない。２０１７年、ＥＵでは経済成長の鈍化と人口の高齢化により２０００年から炭素排出量が15％ほど減少した。アメリカでも石炭に代わって天然ガスの利用が増えたことが牽引《けんいん》力となり、排出量は同じくらい減った。ところが、これだけの減少も、中国の炭素排出量が約10億トンから30億トンに増加したせいで、帳消しになるどころか、結局増加した。世界の総排出量は45％近くも増える結果となり、１０１億トンに達したのである。

太古に化石化し、貯蔵されてきた大量の炭素を燃やしつづけた結果、人類は二酸化炭素濃度をこの３００万年ほどでもっとも高いレベルにまで押しあげてしまった。南極やグリーンランドを覆う氷河を深いところまで掘削すると、細長い氷の試料（アイスコア）に含まれる細かい気泡をとりだすことができる。そこからまたいっそう深く掘削すると、さらに古い年代の氷が得られる。そこに閉じ込められている細かい気泡の含有大気を分析すると、80万年ほど前までの二酸化炭素濃度の歴史をたどることができる。当時、大気中の二酸化炭素濃度は１８０～２８０ｐｐｍ（０・０１８～０・０２８％）で変動していた。19世紀までの１０００年間でも、濃度は１６００年代初頭の２７５ｐｐｍから19世紀末の約２８５ｐｐｍまでのあいだで、かなり安定していた。そして１９５８年、ハワイのマウナ・ロア山の山頂近くで継続的に二酸化炭素濃度の測定が開始された。１９５９年の平均濃度は３１６ｐｐｍだったが、２０１５年の平均濃度は４００ｐｐｍ、２０１９年５月初めには史上初の４１５ｐｐｍを記録した。

今後、先進諸国の排出量は減少を続けるだろう。中国の排出量の増加ペースも鈍りはじめてはいる。だが、インドとアフリカでは増加のスピードが上がっている。よって、近いうちに地球規模で二酸化炭素排出の削減が大きな進展を見せることはないはずだ。

２０１５年のパリ協定は、今後の排出量削減目標を各国がそれぞれ提出することを明記した初の協定となり、称賛された。だが実際のところ、明確な目標値を示した国はごく少数であるうえ、目標達成が義務化されているわけでもない。また、たとえ各国の目標が２０３０年までにすべて達成されたとしても、炭素排出量は２０１７年の時点より50％近くも増えていることが予想される。ＩＰＣＣ（気候変動に関する政府間パネル）の２０１８年の報告によれば、世界の平均気温の上昇を産業革命以前に対して１・５℃までに抑えるためには、排出量をすぐさま減らし、２０５０年までにゼロにするしかないそうだ。
そんなことは無理だと断言はできないが、実現できる見込みはまったく立っていない。この目標を達成するには、世界経済の構造を根本的に変えなければならないだろう。それも、人類史上前例のない規模とスピードで断行するしかないのだ。そうなれば当然、経済でも社会でも大混乱が生じるだろうし、同時に、大転換も迫られるだろう。最大の難問は、化石燃料に頼らずに、どうやって数十億もの人々を貧困状態から引きあげるかだ。

先進諸国はこれまで数千億トンもの化石燃料を大量に使って生活の質を高めてきた。わたし自身は、現代文明を支える4大柱は、アンモニア、鋼鉄、セメント、プラスチックだと思っている。今後の数十年、アフリカとアジアではこの4大柱が大量に必要となるだろうし、これらを大量生産するためのエネルギー資源として、代替エネルギーも大量に必要になる。だが現状では、そうした代替エネルギーを手ごろな価格で利用することはできない。

声高に叫ばれている地球温暖化への懸念。あいもかかわらず史上最高記録の更新を続けている炭素排出量。そして近い将来、この状況に大きな変化を起こすための人間の能力。これらの矛盾する現状を見ても、わたしたちが厳しい現実を突きつけられているのは明白だ。

41 動物 VS. 人工物——どちらが多様？

生物種の総数は、いまだに数えきることができない。２５０年と少し前に、スウェーデンの博物学者カール・リンネが現代の生物分類学の手法を確立してから、約１２５万種が発見され、分類されてきた。その約4分の3が動物で、17％が植物、残りは菌類と微生物だ。そしてこれは、正式に登録されている種の数にすぎない。未知種はその数倍もの数になるかもしれないのだ。

そのいっぽうで、人工物もやはり多種多様だ。本節では、リンゴとオレンジのように果物同士を比較するだけではなく、いわばリンゴと自動車を比較するようなことも試みる。このような比較をすると、これまで人間が工夫してつくりだしてきた人工物の価値が浮かびあがってくるからだ。

そのために本節では、生物の分類階級になぞらえてすべての人工物を分類していきたい。まず、人工物全体が、真核生物《しんかくせいぶつ》（細胞内に核をもつすべての生物）に相当するとしよう。この真核生物には、菌界、植物界、動物界という3つの大きな「界」がある。そこで、人工物の全領域にも動物界と同等の複雑な界があって、多様な要素で構成されているとしよう。さて、界の下の分類階級は「門」なので、人工物では電気を動力とする機器を「門」としよう。動物界では、脊椎または脊索《せきさく》をもつ動物群である脊索動物門をこの階級に当てよう。その下の「綱《こう》」という階級には、人工物ではポータブルなデザインの機器を、動物では哺乳類（哺乳綱）を当てよう。その下には「目《もく》」があるので、人工物ではポータブルな通信機器を、動物ではクジラ、イルカ、ネズミイルカなどのクジラ目を当てる。その下には携帯電話機という「科」があるとすれば、動物ではマイルカ科がある。

科の下にある階級が「属」で、マイルカ属（いわゆるイルカ）、シャチ属（シャチ）、バンドウイルカ属（バンドウイルカなど）などがある。人工物では携帯電話のブランドを「属」としよう。携帯電話業界の情報を発信しているＧＳＭアリーナによれば、２０１９年前半の時点で、１１０を超える携帯電話の「属」（ブランド）があるそうだ。生物のなかには１種（属の下の階級である「種」が１つ）しかない属もある。先ほどの例では、シャチ属がそうで、そこに分類されているのはシャチだけ。その反対に、多様な種が分類されている属もある。携帯電話の属においては、サムスンほど多様な種をもつメーカーはなく、１２００種近い機種や型番がある。次に続くのはＬＧエレクトロニクスで６００種類以上、モトローラとノキアがそれぞれ５００種類。すべて合わせると、２０１９年前半での総数は９５００種となる。わかっている範囲の哺乳類の種（５５００種未満）と比べると、かなり多様だ。

たとえ、携帯電話の機種や型番はすべて単一種の亜種だとしても（トラという種の亜種にベンガルトラ、シベリアトラ、スマトラトラがあるように）、人工物のデザインがじつに多種多様であることを明確に示す数字がある。世界鉄鋼協会は鋼鉄《スチール》のグレードを３５００ほどに分け、リストにまとめている。このグレードの数は判明している範囲での齧歯類（齧歯目）の種より多い。ねじもまた巨大部門だ。ねじの材料、

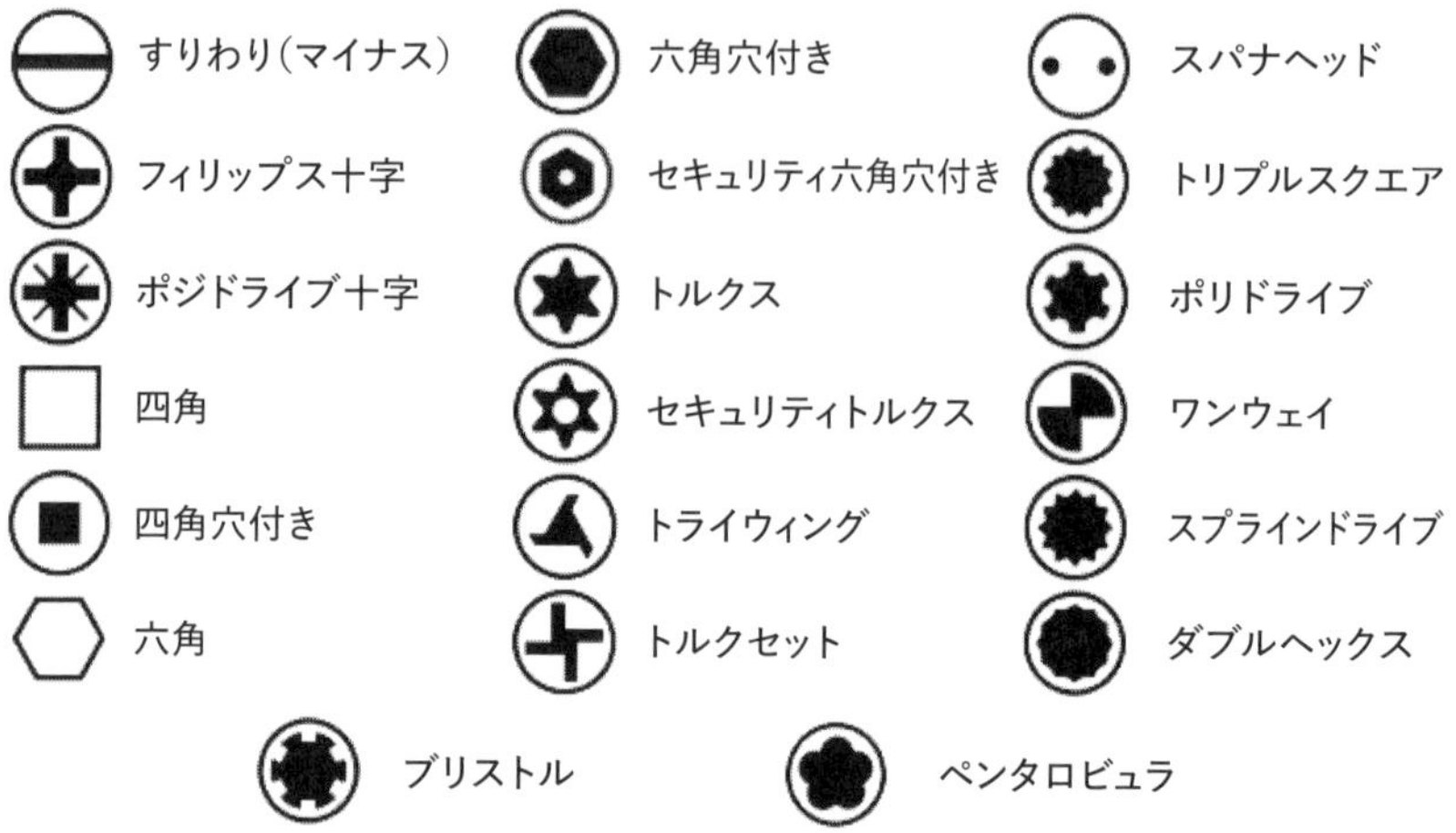

ドライバーのビットの種類：日用品におけるデザインの多様性の例

ねじのタイプ、ねじの頭部形状、頭の溝の形、ねじ軸とねじ先、ねじの寸法といった条件の組み合わせを考えれば、ねじの「種」は数百万になるだろう。

また、べつの観点から見ると、人工物は質量の点でも自然界を超えている。最小の陸上哺乳類、コビトジャコウネズミの体重はわずか１・３グラムほどで、最大のアフリカゾウは平均約5トンだ。その比は6桁。いっぽう、大量生産されている携帯電話用振動モーターの重さはコビトジャコウネズミの体重と同じくらいだが、最大の人工物、電気モーターを動力とする遠心圧縮機の重量は約50トンだから、その比は7桁。

世界最小の鳥、マメハチドリの体重は約2グラム。世界最大の飛ぶ鳥、アンデスコンドルの体重は15キログラムに達することもある。その比は4桁近い。こんにちの超小型ドローンの重量はわずか5グラムほどしかなく、これ対して最大積載量を積んだエアバスＡ３８０の重量は５７０トン。その比は8桁。

また、人工物には機能面で大きな利点がある。人工物は自力で仕事をこなし、かなり長持ちするが、わたしたちの肉体は（動物の肉体も）そうはいかない。ヒトの身体に共生する細菌・真菌といった微生物がうまく機能してくれないことには、生きていけないのだ。わたしたちの腸には、少なくとも臓器を構成する全細胞と同じくらいの数の細菌がいる。こうした細菌がせっせと働いているからこそ、わたしたちは生きているというわけだ。

第5章

エネルギー

FUELS AND ELECTRICITY

燃料と電気をめぐる
不都合な真実

42 ガスタービンの威力

１９３９年、世界初の産業用ガスタービン*がスイスのヌーシャテルの発電所で火力発電を開始した。ブラウン・ボベリ社（現ＡＢＢグループ）が設置したこの発電機は、高温の排気ガスを利用せずにそのまま排出していて、さらに発生した動力の４分の３近くがタービンの圧縮機によって消費されていた。そのせいで発電効率はたったの17%、発電出力は４メガワット程度しかなかった。

その後、第二次世界大戦中はガスタービンの開発が中断したうえ、戦後も経済的に困難な時代が続いたため、草分けとなったヌーシャテル発電所のガスタービン以降、あとに続く動きは見られなかった。だが、ウェスティングハウス社とゼネラル・エレクトリック（ＧＥ）社が協力してガスタービンの開発に取り組み、ついに１９４９年、低出力ながらも最初の設計を発表した。しかし、当時、ガスタービンの設置を急ぐ理由はなかった。蒸気タービンを用いた大型の石炭火力発電所が安価に電力を供給していたので、市場に食い込む隙《すき》がなかったのだ。そして１９６０年を迎えるころには、ガスタービンの出力は最大20メガワットに達していたが、大半の蒸気タービン発電機の出力にはまだ１桁及ばなかった。

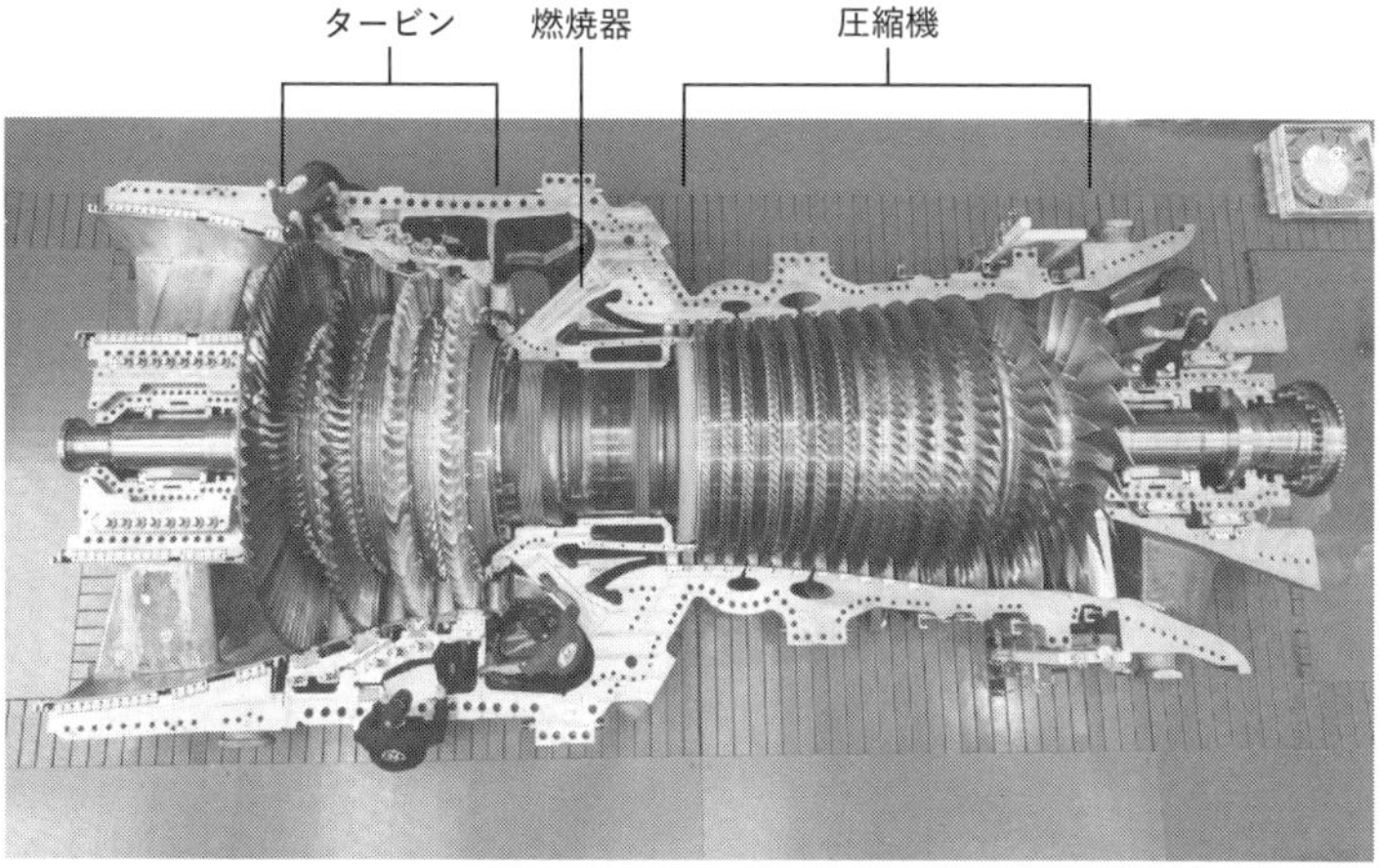

大型ガスタービンの内部

　ところが１９６５年11月、アメリカ北東部で大規模停電が発生し、ガスタービンに対する世間の認識が変わりはじめた。というのも、ガスタービンはほかの発電方法とはちがい、数分のうちに始動することができるからだ。だが当時、燃料となる原油と天然ガスの価格が上昇し、電力需要もさほど伸びなかったため、この新たなテクノロジーが急速に広まることはなかった。この状況が一変したのは、１９８０年代も後半になってからだ。そして１９９０年には、アメリカで新設されたすべての発電機の出力のほぼ半分が、ガスタービンによるものとなっていた。それほどまでに、このころのガスタービンは出力、信頼性、発電効率のいずれも改善されていたのである。

　さて、ガスタービンの発電効率は40％を超える程度だが、それでも約６００℃もの高熱の排気ガスが出る。そして、これほどの高温であれば、蒸気タービンを組みあわせて蒸気を発生させることができる。この現象を利用して、１９６０年代後半、ガスタービンと蒸気タービンを合体させたコンバインドサイク

＊燃料の燃焼で生じた高温高圧ガスによってタービンを回し、動力を得る内燃機関。ジェットエンジンもその１つ。

ル・ガスタービンが初めて開発され、いまではその発電効率は最大60%に達している。これほどむだのない原動機はほかにない。

シーメンス社は現在コンバインドサイクル発電所向けとして、出力５９３メガワットを誇るガスタービンを提供している。出力はヌーシャテルの発電機の40倍近くあり、発電効率は63%だ。いっぽう、ＧＥ社の９ＨＡガスタービンは、ガスタービンのみ単独で運転する発電方式（シンプルサイクル）でも出力５７１メガワットであるうえ、蒸気タービンと組みあわせれば（コンバインドサイクル）出力６６１メガワット、発電効率は63・５%に達する。

ガスタービンは、夏場や昼間などに急増する需要に応じて調整するピーク電源としても、また風力や太陽光による不安定な発電をバックアップする電源としても理想的だ。アメリカでは、新たに発電設備を設置する場合、ガスタービンがいちばん手ごろな選択肢になっている。２０２３年にサービス提供を開始する予定の新たな発電設備では、その均等化発電原価（１つの発電システムの建設、運用、廃棄までの総コストの指標）が、低炭素化を実現した石炭火力蒸気タービン発電で１メガワット時当たり約60ドル、太陽光発電で１メガワット時当たり48ドル、陸上風力発電で１メガワット時40ドルと謳われている。ところが、かたや従来型のガスタービンの場合は１メガワット時当たり30ドル未満だし、コンバインドサイクル方式では１メガワット時当たり10ドルにも達しない。

ガスタービンはまた電力と熱、２つのエネルギーを生みだすエンジンとして、世界各地で利用されている。というのも、蒸気と湯はさまざまな産業で必要とされているからだ。それに、ヨーロッパの多くの大都市ですでに根付いているセントラルヒーティングにも利用されている。さらに、オランダでは広大な温室の暖房や照明としても活用されてきた。タービンから排出される二酸化炭素が野菜の成長を増進するので一石二鳥なのだ。ガスタービンはまた、さまざまな産業分野の工場や長距離パイプラインのポンプステーションの圧縮機を動かしている。

ここまでお読みになれば、みなさんも明確な裁定をくだすことだろう。現代のガスタービンほど多くの利点をあわせもつ燃焼機関はほかにない。コンパクトで、輸送や設置が簡単で、比較的静かで、低コストで、効率がよく、きわめて短時間で始動するうえ、冷却用の水も不要だ。これだけの利点があるからこそ、ガスタービンは力学的エネルギーと熱エネルギーの両方を供給する比類なき機械なのだ。

では、ガスタービンの寿命はどのくらいあるのだろう？　ヌーシャテル発電所のガスタービンは２００2年に運転を停止した。運転開始から63年後のことだった——それもタービン自体に不具合があったからではなく、発電機のほかの部分が故障したせいだったという。

43 原子力発電

——果たされない約束

商業用の原子力発電時代が幕を開けたのは、１９５６年10月17日。その日、女王エリザベス２世がイングランド北西岸のコルダーホールの原子力発電所で開催された記念式典に出席し、１号炉のスイッチを入れたのである。それから60年以上の歳月が流れたのだから、この原子力発電というテクノロジーを十分に検証することができるはずだ。わたし自身は10年以上前に、このテクノロジーに対して「いったんは成功をおさめた失敗」という評価をくだした。以来、この評価は変わっていない。

「成功」の部分には、十分な証拠がある。スタートこそゆっくりとしていたものの、１９６０年代後半には原子炉建設のスピードが上がり、１９７７年にはアメリカの電力の10％以上を核分裂による原子力発電が占めるようになり、１９９１年には20％にまで上昇した。電力市場に食い込むそのスピードたるや、１９９０年代以降の太陽光発電や風力発電よりもはるかに速かった。

２０１９年後半、世界では４４９基の原子炉が運転中で（建設中のものは53基）、その多くは、フル操業した場合の発電出力を１００％として、実際に発電した量の割合を示す年平均の設備利用率が90％を超えている。そして原子力発電は、太陽光発電と風力発電をあわせた発電電力量の2倍以上を発電している。２０１８年、世界の電力市場において、原子力発電はフランスで最高のシェアを占め（約72％）、ハンガリーで50％、スイスで38％、韓国で24％を占めていたが、アメリカでは20％にわずかに届かなかった。

いっぽう「失敗」の部分に関しては、期待どおりにはいかなかった結果について説明しなければならない。原子力発電によって電気代が安くなって、「安すぎてメーターで量る必要もなくなるだろう」というかの有名な予言は、発言者が不明なわけではない。１９５４年、当時米国原子力委員会の委員長を務めていたルイス・Ｌ・ストラウスが、同年9月にニューヨーク市で開催された全米科学作家協会で述べた言葉だ。そしてこのあとも、これに負けず劣らず大胆な発言が続いた。１９７１年、ノーベル化学賞受賞者で、当時の米国原子力委員会の委員長グレン・シーボーグが、２０００年には原子力発電が全世界の発電のほぼすべてを占めるようになるだろうと予言したのである。というのも、彼にはこんな構想があったのだ。海沿いに巨大「原子力コンビナート」を建設して海水を淡水化する、発電用の小型原子炉を搭載したテレビ放送用の放送衛星を打ちあげる、原子力タンカーを設計する……。さらに核爆発を利用して河川を逆流させたり、地下都市を掘削したりする構想まであった。それだけではない。原子力エンジンを搭載した宇宙船なら人類を火星に送ることもできるだろうと、当時はまことしやかに言われたものだ。

ところが１９８０年代になると、核分裂を利用した発電プロジェクトは失速した。先進国の電力需要が落ち込むと同時に、原子力発電所の問題が次から次へとあきらかになったからだ。なかでも、３つの失敗が深刻な問題となった。１９７９年にはペンシルベニア州スリーマイル島で、１９８６年にはソ連（現在はウクライナ）のチェルノブイリで、そして２０１１年には日本の福島で原子力発電所の事故が起こり、いかなる状況においても核分裂に反対する人たちにさらなる根拠を提供したのである。

そのうえ、原子力発電所の建設費用も見積もりより高い状態がずっと続いていて、使用済み核燃料の最終処分法についても許容できる方法が見つからず、失望させられる状況が続いている（現在はほとんどが専用容器に入れられて発電所敷地内に一時保管されている）。そのうえ、現在もっとも広く利用されている加圧水型原子炉より安全かつ低コストの原子炉への転換もあまり進んでいない。加圧水型原子炉などという代物は、１９５０年代にアメリカ海軍の原子力潜水艦のために設計された原子炉を陸上に転用したものにすぎない。

こうした状態が続いた結果、欧米の大衆は原子力発電に対する不信感をぬぐえず、電力会社は慎重になり、ドイツは原子力発電所を全廃する脱原発の道を歩みはじめているし、あのフランスでさえ原子力発電の規模を縮小する計画を立てている。全世界で建設中の原子炉をあわせても、老朽化によりあと数年で廃炉になる原子炉の穴埋めをするだけの電力を供給することはできないだろう。

現在、原子力発電の大規模な拡大計画を進めているのは、中国とインドが牽引するアジアだ。だが、それでも、全世界の発電量において原子力発電の占める割合が減少する傾向を食いとめることはできない。原子力のシェアは１９９６年にピークを迎えて18％近くまで伸びたものの、２０１８年には10％にまで落ち込んだ。国際エネルギー機関（ＩＥＡ）は、２０４０年には12％程度までには盛り返すと予想しているが。

いま、わたしたちにできることはたくさんある。なにより、まず原子炉の設計を改善し、放射性廃棄物の問題をおろそかにしないことだ。そうすれば原子力発電のシェアを大きく拡大し、二酸化炭素の排出を

運転可能な原子炉の数

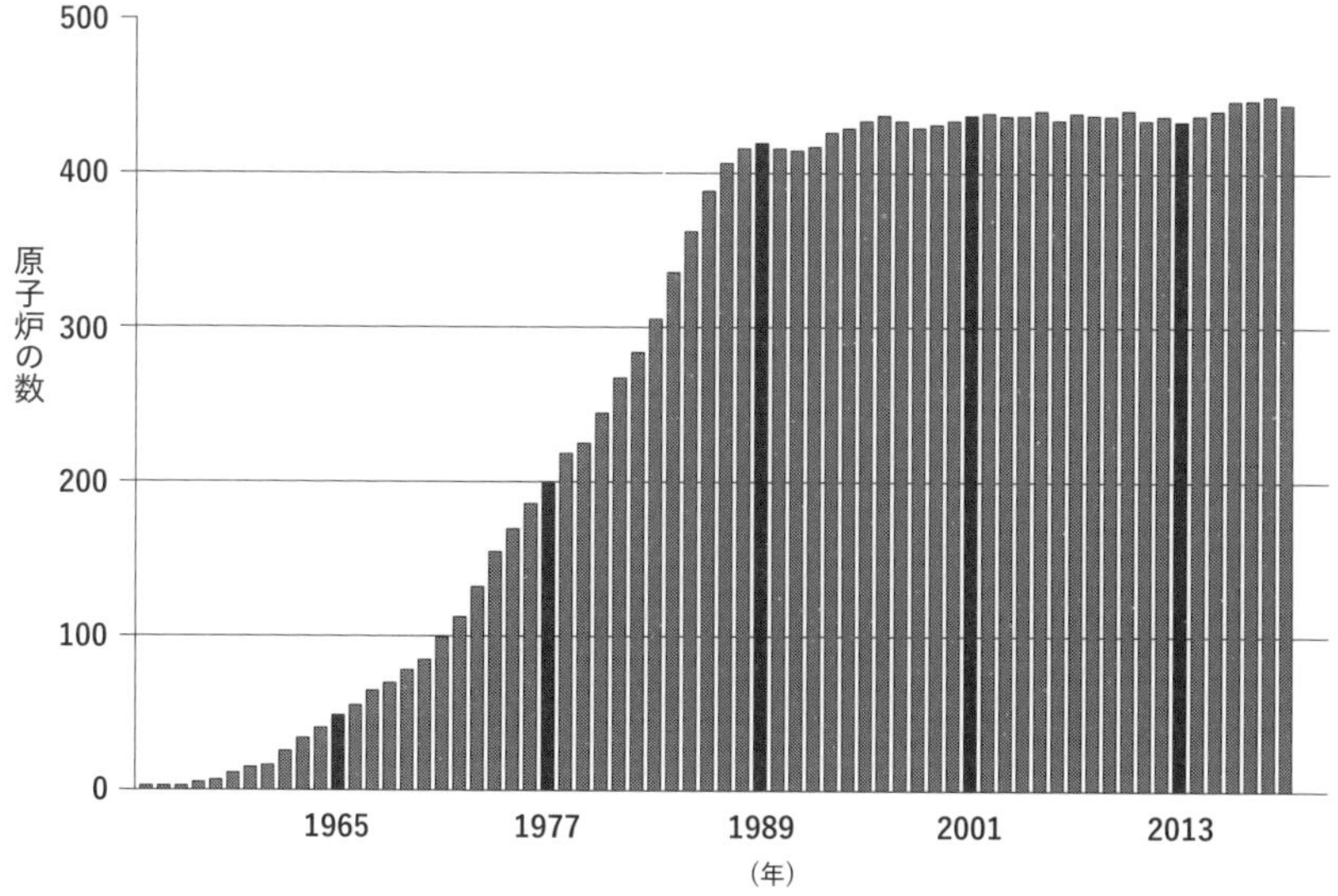

原子力発電の発電電力量

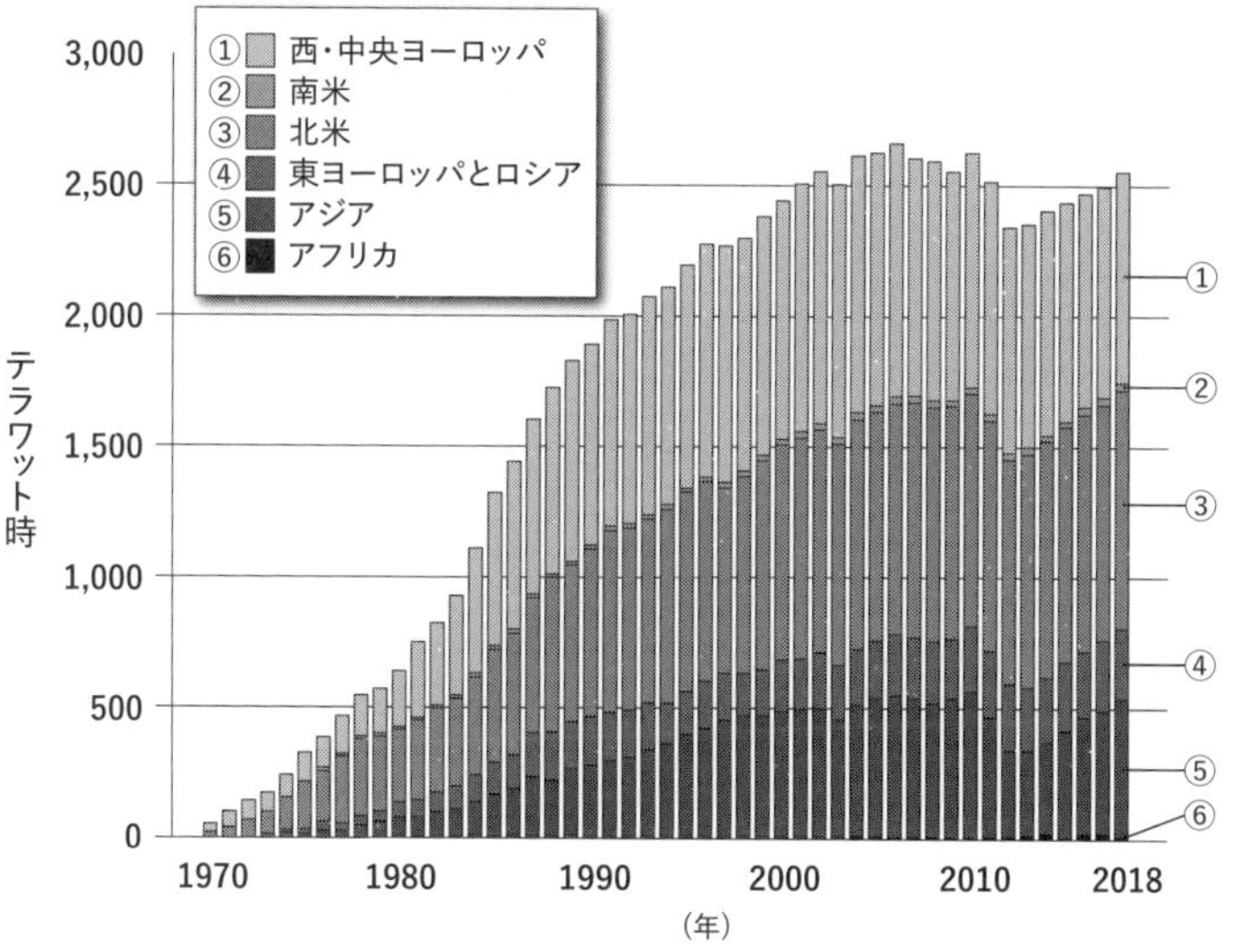

抑えられる。しかし、そのためには先入観をもたずに事実の検証をおこない、地球規模のエネルギー政策に対して真の意味で長期的な手法を採択しなければならない。だが、いずれの動きもまったく見られないのが現状だ。

44

風力発電には化石燃料が必要

風力タービンが延々と並んでいる光景は、再生可能エネルギーの主力電源化への取り組みにおいて、もっとも目につくシンボルだ。たしかに風を利用するわけだから、どのエネルギーと比べても費用がかからず、環境にやさしい。それでも、風力タービンそれ自体は化石燃料を盛大に使ってできたものにほかならない。

　というのも、風力タービンを建設する際には、建設機械が高地へと続く道を切りひらき、大型トラックが鋼鉄などの原材料を工事現場に運び、大型クレーンが現場で建物の骨組みをつくるわけだが、どの機械もすべてディーゼル燃料を燃焼しているからだ。セメント、鋼鉄、プラスチックの製造に必要な原材料を運ぶ貨物列車や貨物船も、やはりディーゼル燃料を使用している。たとえば出力５メガワットの風力タービン１基の建設には、基礎に使用する鉄筋コンクリートの材料として鋼鉄だけで平均１５０トン、ローター（ブレードと呼ばれる羽根を３枚もつ回転部）のハブとナセル（増速機や発電機を入れる箱）に２５０トン、そしてタワー（支柱）本体に５００トンが必要となる。

最新の風力タービン用のプラスチック製巨大ブレード。製造はむずかしく、輸送はさらにむずかしく、リサイクルはさらにさらにむずかしい

そのうえ2030年までに、風力発電で全世界の電力需要の25％を供給するには、設備利用率を平均35％と高く想定した場合でも、総発電容量（フル稼働時の出力）2・5テラワットの風力タービンが必要で、その建設に4億5000万トンほどの鋼鉄を要する。しかもこの見積もりには、電力網に接続する高圧送電の変電所建設にともなう送電塔、送電線、変圧器などに使用する鋼鉄は含まれていない。

そもそも、鋼鉄の製造にも多くのエネルギーを要する。まずは粉状にした鉄鉱石に粉コークス*、粉石灰石を混ぜて焼き固めるか、より細かい微粉末の鉄鉱石と石灰石、水と粘結《ねんけつ》剤を混ぜて球状《ペレット》にする。これを高炉（溶鉱炉）に入れ、そこにコークスを装入して、熱風とともに粉末状の石炭や天然ガスを送り込み、燃焼させる。すると、鉄鉱石が還元されてできた銑鉄《せんてつ》が高炉下部に溜まる。次に銑鉄に転炉《てんろ》で高純度の酸素を吹き込み、炭素を徹底的に減らす。それから一連の製鋼工程を経て、ようやく溶鋼が最終製品のおおまかな形になる。こうした風力タービン建設に使われる鋼鉄は、１トン当たり約35ギガジュールのエネルギーを消費して製造されていることになるのだ。

２０３０年までに運転開始予定の風力タービン用の鋼鉄を製造するには、６億トン以上の石炭に相当する化石燃料が必要になるだろう。

さて、出力５メガワットの風力タービンには長さおよそ60メートルのブレードが３枚ついていて、それぞれの重量は約15トン。ブレード本体には軽いバルサ材や樹脂発泡体が用いられ、グラスファイバー（ガラス繊維）で補強したエポキシ樹脂かポリエステル樹脂をかぶせてある。この補強で使用するグラスファイバーの「ガラス」は、二酸化ケイ素やほかのミネラル酸化物などの原料を天然ガスで熱した溶鉱炉に入れてつくる。またプラスチックは、軽質炭化水素†から得られるエチレンが原料となる。

こうした材料を用いて、最終的にグラスファイバーで補強するこの合成物を製造するには、１トン当たり１７０ギガジュールほどのエネルギーが必要になる。２０３０年までに総出力２・５テラワットの風力タービンを建設するには、合計重量が２３００万トンに及ぶローターが必要であり、９０００万トン程度の原油も必要になる。そのうえ、建設自体がすべて完了しても、エチレンを原料とするプラスチックでタービン全体に防水処理をほどこさなければならない。さらには増速機用の潤滑油となる石油製品も必要で、しかもタービンの寿命とされている約20年間、定期的に潤滑油を交換しなければならないのだ。

＊ コークスは、石炭を蒸し焼きにして抽出した炭素のかたまり。

† 粗製ガソリンであるナフサを分解して得られる生成物、液化石油ガス、天然ガスの成分エタンなど。

ここまで、建設および保守の過程について説明してきた。立地も造りもいい風力タービンであれば、建設から1年以内に、完成までに要した電力量は発電することができるだろう。だが、風力発電はつねに不安定で断続した電力供給しかできない。そのいっぽうで、風力発電所の建設、タービンなどの設置、保守やメンテナンスは化石エネルギーにほぼ依存している。しかも、そうした化石エネルギーの大半には、商業的に大規模に利用できる代替エネルギーが存在しない。セメント製造で利用する回転窯《がま》の燃料となる石炭コークスや石油コークス、プラスチックの合成やグラスファイバー製造の原料や燃料となるナフサと天然ガス、船舶・トラック・建設機械用のディーゼル燃料、増速機の潤滑油といったものはどれも、化石由来の燃料や原料でまかなうしかないのだ。

風力タービンや太陽電池の製造や設置をすべて再生可能エネルギーでまかなえるようになるには、まだまだ時間がかかる。よって、現代文明は今後も化石燃料にほぼ依存していくことになるのだろう。

45 風力タービンはどこまで大きくなるのか?

たしかに、風力タービンはぐんぐん大きくなった。１９８１年、デンマークのヴェスタス社がこの異常なまでの巨大化の流れをつくったとき、同社の3枚ブレードの風力タービンは55キロワットしか出力できなかった。だが、１９９５年には５００キロワットに上昇し、１９９９年には2メガワットに達し、こんにちでは５・６メガワットになっている。２０２１年に稼働する予定のMHIヴェスタスオフショアウィンド社*のV１６４機はハブまでの高さが１０５メートル、ブレードの長さが80メートルで、出力は最大10メガワットと、商業的に初めて2桁メガワットを出力するタービンとなる。GEリニューアブルエナジー社も負けてはならじと、２６０メートルのタワーと１０７メートルのブレードをもつ出力14メガワットの風力タービンを開発中で、２０２１年までに運転を開始する予定だという。

ここまで巨大化すると、さすがに限界を超えているのではないかとあやぶみたくなるが、さらに大型の

*三菱重工との合弁会社。

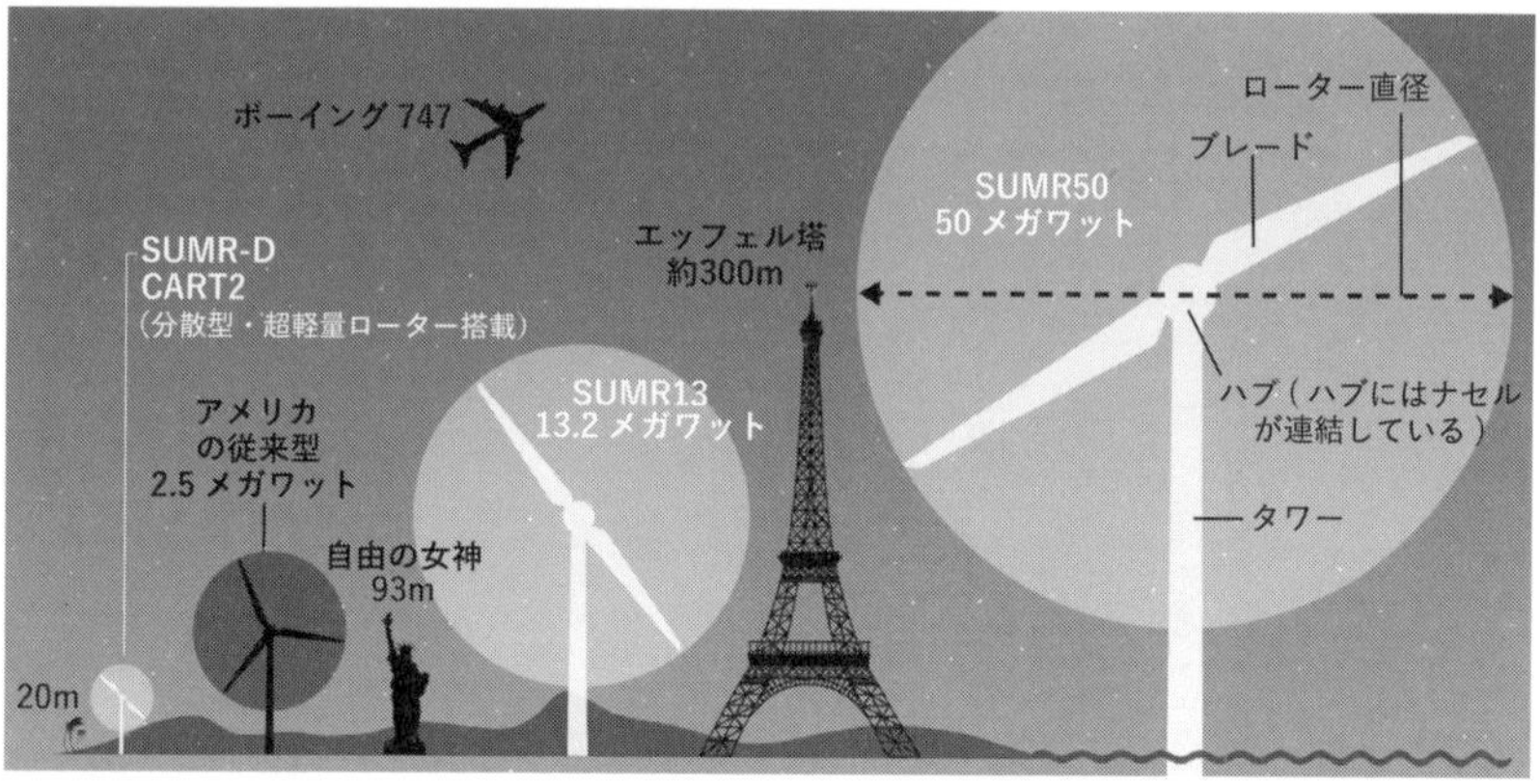

風力タービンの高さと、ローター直径の比較

風力タービンが計画されていることもお知らせしておこう。２０１１年、アップウィンド・プロジェクト[*1]は、ローター直径２５２メートル（エアバスＡ３８０の翼幅[*2]の3倍）、ローターのハブ直径6メートルで、出力20メガワットの洋上風力タービンの「設計図案」なるものを発表した。これまでのところ、構想された風力タービンのなかで最大規模は出力50メガワットで、タワーの高さは３００メートルを超え、長さ２００メートルのブレードは突風が吹いてもヤシの葉のようにしなるという。

　風力タービンの建設を熱心に進めようとする人たちは、これほど巨大なタービンの建設には、技術的になんら問題はないとうそぶくかもしれない。大きいと言っても、１３０年以上も前に建てられたエッフェル塔と同じくらいの高さですから、と。でも、エッフェル塔と比べるのはよろしくない。建造できる高さかどうかを基準にして風力タービンを設計するのであれば、２０１０年に完成した高さ８００メートルを超えるドバイの超高層ビル〈ブルジュ・ハリファ〉や、２０２１年完成予定の高さ１０００メートルを超えるサウジアラビアの〈ジッダ・タワー〉を引きあいに出せばいい。超高層ビルの建築にはそれほど大きな問題はともなわないが、何年も安全に運転できる巨大なナセルと回転するブレードを支える超高層のタワーとなれば、問題は山積する。

まず、タービンを大きくしようとすると、規模の拡大がもたらす問題に直面する。タービンの出力は、ブレードの長さの2乗に比例して増大する。よってタービンに長さが2倍のブレードをつければ、理論上は4倍の出力が可能になる。だが、ブレードが描く円の面積が大きくなれば、タービン全体への負荷も大きくなる。それにブレードの重量はブレードの長さの３乗に比例して重くなるため、大きくなればなるほど、タービンはきわめて重くなる。まあ、実際のところは、プラスチックやバルサ材を利用すれば、２・３乗に比例するといったところだろうか。

さらに全体の重量もコストも増える。ヴェスタス社の出力10メガワットの風力タービンにはブレードが３枚ついているが、ブレード１枚の重量が35トン、風力タービンの心臓部に当たるナセルは４００トン近くになる（ナセルの重量については、６両のエイブラムス戦車を数百メートル上にもちあげるところを想像してみるといい）。さらに新記録を樹立すると予想されているＧＥ社の新型タービンは、ブレードの重量が55トン、ナセルが６００トン、タワーは２５５０トンだ。これほど長く巨大なブレードとなれば、輸送するだけでも一大事。分離して運べば多少は楽になるとしても、だ。

＊１　全ヨーロッパの風力関係研究機関、電力会社、機材メーカーなどの団体であるウィンドユーロップ（旧ヨーロッパ風力エネルギー協会）が推進する研究開発プロジェクト。

＊２　翼の左端から右端までの長さ。

最後に、出力についてはどうだろうか。いつまでに最大出力はこれくらいになるだろうと予想を立てるよりも、商業用風力発電の出力の限界をさぐるほうが役に立つ。商業用に利用できる風力タービンの出力は「空気密度（１立方メートル当たり１・23キログラム）×ブレードが回転して描く円の面積（ブレードの長さ×長さ×３・14）×風速の３乗」を２で割って計算する。風速を秒速12メートル、エネルギー変換効率を０・４と仮定した場合、出力１００メガワットのタービンをつくるには、５５０メートル近いローター直径が必要になる。

そんな風力タービンがいつ登場するのだろうと予想したいのなら、次の問いに答えてみるといい。プラスチック複合材とバルサ材で長さ２７５メートルのブレードをつくり、そんな長くて重い代物を輸送し、地上３００メートルに設置されたナセルのローター軸にハブで連結し、暴風にさらされてもけっして壊れないように工夫し、15〜20年間は風力タービンを安全かつ安定して運転できるようになる日は、はたしていつやってくるのだろう？

その答えは「当面は無理」だ。

46
太陽光発電が急速に普及しないわけ

１９５８年3月、人工衛星ヴァンガード１号がフロリダ州のケープ・カナベラル空軍基地から打ちあげられた。この重量１・46キログラムの小さなアルミニウム製の球体は、軌道を周回しながら世界で初めて太陽電池を電源として利用したのだ。

念のために搭載してあった２つの送信機のうち１つは水銀電池を電源にしていたが、水銀電池は3か月で切れた。だが残った太陽電池の光電効果のおかげで、この人工衛星は活動を続けられた。この太陽電池は原子レベルで光（光子）を吸収して電子を放出する小さな単結晶シリコン電池６つから成り、その出力はたった0・1ワットだったものの、１９６４年5月まで電波送信機の電源として機能したのである。

人工衛星に太陽電池が搭載されたのは、宇宙ではコストを問われなかったからだ。１９５０年代半ば、太陽電池のコストは１ワット当たり約３００ドル（２０２０年の貨幣価値で換算すれば２３００ドル以上）だった。それが１９７０年代半ばには約80ドルに下がり、１９８０年代後半には10ドル、２０１１年には１ドルになり、２０１９年後半には８～12セントで販売されるようになった。おそらく今後も価格は

モロッコのワルザザートにあるヌール発電所の空中写真。世界最大の集光型太陽光発電施設で、出力510メガワット

さらに下がっていくだろう。もちろん、太陽光パネルを含む発電設備の設置費用は、システムの規模によっては割高になる。いまでは小さな屋根に設置できるものから砂漠地域における大規模太陽光発電プラントまで、多様なタイプがある。

ここで１つ、朗報をお知らせしよう。ほかの再生可能エネルギーより、太陽光発電はエネルギー密度が高いのだ。年平均で見ても、太陽光発電は晴天時で１平方メートル当たり10ワットに達している。これは動植物などから生まれた生物資源を利用したバイオマス発電より１桁大きい数字だ。今後も太陽光を電気に換えるエネルギー変換効率が上昇し、太陽に向かってパネルが適切な角度を保つトラッキングの性能を向上させれば、設備利用率も20～40％ほど改善できるだろう。

とはいえ、ここまでくるには長い道のりがあった。１８３９年、フランスの物理学者アレクサンドル・エドモン・ベクレルが電解質溶液中に初めて光《ひかり》起《き》電力《でんりょく》効果＊を発見し、１８７６年、ウィリアム・アダムズとリチャード・デイが固体のセレンにも光起電力効果があることを発見した。そして１９５４年に、ベル電話研究所でシリコン太陽電池が発明されると、商業的に展開する道がひらけた。だが、当時のコストは１ワット当たり約３００ドルで、興味本位で試すことはできても、まるで実用的ではなかった。

よって、当初アメリカ海軍は太陽電池を人工衛星ヴァンガードに搭載するだけで、ほかの活用法は考えていなかった。その決意をひるがえさせたのが、アメリカ陸軍に所属していた電子工学者ハンス・ツィーグラーだった。１９６０年代に入ると、もっと大型の人工衛星の電源として太陽電池を搭載できるように

＊光の照射により起電力が発生する現象。

なり、偵察《スパイ》衛星、気象衛星として活用するほか、生態系のモニタリングなども人工衛星で実施できるようになり、遠距離電気通信《テレコミュニケーション》に革命が起こった。コストが下がるにつれて応用範囲も広がり、太陽電池は灯台、海底油田やガス田の掘削装置、鉄道の踏切などの電源として活用されるようになった。

１９８５年にテキサス・インスツルメンツ社がソーラー式関数電卓〈ＴＩ－35〉を発売したときには、わたしも1台、購入してみた。搭載されている太陽電池4セル（１セルの面積は約１７０平方ミリメートル）は30年以上たった現在でも、ちゃんと機能している。

とはいえ、太陽光発電が本格的に普及するには、太陽電池モジュールの価格がもっと廉価《れんか》になるのを待たなければならなかった。２０００年の時点で、太陽光発電が全世界の発電量に占める割合は、０・01％にも満たなかった。10年後、その割合は1桁増えて０・16％になったが、２０１８年になってもまだ２・2％にとどまっていて、水力発電が占める割合（２０１８年で16％近い）と比べると微々たるものだ。日照時間の長い地域では、太陽光発電の普及が進んでいるのがよくわかるものの、世界規模で見れば、水力発電にまだまだ水をあけられている。

国際再生可能エネルギー機関（ＩＲＥＮＡ）によるもっとも楽観的な予測でさえ、太陽光発電が発電量で水力発電に追いつくのは２０３０年ごろになるとしている。そのころには世界の電力の10％をまかなえるようになっているかもしれない。ヴァンガード1号に搭載された小さな太陽電池が送信機の電源となってから70年以上、固体で光起電力効果が発見されてから１５０年以上が経過していることになる。

このように、地球規模で新たなエネルギーへの移行が起こるには、じつに長い歳月を要するものなのだ。

４７ いまでも日光がいちばん

文明がどのくらい進んでいるかを示すおおまかな目安を知りたければ、照明に目を向けるといい。とりわけ、照明の消費電力、コスト、発光効率が肝心となる。「発光効率」とは、その光源が人間の目に明るさを認識させる効率を示し、１ワットの電力で人間に感じられる波長の光量をどれだけ発生させられるかをあらわす。計算では、その光源から放たれたすべての光の明るさ「光束」（ルーメン）を消費電力（ワット）で割って、lm/W（ルーメン／ワット）という単位で示す。

光量が十分にある状況（明るい光に照らされていて、色の識別ができる場所）では、人間が光として感じる可視光の発光効率は、波長５５５ナノメートルでピークとなり、６８３lm/Wに達する。この波長は色の帯のなかでは緑色に当たるため、消費電力の程度にかかわらず、緑色がもっとも明るく感じられる。

人工照明の発光効率は、数千年にわたって、この理論上のピークより3桁小さかった。ろうそくの発光効率はたったの０・２〜０・３lm/W。石炭ガス灯（19世紀のヨーロッパ都市部ではよく利用されていた）でも、ろうそくの５〜６倍ほどにすぎず、エジソンが発明した初期の白熱電球の炭化した繊維のフィラメントでも、発光効率を大幅に上げることはできなかった。

金属のフィラメントが登場すると発光効率は飛躍的に上がった。まずは１８９８年のオスミウムという金属の登場で５・５lm/Wになり、１９０１年にはタンタルで７lm/Wになった。そして、10年と少しが経過してから登場した真空電球で光り輝くタングステンによって10lm/Wになった。さらに、このタングステン製フィラメントを、アルゴンと窒素を混合した不活性ガスを封入した電球内に入れるようになると、一般家庭のランプの発光効率は12lm/Wになった。１９３４年にフィラメントをコイル化すると、１００ワット白熱電球の発光効率は15lm/Wにまで改善された。第二次世界大戦後の20年間ほどは、これが明るい光源の発光効率としては標準的だった。

１９３０年代には低圧ナトリウムランプや低圧水銀ランプ（蛍光灯）など、異なる原理に基づくさまざまなタイプの照明が導入されたが、広く普及するようになったのは１９５０年代に入ってからだった。こんにちでは、電子安定器付き（インバータ式）の最上級の蛍光灯の発光効率は約１００lm/W。高圧ナトリウムランプは１５０lm/W、低圧ナトリウムランプは２００lm/Wに達する。とはいえ、低圧ナトリウムランプは波長５８９ナノメートルで黄色の単色光しか出せないため、家庭では使われず、街灯として活用されている。

したがって、いまの時点でもっとも期待できるのは、発光ダイオード（ＬＥＤ）だ。ＬＥＤが発明されたのは１９６２年のことで、そのときにはまだ赤色しか発光できなかった。その10年後には緑色の発光が可能になり、１９９０年代に高輝度の青色ＬＥＤが発明された。その青色ＬＥＤを蛍光体と組みあわせた結果、青色をある程度暖色に変え、室内照明に適した白色光を出せるようになった。高輝度白色ＬＥＤの

発光効率（ルーメン／ワット）

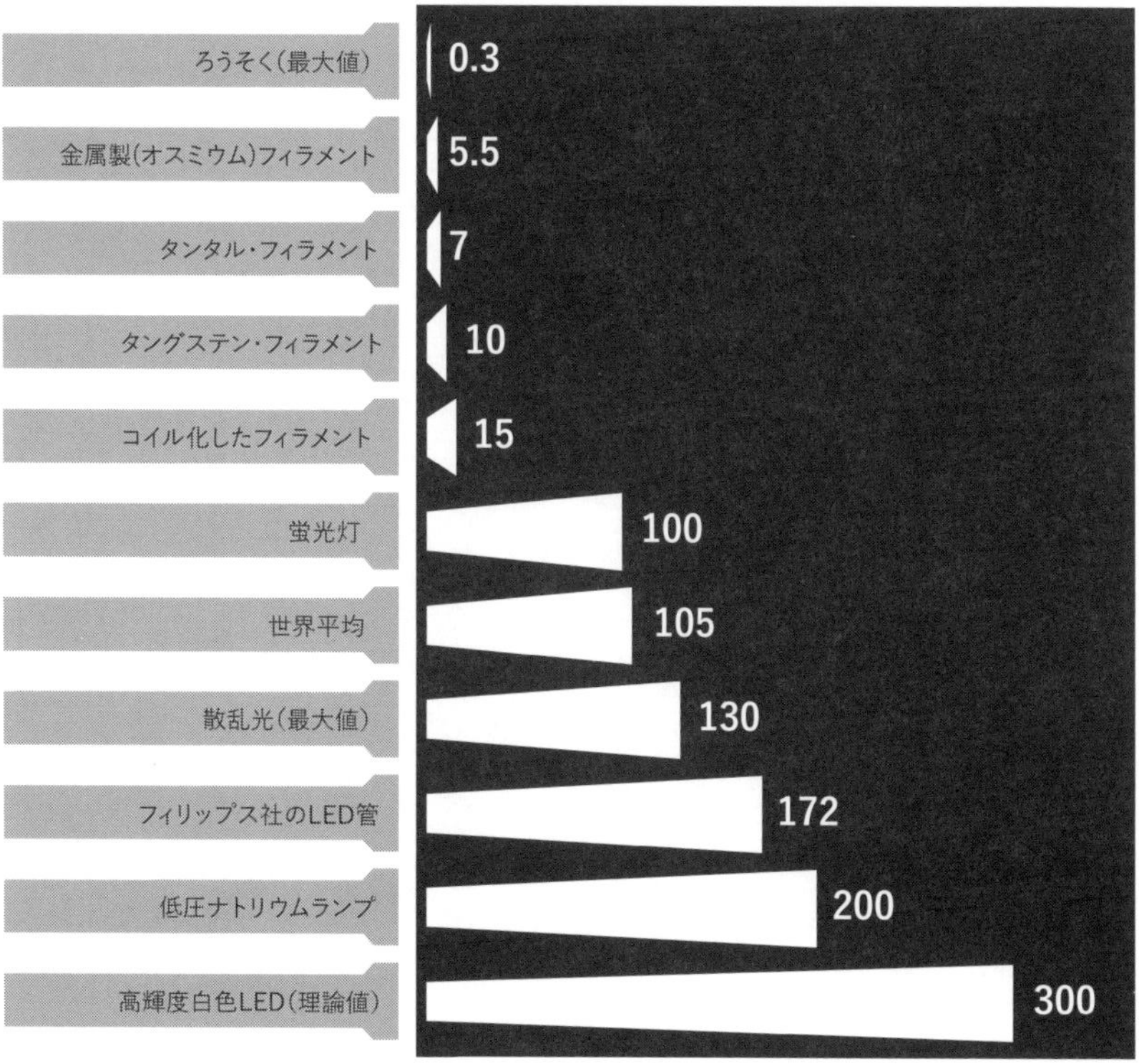

理論限界は約３００lm/Wだが、このレベルの照明を実用化できるようになるのは、まだだいぶ先の話だ。現在、フィリップス社がアメリカで販売しているＬＥＤ照明は、調光器対応の18ワットのソフトホワイトＬＥＤ電球（１００ワットの白熱灯の後継）で、発光効率89lm/W。いっぽう電圧が２２０〜２４０ボルトのヨーロッパでは、同社は１７２lm/WのＬＥＤ管（ヨーロッパで利用されている長さ１・５メートルの蛍光灯の後継）を販売している。

　発光効率の高いＬＥＤのおかげで、すでに世界各地でかなりの省エネが可能となっている。またＬＥＤ照明器具は１日３時間の照明を20年ほど続けられる耐久性をもち、たとえ電源をオフにするのをうっかり忘れたとしても、それで電気代の請求額が大幅に上がることはないだろう。

それでも人工照明のほかの光源と同様、周波数帯（スペクトル）全体のバランスに関していえば、ＬＥＤといえども自然光にはかなわない。白熱灯には青色光がほぼないし、蛍光灯には赤色がほとんどないが、ＬＥＤの場合は赤色が弱すぎ、青色が強すぎる。そして、ＬＥＤのブルーライトは目にあまりよくない。たしかに人工照明の発光効率は、１８８０年以来、２桁の向上をはたしてきた。それでも、わたしたちはまだ室内で太陽光を再現できずにいるのだ。

48 もっと大きな蓄電池《バッテリー》が必要

大量の電力を蓄えておけるもっといい方法が見つかれば、太陽光や風力エネルギー利用の普及はぐんと進むだろう。というのも、大容量蓄電池《バッテリー》があれば、電力の需給ギャップを埋めることができるからだ。

陽光あふれるロサンゼルスでさえ、平均的な一般家庭の屋根に太陽光パネルを設置した場合、１月には必要な電力の最大80％が不足し、５月には１日最大65％が余る。そんな家庭が電力の送電網に頼らないでやっていくには、高価な大型リチウムイオン電池を設置できる場合にかぎられる。小規模な国の送電網（10〜30ギガワットの規模）でさえ、供給が断続的で不安定な再生可能エネルギーに完全に頼るには、長時間の稼働にあてられるギガワット規模の貯蔵電力が必要となるのだ。

２００７年以降、人類の半分以上が都市部に暮らすようになっていて、２０５０年までには全世界の人口の約3分の2にあたる63億人が都市部に住んでいるだろう。これと同時に、１０００万人以上の住人が暮らすメガシティが増えることになる【第1章第10節参照】。都市部の住民の大半は高層住宅に暮らすことが予想されるため、それぞれの家庭や地域で発電をおこなうローカルエネルギーの活用には限界がある。だが、今後は都市部の家庭、公益事業、産業、そして輸送機関に絶え間なく電力を供給するシステムが必要となるだろう。

　たとえば、アジアのメガシティが1日か2日間、台風に直撃されたとしよう。長距離送電によって、その都市が必要とする電力の半分以上を得られるとしても、途切れてしまった再生可能エネルギーの供給が回復するまで、数ギガワット時もの貯蔵した電力量が必要となる。さもなければ化石燃料の備蓄に頼るしかない。そもそもわたしたちは、石油などの備蓄に頼るシステムから脱したいと考えているというのに。

　リチウムイオン電池は、こんにち、固定設備でも携帯機器でも電力の貯蔵元として活用されている。ここで、リチウムイオン電池の仕組みを簡単に説明しておこう。リチウムイオン電池の正極にはリチウム化合物を、負極には黒鉛を配置している（カー・バッテリーの一般的な鉛蓄電池では正極に酸化鉛、負極に鉛が使われている）。たしかに、リチウムイオン電池は鉛蓄電池よりエネルギー密度（この場合は単位重量当たりのエネルギー）がずっと高いものの、長期にわたる大規模な蓄電の需要を満たすにはまだ不十分だ。目下、１万８０００個のリチウムイオン電池を使用した世界最大の蓄電システムを、サザンカリフォルニアエジソン社から受注したＡＥＳコーポレーションがロングビーチに建設中だ。このシステムが２０２１年に完成すれば、１００メガワットの電力を4時間にわたって出力できる。とはいえ、合計で４００メガワット時の容量では、再生可能エネルギーの供給が途絶えたアジアの大都市が必要とする電力量に、まだ2桁足りない。

　というわけで、とにかく蓄電容量を大きくするしかないのだ。でも、どうやって？　ナトリウム硫黄《いおう》電池はリチウムイオン電池よりエネルギー密度が高いものの、液体状になっている高温の金属ナトリウム

（負極）、そして同じく液体の硫黄（正極）は取り扱いに注意を要する材料だ。また、電解質にじかにエネルギーを貯蔵するフロー電池は、まだ開発の初期段階にある。いっぽう、電気（電荷）を蓄えたり放出したりする電子部品であるコンデンサと、充電可能な二次電池の中間に位置する蓄電デバイスとして注目を集めている電気二重層コンデンサ（スーパーキャパシタ）は、長期の電力供給ができない。そして、マスコミでここのところもてはやされてきた圧縮空気による蓄電[*1]やフライホイール蓄電手法[*2]に関しては、まだ小型か中型の設置事例が十数件あるだけだ。そうなると、長期的に見ていちばん見込みがありそうなのは、安価な太陽光発電によって水を電気分解して、そこから得られた水素を燃料として多目的に活用する方法だろう。でも、そうした水素エネルギーを基盤とした水素社会の実現への道のりはまだ遠い。

したがって、大規模蓄電となると、１８９０年代に導入されたテクノロジーにいまだに頼らなければならない。それは、揚水発電だ。揚水発電の仕組みは簡単で、高所に貯水池をつくり、低所に設けた貯水池とパイプでつなぐ。そして、電力の需要が減る夜間に安価な電力を利用して低所の貯水池から揚水ポンプで水を汲みあげ、昼間、電力の需要がピークを迎える時間帯に水を落としてタービンを回して発電する。揚水発電は全世界の蓄電量の99％以上を占めているが、どうしても25％程度のエネルギーを損失してしまう。そのうえ多くの揚水発電所では、１ギガワットを超える出力は短期間しか続かないし、最大出力も３

＊1　再生可能エネルギーの電力で空気を圧縮貯蔵し、使用時にそれを放出して発電タービンを回転させる手法。

＊2　電力をフライホイール（円盤）の回転運動という物理エネルギーに変換して保存し、使用時にその回転で発電するという手法。

蓄電容量と供給量

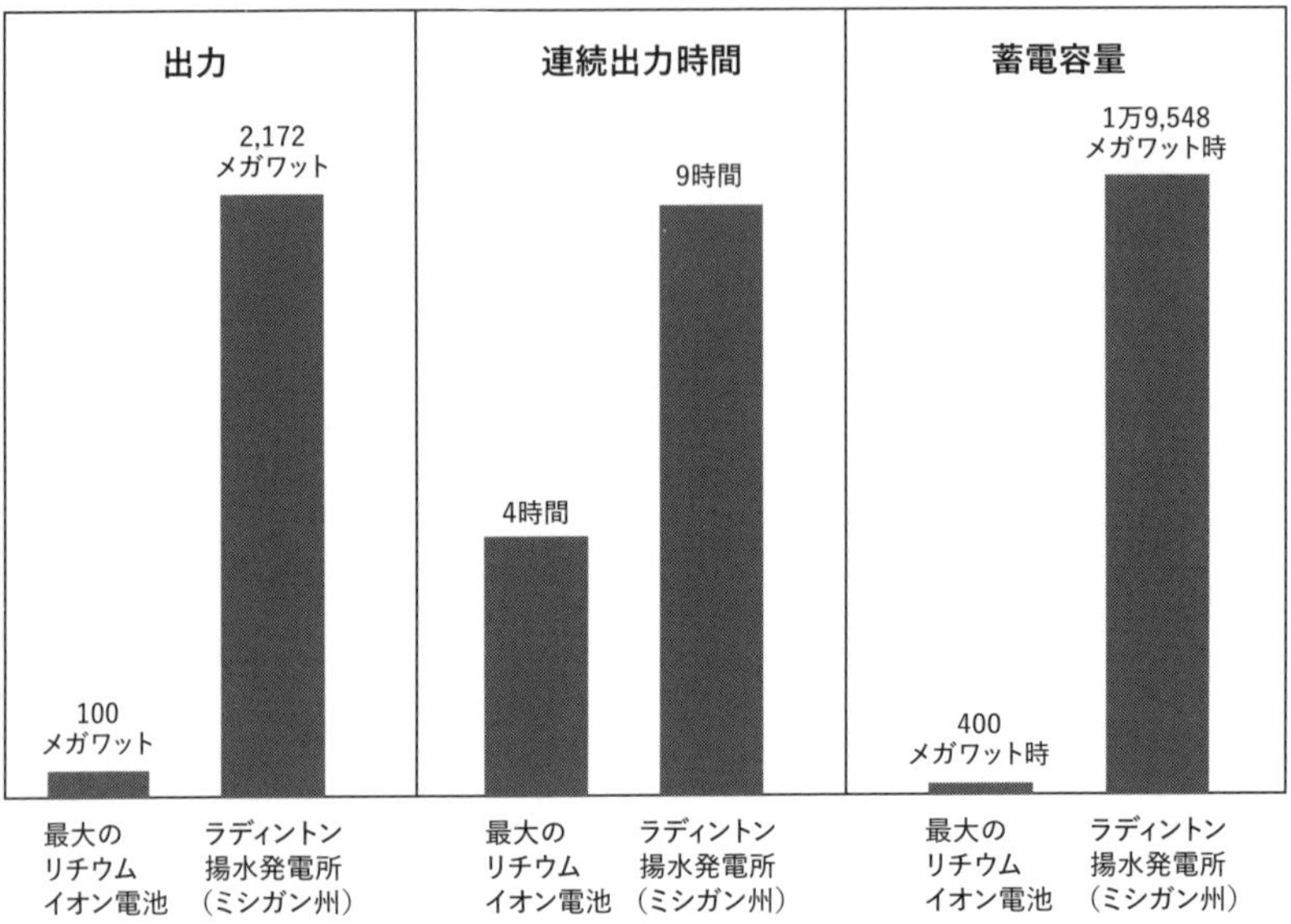

ギガワットほどだ。したがって、太陽光と風力発電に完全に頼るメガシティでは、2基以上の揚水発電所が必要になるだろう。

　しかし、揚水発電に欠かせない急勾配《こうばい》の崖《がけ》や険しい峡谷がすぐそばにあるメガシティなど、そうあるものではない。中国の上海、インドのコルカタ、パキスタンのカラチといった都市はいずれも沿岸の平野部にある。そうなれば揚水発電に頼れるのは、長距離の送電線が敷設されている場合だけだ。

　もっとコンパクトで、もっと融通がきいて、もっと容量が大きくて、もっとコストがかからない電力貯蔵技術が必要なのは自明の理ではあるが、いまのところ、そんな奇跡が生まれる気配はない。

49 世界初の電気コンテナ船が抱える課題

あなたが身につけているものや家で使っているものはほぼすべて、鉄製の箱におさめられて、ディーゼルエンジンを推進力とした船に搭載されて、はるばる海を渡ってやってきた。ところが、そのディーゼルエンジンときたら、大量の排ガスや二酸化炭素を排出している。それは問題だ、もっといい方法があるんじゃないか。そう思われるのも当然だ。

そもそも電気機関車は１世紀以上も前に開発されているし、高速電気鉄道は50年以上昔から活躍している。最近では電気自動車も世界各地で利用されている。電気コンテナ船だって、実現できないわけはないのでは？

そのとおり。２０２１年には、世界初の電気コンテナ船が就航する予定だ。ノルウェーのマリン・テクニック社が建造する〈ヤラ・ビルケラン〉は、世界初の排ガスゼロかつ電動のコンテナ船であると同時に、世界初の民間の自動運航船でもある。

とはいえ、ディーゼルエンジンを搭載する巨大コンテナ船がグローバル経済において果たしている重要

〈ヤラ・ビルケラン〉のイメージ画像

な役割に、まだ見切りをつけてはいけない。その理由を、おおざっぱな計算で説明していこう。

　コンテナ船に積載するコンテナ（貨物輸送に用いる大型容器）の大きさはさまざまあるが、たいていは「20フィートコンテナ」が基準となる。これは縦６・１メートル（20フィート）、横２・４メートル、高さ２・６メートルほどの直方体のコンテナで、このコンテナ１個をＴＥＵという単位であらわす。たとえば、１９６０年代に登場した初期の小型コンテナ船は、数百ＴＥＵ（20フィートコンテナ数百個分）しか積めなかった。現在では２０１９年に就航したスイスのＭＳＣ社所有の４隻が世界記録を保持していて、それぞれ２万３７５６ＴＥＵの荷物を積むことができる。[*]きわめて遅い速度（燃料節約のため16ノット）であっても、香港からスエズ運河を経由してハンブルクまでの距離2万１０００キロメートル以上を、30日で航行できる。

　では、世界初の電気コンテナ船、〈ヤラ・ビルケラン〉の場合はどうだろうか。この船には１２０ＴＥＵのコンテナしか積載できず、航海速力は6ノット。最大の航行距離は30海里（約55キロメートル）で、ノルウェーのヘロヤからラルビクまでしか行けない。つまり現代の最新式ディーゼル・コンテナ船は、世界初の電気コンテナ船のほぼ４００倍の距離を、約２００倍の数のコンテナを積み、2〜3倍の速度で航海することができるのだ。

　では、いま大陸間を航行しているコンテナ船がごく標準的に積載している1万８０００ＴＥＵを運べる電気コンテナ船には、どれほどの蓄電池が必要になるのだろう？

　31日間の航海に必要となる燃料は約１９５テラジュール、すなわち54ギガワット時だ。そして、現代の大型ディーゼルエンジン（いまのところ、コンテナ船に搭載されているエンジンが最大）の熱効率は約50%。すなわち、実際に推進力として使われるエネルギーは、供給された燃料の半分ほど、約27ギガワット時になる。これだけのエネルギーを電気で生みだすには、大型の電気モーターが90%のエネルギー変換効率で作動する場合、約30ギガワット時の電力量が必要となる。

　現在市販されているもっともエネルギー密度の高いリチウムイオン電池（エネルギー密度1キログラム当たり３００ワット時）を利用するとしても、アジアからヨーロッパまでどこにも停泊せずに1か月間移動するには、この電池を10万トンほど搭載しなければならない（ちなみに、電気自動車が搭載しているリ

＊２０２０年には韓国ＨＭＭの所有する2万３９６４ＴＥＵの7隻が最大となった。

チウムイオン電池は約５００キログラム、つまり0・5トンだ）。これほど大量の電池を搭載するだけでも、最大積載量の約40％を占めてしまう。これは省エネの観点から見れば、あまりにひどい割合だ。おまけに、その電池を充電するうえでも、自動航行を実施するうえでも、さまざまな困難がともなう。たとえ、リチウムイオン電池のエネルギー密度を予想より早く、１キログラム当たり５００ワット時にまで改善できたとしても、１万８０００ＴＥＵのコンテナを積載する船が大陸間の長旅を低速域で航行するには、６万トン近い電池を搭載しなければならない。

というわけで、結論は明々白々。電気コンテナ船の電池と電気モーターの重量を、現代の大型コンテナ船に搭載されている燃料（約５０００トン）とディーゼルエンジン（約２０００トン）の合計と同じくらいの重量に抑えるには、最高の性能を誇るリチウムイオン電池のエネルギー密度を、いまの10倍以上高めなければならない。

とはいえ、それは無理な注文というものだろう。なにしろ、市販されている電池の最高のエネルギー密度は、70年前と比べて4倍にもなっていないのだから。

50 電力の本当のコスト

　今世紀になってから、多くの先進国では電気料金の推移に変化が見られている。以前と比べて金額が高くなっているだけではなく、物価上昇率を考慮してインフレ調整をしても、やはり電気料金は高くなっているのだ。それでもなお、電力は特売品ともいえるお得なエネルギーだ。もっとも、ご想像どおり、このお買い得品は国によって差がある。国によってどんな割合でどんなエネルギー源を使っているかが異なるし、その国に特有の長年にわたる規制もちがうからだ。

　いっぽう、電気料金の過去から現在への推移に目を向けると、とんでもない変化が生じていることや、現代の世界ではどこでも電気が使えることがわかる。たとえばアメリカの一般家庭の場合、電気料金の平均をインフレ調整すると（かつ２０１９年の貨幣価値に換算すると）、１９０２年（アメリカ全体の平均値がわかる最初の年）の１キロワット時当たり４・81ドルから、１９５０年には30・５セント、２０００年には12・２セントに下落している。そして２０１９年初めにはわずかに高くなって、１キロワット時当たり12・７セント。つまり１９０２年から97％以上、下落していることになる。べつの言い方をすれば、現在は１ドル出せば、１９０２年と比べて38倍近い量の電力を買えるのだ。おまけに、この期間に、製造業の平均賃金（インフレ調整後）は6倍近く上昇している。すなわちブルーカラーの世帯では、１２０年ほど前と比較すると、電力を２００倍以上安く使えるようになったことになる（実質賃金で調整したあとの電気料金は１９０２年の料金の０・５％にも達しない）。

ところで、わたしたちが電力を買うのは、光エネルギー、運動エネルギー、熱エネルギーなどへと電気を変換するためだ。このように、ほかの形態にエネルギーを変換する際には、投入したエネルギーに対して利用できるエネルギーのほうが少なくなる。その割合を示すエネルギー変換効率も改善されてきたため、変換したあとのエネルギーのコストもどんどん安くなっている。なかでも、とりわけ効率がよくなったのは照明だ。１９０２年、タンタル製フィラメントを利用した白熱電球は１ワット当たり7ルーメンの明るさでしか発光できなかった（７lm/Wの発光効率）。ところが２０１９年になると、調光器対応ＬＥＤ照明で１ワット当たり89ルーメン。つまり労働者階級世帯にとっては、20世紀初頭より２５００倍ほど安価に１ルーメン相当の電灯の明るさを利用できるようになったというわけだ。

では次に、国と国とを比較してみよう。国によって大きな差があるので、読者のみなさんは驚かれるかもしれない。まず、アメリカの一般家庭向けの電気料金は、どの先進国よりも安い。例外はカナダとノルウェーで、どちらの国も水力発電の比率が高く（それぞれ59％と95％）、いずれも高所得国だ。一般的な為替レートで換算すると、アメリカの一般家庭用電気料金は、ＥＵ平均の約55％、日本の平均の約半分、ドイツの平均の40％未満だ。インド、メキシコ、トルコ、南アフリカの電気料金は、一般的な為替レートで換算するとアメリカより安いものの、購買力平価を基準にして比較すると、アメリカよりかなり高くな

100キロワット時の電気料金を支払うために必要な労働時間（分）

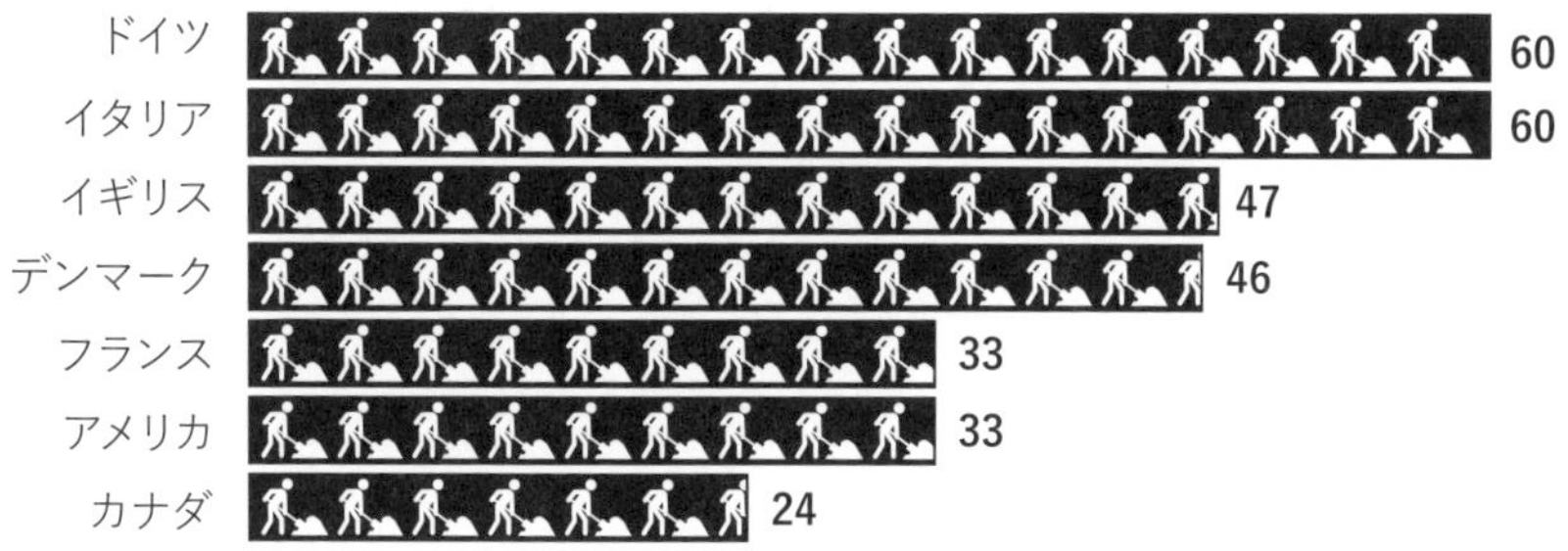

る。インドでは２倍以上、トルコでは３倍近く高いのだ。

いっぽうマスコミは、太陽光パネルのコストが急激に安くなっているとか【本章第46節参照】、風力タービンの価格競争が厳しいとかいう記事を書きたてている。そうした記事をそのまま鵜呑《うの》みにする人たちは、このままいけば新たな再生可能エネルギー（太陽光と風力）の比率がどんどん大きくなって、電気料金がものすごく安くなる時代が到来するのではと、期待に胸を膨らませるかもしれない。ところが現実には、その反対のことが起こっている。たとえばドイツは２０００年に、原子力や化石燃料から脱却して再生可能エネルギーに移行する目標を掲げ、エネルギー転換政策「エナギーヴェンデ」を打ちだした。この壮大な政策を実施するには高いコストがかかり、それまで安価だったドイツの一般家庭向け電気料金は、２０００年に１キロワット時当たり０・14ユーロ未満で最安値を記録したあと、上昇に転じた。

２０１５年になると、太陽光と風力をあわせたドイツの発電出力は84ギガワット近くに増え、化石燃料による総発電出力を上回り、２０１９年３月にはすべての発電出力の20％以上が新たに設置した再生可能エネルギー設備による発電となった。ところが、この18年間でドイツの電気料金は２倍以上になり、１キロワット時０・29ユーロになった。こうしてEU最大の経済国の電気料金は、ヨーロッパ大陸で2番目に高くなったのである。ドイツよりも電気料金が高いのは、風力発電に大きく依存しているデンマークだけで（２０１８年の時点で電力の41％が風力による発電）、１キロワット時０・31ユーロだ。これと同じような現象はアメリカでも見られている。カリフォルニア州では、再生可能エネルギーの比率が高くなるにつれて、電気料金が全国平均より5倍も速いスピードで高くなっているうえ、全国平均より60％近く高くなっているのが現状なのだ。

51

エネルギー移行がゆっくり進むのは仕方がない

１８００年、石炭を燃やして熱を発生させていたのはイギリス、ヨーロッパのいくつかの地方、そして中国北部だけだった。当時、世界の一次エネルギーの98％は、動植物由来の生物資源でつくったバイオマス燃料から得ており、そうした生物資源の大半は木材と木炭だった。森林が伐採された地域では、藁や乾燥させた動物の糞を利用していた。

１９００年になると、石炭の採掘が普及し、北アメリカとロシアでは石油と天然ガスの掘削が始まったものの、やはりバイオマス燃料が世界の一次エネルギーの半分を占めていた。１９５０年になっても、まだ30％近くを占めていて、21世紀を迎えるとその割合は12％に減りはしたものの、サハラ砂漠以南の多くのアフリカの国々ではいまなお80％以上を占めている。こうした経緯を見ても、まだできたてほやほやの炭素（植物の組織）から、石炭、原油、天然ガスといった大昔の（化石化した）炭素へと燃料を移行させるには、相当長い時間がかかったことがよくわかる。

さて、わたしたちはいま、さらなる困難が山積する移行期に足を踏みいれたところだ。なにしろ、地球温暖化がもたらす最悪の結末を避けるために、全世界のエネルギー源の脱炭素化を図ろうというのだから。この移行のスピードに対してどんな印象を抱くにせよ、携帯電話が世間に普及したときのようなペースでは前進していない。というよりも、絶対的な量を見れば、世界は脱炭素化どころか炭素化の道を邁進《まいしん》してきたし【第4章第40節参照】、相対的に見れば、脱炭素化は1桁の比率でしか進んでいない。

地球温暖化への懸念が高まり、国連が気候変動枠組条約を採択したのは１９９２年のことだ。この年、化石燃料は世界の一次エネルギーの86・6％を占めていた（イギリスのエネルギー大手ＢＰ社が発表した世界エネルギー統計による）。その比率は、２０１７年には85・1％になっただけで、25年間で1・5ポイントしか減らなかった。

この重要な指標は全世界のエネルギー移行のペースを示していて、今後も世界は基本的に化石炭素への依存を続けると明確に伝えているのかもしれない。というのも、四半世紀をかけても1・5ポイントというわずかな減少しか達成できていないのに、２０５０年までに化石炭素の使用をゼロに近づけるには、今後25〜30年間で全世界の一次エネルギーの約80％を非炭素の代替エネルギーに変えなければならないからだ。はたして、そんな芸当ができるのだろうか？　前例にならって、いままでと同じ方策を続けているだけでは、絶対に目標を達成できない。可能性があるとすれば、グローバル経済を終わらせるか、携帯電話の普及よりはるかに速いペースと規模で、新たなエネルギー資源に切り替えていくしかない。

新聞の記事をぼんやりと読んでいるだけでは、風力発電と太陽光発電はずいぶん普及しているのだなと、勘ちがいするかもしれない。たしかに、この2種類の再生可能エネルギーは着実に、そして目覚ましい前進を続けてきた。１９９２年には世界の電力の0・5％しか供給していなかったのに、２０１７年には

世界のエネルギー移行の推移

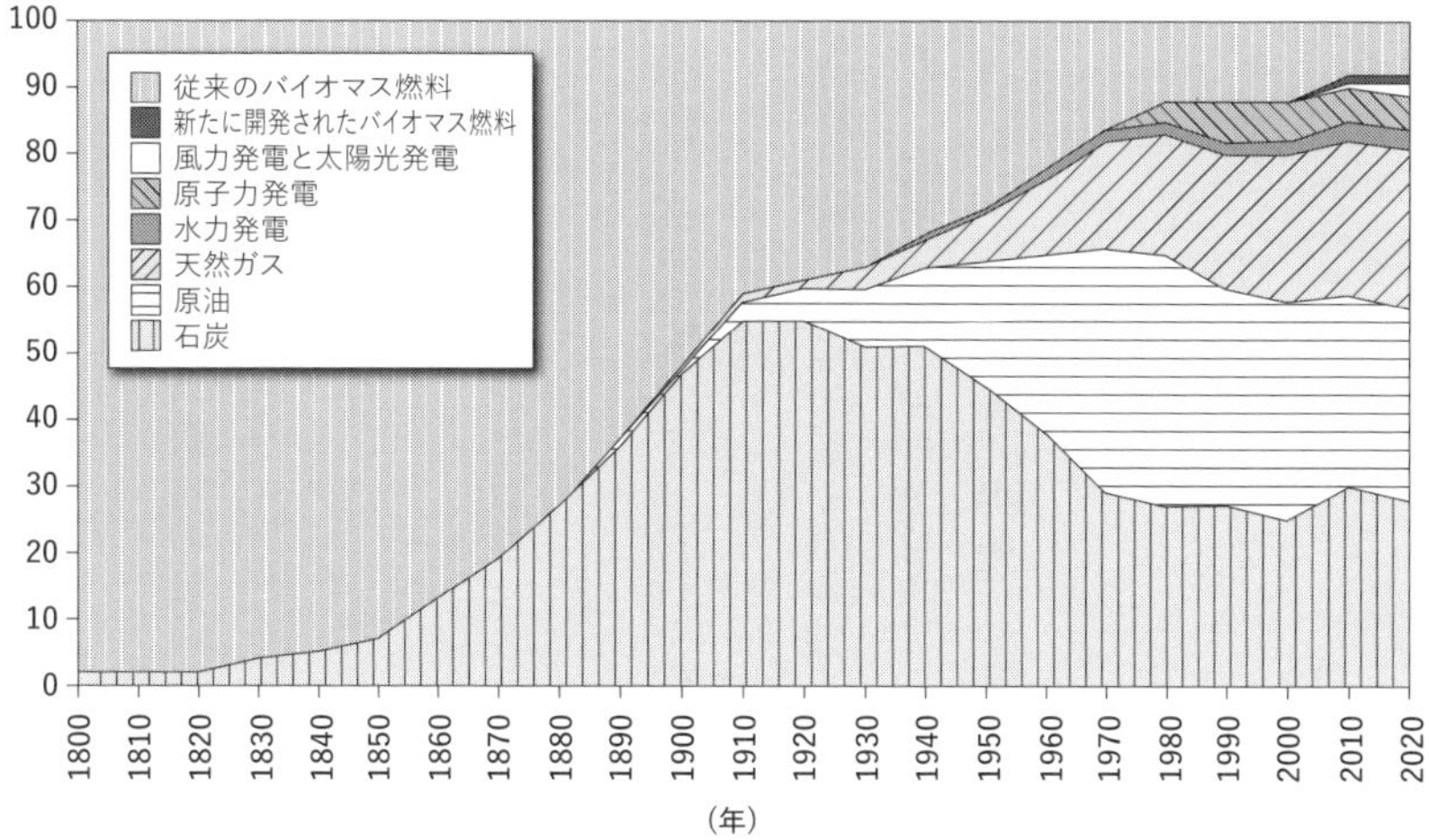

4・5%の電力供給に貢献しているのだから。とはいえ、この25年間で達成できた発電の脱炭素化は、太陽光発電と風力発電を合計したものより、水力発電によるもののほうが大きい。また、全世界の最終エネルギー消費のうち電力が占める割合は27%にすぎないため、太陽光発電と風力発電の発電量が低炭素化に貢献する割合はもっと小さくなる。

とはいうものの、太陽光発電も風力発電も、いまでは成熟した産業となっているから、新たな設備の設置も手早く実施できる。こうして急速に規模を拡大していけば、発電の脱炭素化のペースを上げることができるだろう。そのいっぽうで、経済の基盤をなしている産業部門のなかには化石燃料に大きく依存している分野があるうえ、急速かつ大規模に利用できる非炭素の代替エネルギーはまだ存在しない。化石燃料に依存している産業の分野としては、次のようなものが挙げられる。

●長距離輸送……現在、ジェット旅客機は航空用に生成された揮発温度の低い灯油ケロシンにほぼ依存しているし、コンテナ船、バラ積み貨物船、タンカーはディーゼル油かバンカー油か液化天然ガスにおおむね頼っている。

- 10億トンを超える鋼材の製造……高炉で鉄鉱石を溶解する際には石炭からつくられるコークスが必要。
- 40億トンを超えるセメントの製造……低品質の化石燃料の燃焼熱を巨大な回転窯に送り込む。
- 2億トン近くのアンモニアや3億トンあまりのプラスチックの合成……まずは天然ガスや原油由来の化合物が必要。
- 室内の暖房……現在は多くを天然ガスに頼っている。

よって一次エネルギーの移行を理解するには、希望的観測にすがるのではなく、現実を直視しなければならない。１００億トンもの化石燃料の代わりとなる一次エネルギーを見つけ、それを活用するのは、小さな携帯用電子機器を年に10億個以上売りさばき、市場を拡大するなどという目標とは次元の異なる課題なのだ。携帯電話の市場を急激に拡大するのは数年で達成できるとしても、一次エネルギーの移行は数十年というスケールの時間がかかる難題なのだから。

第6章

移　動

TRANSPORT

この200年での驚異の進化とこれからの課題

52 どんどん短くなる大西洋横断時間

商用帆船が東回りでアメリカ大陸からヨーロッパへ大西洋を渡るには、かつては3週間、ときには4週間という長い時間がかかっていた。西回りでの航海にいたっては、逆風のなかを進むため、たいてい6週間ほどかかった。蒸気船が東回りで初めて大西洋を横断したのは１８３３年。カナダのケベックで建造された〈ロイヤル・ウィリアム〉が、ノヴァスコシアに寄港して石炭を積んでから、イギリスに向かったのである。その後、１８３８年4月になってようやく蒸気船は西回りルートを開拓したわけだが、ここにいたるまでには思いもかけないドラマティックな展開があった。

イザムバード・キングダム・ブルーネルは19世紀におけるイギリスの偉大な技術者の１人で、当時グレート・ウエスタン汽船会社が計画していたイギリス南西部のブリストルとニューヨークを結ぶ航路に就航する蒸気船として、〈グレート・ウエスタン〉を製作した。１８３８年3月31日、この船は初の大西洋横断に向けて準備万端ととのえていたのだが、船舶火災が起こり、実際に進水したのは4月8日のことだった。

ブルーネルが製作した〈グレート・ウエスタン〉。外輪式蒸気船で、まだ帆装を併用している

いっぽう、ブリティッシュ・アンド・アメリカン蒸気船航行会社は、アイルランド南部のコーブとロンドンを結ぶ航路に向けて建造されていた木造の小型外輪船〈シリウス〉をチャーターし、大西洋横断に挑戦することにした。〈グレート・ウエスタン〉を出し抜こうという算段であった。かくして１８３８年４月４日、〈シリウス〉はアイルランドのコーブを出港した。ボイラーは最高圧力34キロパスカルの蒸気を生み、ピーク時のエンジン出力は３７０キロワット（ちなみに、フォード・マスタング２０１９年モデルのエンジン出力は３４２キロワット）。４６０トンの石炭を積んでおり、５４００キロメートル（２９１６海里）近く離れたニューヨーク港にも到達できる見込みだったが、それはあくまでも見込みだった。

かたや、競争相手の〈グレート・ウエスタン〉は世界最大の旅客船で、１等客室には１２８台のベッドを備えていた。ボイラーの最高圧力はやはり34キロパスカルだったが、エンジン出力は約５６０キロワットとこんにちの産業用ディーゼル発電機と同等で、初の大西洋航海では平均時速16・04キロメートルを出した。平均時速21キロに近いペースで走る現在の最速マラソンランナーよりも遅いスピードだ。

はたして、この勝負のゆくえやいかに。結局、４日も早くスタートを切ったにもかかわらず、平均時速14・87キロメートルの〈シリウス〉は、大型かつ高速の〈グレート・ウエスタン〉よりかろうじて１日早く、１８３８年4月22日にニューヨークに到着した。記録は18日と14時間22分だった。

このときの逸話は、ラストスパートをだいぶ脚色して語り継がれてきた。いわく、〈シリウス〉は石炭を使いはたしてしまい、調度品や帆桁《ほげた》まで燃料として燃やして、ようやく港にたどり着いたというのだ。これは事実ではないものの、何樽《たる》分かの松脂《まつやに》は燃やしたようだ。翌日、〈グレート・ウエスタン〉が出港から15日と12時間後に到着したとき、すでに６６５トンの石炭を燃やしていたものの、それでもまだ２００トンの予備があった。

その後、記録更新は続き、蒸気船による大西洋横断の航海時間は半分以下になった。10年後の１８４８年には、キュナード汽船の〈ヨーロッパ〉が８日と23時間での横断に成功。その40年後の１８８８年には、６日をわずかに上回る程度で横断できるようになり、１９０７年になると、蒸気タービンを積んだ英国郵便船〈ルシタニア〉が４日と19時間52分の記録でブルーリボン賞（大西洋を最速で横断した船に贈られる）を獲得した。そして最後の記録保持者となった〈ユナイテッド・ステーツ〉は、１９５２年に３日と10時間40分で横断した。

さて、次の時代には、ピストン・エンジンを搭載した民間航空機が14時間程度で大西洋を横断するようになったものの、ピストン・エンジンの時代は長続きしなかった。１９５８年、こんどはターボジェットエンジンを搭載したアメリカ初の民間大型ジェット旅客機ボーイング７０７がニューヨーク－パリ線で９時間を切ったのである【本章第58節参照】。以来、巡航速度はたいして変わっていない。ボーイング７８７〈ドリームライナー〉は時速９１３キロメートルで巡航し、ニューヨーク－パリ線のフライトはまだ7時間ほどかかっている。

やたらにコストがかかり、騒音がひどく、結局採算があわなくなった超音速旅客機コンコルドは大西洋を３・５時間で横断できたが、同機が飛ぶことは二度とないだろう。だが、いまでも複数の企業が超音速輸送機を開発中で、エアバス社は音速の４・５倍の巡航速度が可能という極超音速《ハイパーソニック》航空機の特許を取得した。そんな航空機なら、ロンドンのヒースロー空港を離陸してからわずか1時間後にはニューヨークのジョン・F・ケネディ国際空港に着陸するだろう。

だが、はたして、エネルギー効率の悪さに目をつぶってまで、それほどの速度で飛行する必要があるのだろうか？　１８３８年の〈シリウス〉の横断時間と比べれば、現在は98％以上の時間短縮に成功している。上空ですごす移動時間はそこそこ長い小説を読むのにうってつけだ。この本を読むのにも、ぴったりかもしれない。

53 自転車は蒸気機関より新しい！

技術の進歩のなかには、想像力が欠けていたせいで、あるいは障害の多い環境のせいで進展が遅れたものがある。思うに、その代表格は自転車だ。

2世紀以上も前の1817年6月12日、ドイツのマンハイムで、バーデン大公国の森林監督官カール・ドライスが「ラウフマシーネ（走る機械）」をお披露目した。この乗り物はのちに人力二輪車《ドライジーネ》とか棒馬《ホビーホース》とも呼ばれるようになった。真ん中に座部があり、前輪にハンドルが直結していて、前輪と同じ直径の後輪がついていた。以来、つねにバランスを維持しなければならない数々の乗り物が発明されてきたが、この二輪車がその原型となったわけだ。とはいえ、この二輪車はペダルを踏むのではなく、足で地面を蹴って進むものだった。じつに原始的で、アニメ「原始家族フリントストーン」方式といえるかもしれない。

ドライスはこの重たい木製の二輪車を使って、16キロメートル近い距離を1時間と少しで走りきった。たしかに、へたな馬車よりは速かったものの、現代人の目から見ればデザインはぶかっこうだ。それに、当時は走行に適した硬い路面の道も十分には整備されていなかった。

世間では１８２０年から数十年のうちに、機関車、蒸気船、製造技術といった分野で数々の発明がなされてきたというのに、自転車は乳幼児以外だれでも乗りこなせる実用的な機械に進化するまで、半世紀以上かかっている。どうしてこれほど長い時間がかかったのだろう？

いくつか明確な答えを挙げていこう。まず、木製の自転車はとにかく重くて、扱いにくかった。耐久性のある自転車の設計に欠かせない安価なスチール製のパーツ（フレーム、リム、スポーク）は、当時はまだ入手できなかった。それに舗装されていない道を走ると、木製の自転車はとんでもなく乗り心地が悪かった。おまけに、空気入りタイヤは１８８０年代後半まで発明されなかった【次節参照】。さらに、都会に暮らす人たちの収入にまだゆとりがなく、基本的には娯楽に使う機械が普及する素地がなかった。

１８６６年になってようやく、フランス出身の技術者ピエール・ラルマンが、後輪よりやや大きい前輪につけたペダルを漕《こ》いで前進する自転車の特許をアメリカで取得した。そして１８６８年、フランスで馬車や錠前を扱っていたピエール・ミショーが、この「ベロシペード」なる乗り物のデザインを国内で広めた。ところが、この「ミショーディヌ（ミショー型自転車）」は現代の自転車の先駆けとはならず、めずらしい発明品として短命に終わった。

１８７０〜80年代初頭にかけては、前輪が極端に大きい自転車（通称「オーディナリー」または「ペニーファージング」）が市場を占めていた。１回転当たりの距離を稼げるように、直径が最大1・5メートルもの前輪の車軸にペダルを直接つけた設計だった。こうしたぶかっこうな自転車は、たしかにスピードを上げることはできただろうが、高い座面に座ること自体が大仕事だったし、操作するのも難儀だった。つまり、この自転車に乗る者には、抜群の運動神経やスタミナだけではなく、転倒して危険な目にあっても

ジョン・ケンプ・スターリーらのローヴァー安全型自転車

歯を食いしばってこらえるだけの忍耐力までもが求められたのだ。

　そして１８８５年、ついに２人のイギリスの発明家、ジョン・ケンプ・スターリーとウィリアム・サットンがローヴァー安全型自転車の販売を開始した。パイプ状のスチール製フレームに同じ大きさの前輪と後輪がついていて、チェーンと歯車《スプロケット》の組み合わせによって駆動し、前輪の向きをハンドルで変える新デザインの自転車だった。側面から見ると平行四辺形のシルエットをもつ定番のダイヤモンド・フレームではなかったが、まぎれもなく現代の自転車のデザインであり、ようやく市場に幅広く受けいれられる準備がととのったのである。そして１８８８年、スコットランドの獣医師ジョン・ボイド・ダンロップが発明した空気入りタイヤを利用できるようになると、このデザインが主流になっていった。

こうして同じサイズの前輪と後輪、最小限の金属フレーム、短いチェーンで構成された、つねにバランスをとらなければならないシンプルな機械が誕生した。それはワットの蒸気機関改良（１７６５年）から１世紀以上の歳月が流れたあと、機械的にはるかに複雑な機関車の導入（１８２９年）から半世紀以上あと、最初の商業用発電（１８８２年）から何年もあとのことだったが、初期の自動車とは同時期だった。ドイツの技術者カール・ベンツ、ゴットリープ・ダイムラー、ヴィルヘルム・マイバッハによって、世界初の軽量内燃機関が3輪車や4輪車に搭載されたのは１８８６年だ。

１８８６年から１９７６年までのあいだに自動車は大きな進歩を遂げたが、ふしぎと自転車のデザインは変わらず、往年のスタイルを保った。特殊用途のマウンテンバイクの登場が１９７７年、そして高価な合金複合材料を駆使した奇抜な形のフレーム、頑丈なホイール、上向きに曲がったハンドルバーといった斬新なデザインの自転車が広く受けいれられるようになったのは、ようやく１９８０年代を迎えてからのことだった。

54

世紀の大発明、空気入りタイヤ

だれもが知る有名な発明はそれほど多くない。そして、そんな発明品にはたいてい発明家の名前が冠されていたり、企業名として残ったりしている。たとえば白熱電球と聞けばエジソンを、トランジスタと聞けばベル研究所を思い浮かべる人も多いはずで、両者はそんなめずらしい例の代表格といえるだろう。もっとも、エジソン本人が白熱電球を発明したわけではないし（電球が長持ちするよう改良しただけ）、ベル研究所以前にもトランジスタのアイデアを発表していた人物がいた。電界効果トランジスタ*の原型の特許は、ドイツ出身の物理学者ユリウス・エドガー・リリエンフェルトが１９２５年に取得していたのだ。

かたや、だれが真の発明者なのかあまり知られていない画期的な大発明ははるかに多い。その代表格が空気入りタイヤだ。アイルランドに暮らしていたスコットランド人獣医師ジョン・ボイド・ダンロップが発明し、イギリスで空気入りタイヤの特許を取得したのは、いまから１３０年以上前の１８８８年12月7日のことだった。

それまでは、タイヤには硬いゴムを使うのが最善の策とされていた。アメリカの発明家チャールズ・グッドイヤーが発明したゴムの加硫《かりゅう》法†により丈夫なゴムの製造が可能になったため、それをタイヤに利用していたのだ。この硬いゴム製のタイヤは、ごつごつした木製の車輪や鉄製のリムのついたスポークに比べれば大きな進歩だったが、乗り心地はよくなかった。

そんななか、１８８７年、ダンロップは息子の三輪車の乗り心地をよくしようと、タイヤに工夫をほどこした試作品をつくりあげた。それはいたって素朴な工作品だった——空気を入れて膨らませたゴムチューブの両端を縛って、亜麻布でくるんだものを、硬い木製の３つの車輪に釘で打ちつけただけの代物だったのだ。

このタイヤを改良したところ、当時、じわじわと数が増えていた自転車愛好家のあいだですぐに人気を博し、ダンロップはこの新しい空気入りタイヤを製造する会社を設立した。ところが、発明はたいてい似たような運命をたどるもので、ダンロップが取得した空気入りタイヤの特許も結局は無効となった。スコットランド人の技術者ロバート・ウィリアム・トムソンが、実際に製品化こそしていなかったものの、ダンロップより前に同様のアイデアで特許を取得していたことが判明したのである。

それでもダンロップの発明のおかげで、新たに設計された自動車向けにもっと大きなタイヤを開発しようという気運が高まった。１８８５年、カール・ベンツが開発したガソリン自動車、三輪式の〈パテント・モトールヴァーゲン〉には硬いゴムタイヤがついていた。その6年後、こんどはフランスで農機具を

＊電圧をくわえることで生じた電界により、電流を制御する半導体素子のこと。
†生ゴムに硫黄を加えて加熱し、弾性を高める方法。１８４４年に特許取得。

自分の発明品に乗るジョン・ボイド・ダンロップ

製造していたアンドレとエドゥアールのミシュラン兄弟が、取り外しが可能な自転車用ゴムタイヤを発案した。そして１８９５年には、２人乗りの〈レクレール〉が、空気入りゴムタイヤを付けた初の自動車としてパリを出発し、ボルドーとのあいだを往復する約１２００キロメートルのレースに参加した。ところが１５０キロメートルごとにタイヤを交換しなければならず、9位という結果に終わった。

だが、これは一時のつまずきにすぎなかった。空気入りタイヤは飛ぶように売れ、１８９８年には丸々と膨らんだタイヤが重なってできたタイヤマンことビバンダム（ミシュランマン）がミシュラン社のシンボルマークになった。その1年後、ミシュラン社のタイヤは、魚雷のようなフォルムで最高時速１００キロメートルを誇るベルギーの電気自動車〈ジャメ・コンタント〉（「けっして満足しない」の意）に採用された。そして１９１３年、ミシュラン社は取り外し可能なスチールホイールを導入し、トランクにスペアタイヤを積めるようにした。以来、車にスペアタイヤを搭載する慣習はずっと続いている。

　ジョン・ダンロップがようやく米国自動車殿堂入りを果たしたのは２００５年になってからのことだった。ダンロップ・ブランドはいまも健在で、現在は世界第3位のタイヤメーカー、グッドイヤー・タイヤ・アンド・ラバー・カンパニーの子会社となっている。トップに君臨しているのは日本のブリヂストンだが、ミシュラン社は僅差《きんさ》の2位につけている。このようにミシュラン社は、一企業が1世紀以上も業界を牽引する稀有な例となっている。

　タイヤは産業時代の象徴ともいえる製品だ。重くてかさばるうえ、環境への負荷も大きいが、なしですませるのはきわめてむずかしい。また、現代の情報時代にあっても、さらに多くのタイヤが必要とされている。毎年1億台近い新車が製造され、12億台を超える車がタイヤ交換を待っているという世界の需要に、タイヤメーカーは応じなければならないのだ。

　息子の三輪車のためにタイヤを改造したジョン・ダンロップが、自分の始めた事業の発展ぶりを目の当たりにしたら、さぞ呆気《あっけ》にとられるだろう。人工知能（ＡＩ）がわたしたちの世界をどんどん電子化して、じきに脱物質化の時代がやってくると世間はかまびすしいが、道のりはだいぶ遠そうだ。

55

自動車時代の幕開け

１９０８年の時点で、ヘンリー・フォードはすでに10年以上、自動車業界に身を置いていた。当時創業５年のフォード・モーター・カンパニーは、同業他社と同様、富裕層の要望に応じて利益をあげていた。１９０６年に発売された高級車Ｋ型の価格は２８００ドル前後で、やはり同年に発売された小型車Ｎ型は５００ドルと、小型車のほうでさえ、当時のアメリカ人の平均年収と同じくらいの価格だったのである。

そんななか、１９０８年８月12日、ついに自動車時代の幕が開いた。この日、Ｔ型フォードがデトロイトのピケット・アベニュー工場で初めて組み立てられたのだ。発売が開始されたのは10月１日のことだった。

フォードは目標を明言した。「わたしはこれから大衆のための車をつくる。家族で乗れるほどの広さがありながらも、１人で走らせたり整備したりできるコンパクトな車を。しかも最新の技術を駆使して、シンプルこのうえない設計をしたうえで……最高の材料を使って。しかし、価格は低く抑えて、十分な給料をもらっていれば手が届く車にするつもりだ」と。そして実際に、彼はこうした目標を達成した。それは、

T型フォード

彼のビジョンが明確だったからであり、有能な人材の採用に成功していたからだ。なにしろ当時の設計者には、チャイルド・ハロルド・ウィルズ、ジョセフ・A・ガラム、ユージーン・ファーカス、ヘンリー・ラヴ、C・J・スミス、ガス・デグナー、ピーター・E・マーティンといった錚々《そうそう》たる面々が名を連ねていたのである。

　搭載されていた水冷4気筒エンジンの最高出力は15キロワット（現代の小型車の最高出力はたいていその8倍ほど）で、最高時速は72キロメートル。そして、安価だった。T型フォードのなかでも、もっとも人気があったモデルは「ラナバウト」で、１９０９年に８２５ドルで発売された。その後、フォードが設計や製造工程の改善に努めたおかげで、１９２５年には価格が２６０ドルにまで下がった。当時の勤め人のおよそ2か月半分の給料に相当する額だ。いっぽう、現代のアメリカで販売されている平均的な新車の価格は３万４０００ドルで、年収中央値の10か月分ほどに相当する。イギリスでも、人気の小型車の平均価格は約１万５０００ポンド（２万ドル程度）だ。

１９１３年、デトロイトのハイランドパーク工場でベルトコンベアを利用した流れ作業方式を導入すると、大量生産によるコスト削減が可能となった。そして１９１４年には、１日に１０００台の自動車を組み立てられるようになった。さらにフォードは、生産ラインを途切れさせることがないよう、組立工に前代未聞の破格の賃金を支払う決断をくだした。１９１４年、フォードはそれまでの２倍を超える５ドルの日給を支払うことにしたうえ、労働時間を８時間に減らしたのである。

すると、めざましい成果があがった。フォード・モーター・カンパニーは１９０８年の時点で全米の自動車の15％を生産していたが、１９１４年にはその割合が48％、１９２３年には57％に増加した。そして１９２７年５月に生産を終了したとき、Ｔ型フォードの販売台数は累計１５００万台に達していた。

その後、フォード社は製造業のグローバル化の扉もひらいた。生産工程を標準化し、世界各地に組み立て工場を分散させたのである。海外での現地生産はカナダを皮切りに、イギリス、ドイツ、フランス、スペイン、ベルギー、ノルウェー、さらにメキシコ、ブラジル、日本へと広がっていった。

たしかにフォードはこの１車種に社運を懸けて資金を投入したものの、Ｔ型フォードは史上もっとも売れた車ではない。第１位の栄冠に輝くのは、ドイツ語で「国民車」を意味するフォルクスワーゲンである。アドルフ・ヒトラーは政権の座に就くとすぐ、この国民のための車の仕様を定め、カブトムシのような形の独特のデザインにこだわり、著名な自動車設計者フェルディナント・ポルシェに設計を命じた。

その後、１９３８年には生産の準備がととのったものの、ヒトラーが計画を変更したため、結局、車の組み立ては１９４５年になってからイギリス占領下の工場で開始された。フォルクスワーゲン・ビートルのドイツでの生産は１９７７年に終了したが、初代モデルはブラジルで１９９６年まで、メキシコでは２００３年まで組み立てられていた。最後の１台はメキシコのプエブラで生産され、累計生産台数でいえば２１５２万９４６４台目だった。

だが、さまざまな意味で、ビートルの成功はT型フォードの焼き直しでしかなかった。手ごろな価格の乗用車を世界で初めて大量生産した人物はだれなのか？　それがフォードであることに、いっさい疑問の余地はないだろう。

56 現代の車——ショベルカーでハエを追うようなもの

１世紀前、アメリカでいちばん売れていた自動車Ｔ型フォードは、内燃機関エンジンの重量12グラムにつき１ワットの出力を絞りだしていた。現在、いちばんよく売れている米国車のエンジンの出力は１グラムにつき１ワットだから、92％改良されたことになる。この点は、本節でお伝えする内容のなかでは数少ない朗報だ。

次は、悪い知らせだ。アメリカのデータを見ていると、この１００年で平均的なエンジンの最高出力は11倍以上も大きくなり、約１７０キロワットになった。出力そのものが11倍以上になったおかげで出力重量比（重量÷出力）こそ12分の１と大きく減りはしたのだが、現代の代表的な車のエンジンの重量は１世紀前からほとんど軽くなっていない。それどころか、平均的な車両の重量ははるかに重くなっていて、Ｔ型フォードの約３倍にあたる１８００キログラムを超えている（すべてのピックアップトラック、ＳＵＶ、ミニバンの半数近くにあたる軽負荷《ライトデューティー》車両重量の平均）。

そのうえ、アメリカの車通勤者の４分の３近くはだれも乗せずに、１人で職場と自宅を往復しているた

乗員1人に対する車両の重量比
（乗員は体重70キログラムとする）

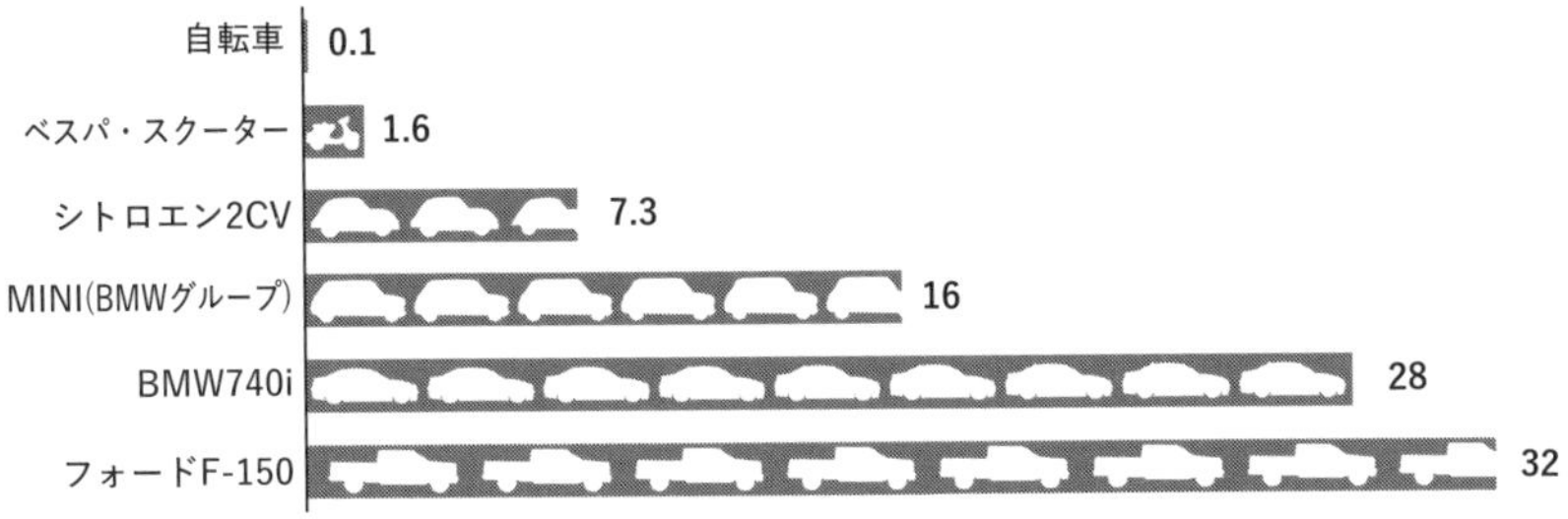

め、乗員に対する車両の重量比（車両重量÷乗員重量）は最悪になる。

この比率こそが、きわめて大きな鍵を握っているのだ。なぜなら、自動車業界ではさかんに車体の「軽量化」が叫ばれていて、アルミニウム、マグネシウム、はては炭素繊維強化プラスチックといった材料まで利用して車両重量を減らそうとしているのに、乗員に対する車両の重量比がエネルギー効率に限界を設けているのだ。

ここで、体重70キログラムの乗員1人に対する車両の重量比を、値の小さい順からいくつか挙げてみよう（ただし自転車、二輪車、乗用車は1人で乗るものとし、バスは正座席数、新幹線は座席数だけ乗客が乗るものとする）。

●0・1……車両重量7キログラムの自転車
●1・6……車両重量110キログラムのベスパ・スクーター
●5以下……最新型のバス
●7・3……車両重量510キログラムのフランスの1950年代シトロエン2CV《ドゥシュヴォ》（「2馬力」の意）
●7・7……1908年発売のT型フォードと、1964年10月に開業した日本の東海道新幹線（新幹線の効率がいいのは設

計がいいからだけではなく、乗車率も高いため）

- 12……スマート（メルセデス・ベンツ傘下）
- 16……ＭＩＮＩ（ＢＭＷグループ）
- 18……わたしの愛車ホンダ・シビックＬＸ
- 20強……トヨタ・カムリ
- 26……２０１３年における平均的なアメリカの軽負荷トラック
- 28……ＢＭＷ７４０ｉ
- 32……もっとも売れている米国車、フォードＦ－１５０
- 39……キャデラック・エスカレードＥＸＴ

もちろん、車と運転手の組み合わせしだいで、この比率はとんでもなく高くなる。女性１人が自分の体重のゆうに50倍はある大型ＳＵＶハマーＨ２を運転している光景をよく目にするが、あれでは蒸気機関で動く往年のスチームショベルカーを操縦してハエを追いかけているようなものだ。

もっと広い視野で比べたいなら、たとえば最新のボーイング７８７－10型機は小型のシトロエンより優れている。乗員、燃料および荷物の最大量を積載した最大離陸重量は２５４トン、乗員乗客が３３０人とすればその重量が23トンで、プラス貨物が25トンとしよう。この場合、乗員乗客および貨物の重量と最大離陸重量の重量比はたったの５・３だ。

自動車の車両がどんどん重くなっているのは、世界の一部の人たちが裕福になって、ドライバーが甘やかされるようになったからだ。軽負荷車両に含まれるＳＵＶなどはますます車体が大きくなり、さまざまな機能を備えるようになった。自動変速機《オートマ》、エアコン、娯楽や通信システムのほかにも、サーボモーターで作動するパワーウインドウ、ミラー、シート調整といった機能を備えるようになったのだ。重いバッテリーを積んでいる新しいハイブリッド車や電気自動車は、これ以上軽くならないだろう。フォード・フォーカスの小型電気自動車の車両重量は１・７トン、ＧＭの電気自動車ヴォルトは１・７トンを超え、テスラの電気自動車にいたっては２・１トンを上回る。

もっと車両を軽くする設計をすれば多少の効果はあるだろうが、乗員に対する車両の重量比を半分に（あるいは４分の１に）減らしたいのであれば、１台の車に２～４人を乗せるのがいちばんいい。ところがアメリカでこれを実現するのは至難の業だ。２０１９年版の『アメリカの通勤事情（*State of the American Commute*）』によれば、通勤者の４分の３近くが車に１人で乗って職場に向かっている。かたや、ヨーロッパの自家用車通勤率はずっと低く（イギリスで36％）、日本の都市部ではさらに低い（たったの14％）。とはいえ、ＥＵでも日本でも、平均的な車のサイズは大きくなるいっぽうだ。

したがって、今後も重い車両に高性能エンジンや電気モーターが搭載されることになるだろう。そうなれば、機械を利用した個人の交通手段としては、乗員に対する車両の重量比が史上最悪を記録することになる。

そうした車は、ある種の定義でいえば「利口な車《スマートカー》」なのだろうが、「賢明《ワイズ》」とはいえない。

57 電気自動車は本当にクリーンか?

初めにお断りしておく。わたしは電気自動車（ＥＶ）を推奨しているわけでも、けなしているわけでもない。社会はＥＶを受けいれるうえで、合理的な判断ができなくなっていると考えているだけだ。そもそも市場予測はとても現実的とはいえないし、あのような乗り物の生産と操縦が環境に及ぼす影響を軽視してもいるからだ。

市場予測はこれまでずっと非現実的だったし、今後もこのまま、甘い市場予測が立てられることだろう。たとえば２０１０年にドイツ銀行は、ＥＶが２０２０年には世界の自動車市場の11％のシェアを占めているだろうと予測した。ところが現実には、４％にも満たない。このように現実を直視せず、希望的観測を優先した予測は２０２０年以降についても続いている。最近では、２０３０年には全世界の自動車（累積台数）の20％がＥＶになっているという予測があるいっぽうで、いちばん低い予測は２％だ。イギリスのリサーチ機関大手ブルームバーグ・ニュー・エナジー・ファイナンス（ブルームバーグＮＥＦ）は、２０４０年には5億４８００万台のＥＶが路上を走っていると予測しているが、アメリカの石油メジャー、

全世界の電気自動車累積台数の推移の予想

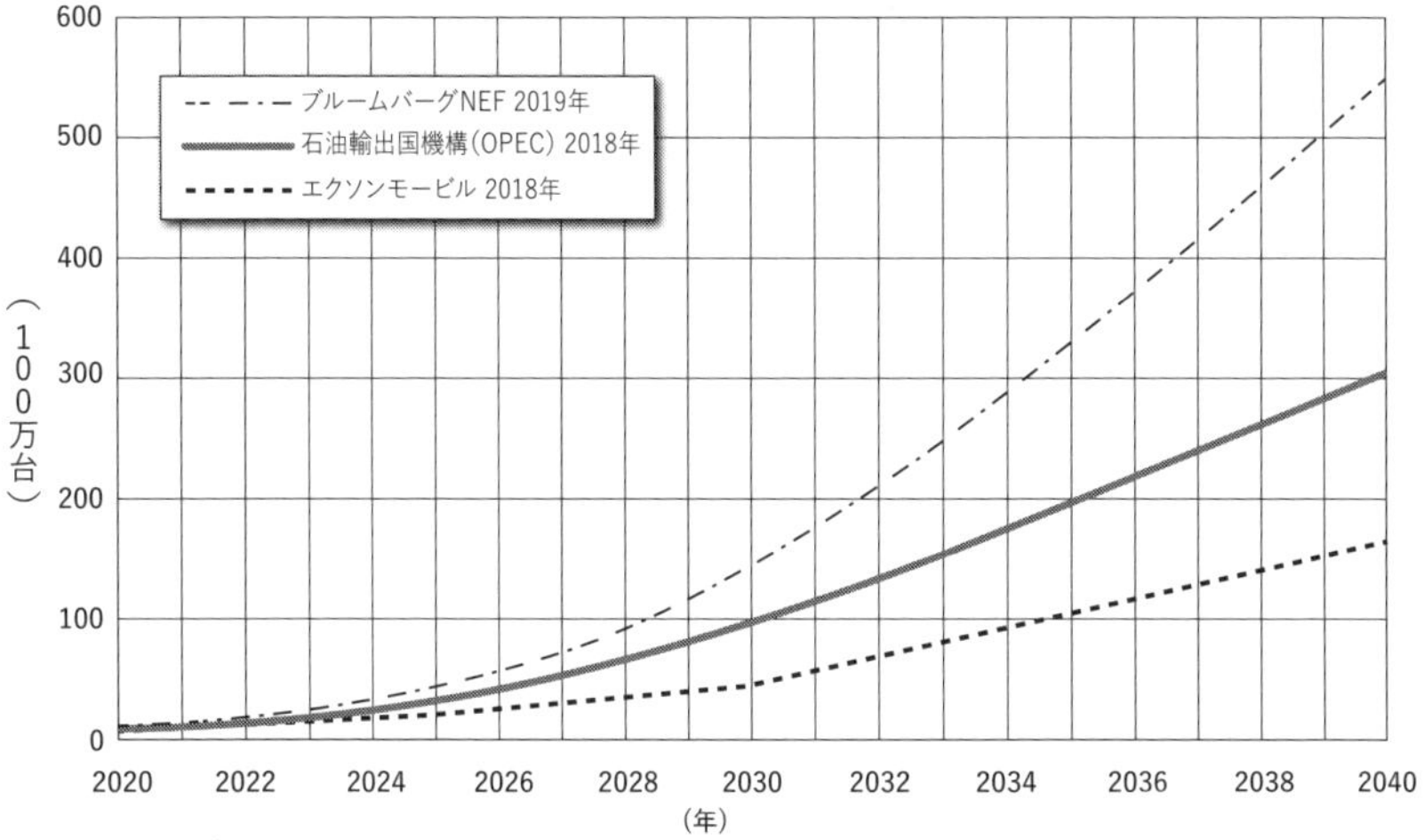

エクソンモービルの予想はわずか1億６２００万台だ。

またＥＶ推進派は、自動車の電動化への大規模な転換が環境にもたらす負荷にも目を向けてこなかった。ＥＶが二酸化炭素の排出量を減らし、それによって地球温暖化の原因を最小限にするというのなら、化石燃料の燃焼によって生じた電力でバッテリーを充電してはならないだろう。だが現実には２０２０年、全世界の電力の60％強が化石燃料によって発電される見込みだ。約12％が風力発電と太陽光発電で、その他は水力発電と原子力発電だ。

世界平均では、ＥＶの充電で使用される電力の５分の３以上がいまだに化石燃料から得られているが、国によって、あるいは国内でも地域によって、その割合は大きく変わってくる。たとえば、わたしが暮らしているカナダのマニトバ州（全電力の99％以上が大規模水力発電による）のＥＶはクリーンな水力発電によって走っているといえる。カナダのケベック州（約97％が水力発電）とノルウェー（約95％が水力発電）のＥＶもほぼクリーンだ。フランスのＥＶは、大半が原子力発電でまかなわれている（国の電力の約

75％が原子力発電）。しかし、インドの大半（とりわけウッタルプラデシュ州）、中国（とくに陝西省《せんせい》）、ポーランドのＥＶは、圧倒的に石炭火力発電に頼っている。こうした背景からもわかるように、電気自動車の普及を推進するのであれば、さらなる化石燃料の燃焼による発電量の増加だけは避けなければならない。

それに、すべてのＥＶが再生可能エネルギーを利用した電力で走るとしても、水力発電用のダム、風力タービン、太陽光パネルに必要なセメントやスチールの製造工程で、また当然のことながらＥＶ自体の製造工程でも、温室効果ガスは排出される。

ＥＶの生産は、ほかの形でも環境に悪影響を及ぼす。アメリカの経営コンサルティング、アーサー・Ｄ・リトル社の推定によれば、自動車の寿命を20年とした場合、ＥＶの製造により従来型自動車の3倍の有害物質が排出されるという。ＥＶのほうが大量の重金属を使用するというのがおもな理由だ。同様に、国際産業生態学会の機関誌『ジャーナル・オブ・インダストリアル・エコロジー（*Journal of Industrial Ecology*）』に掲載された、自動車の製造から解体までのライフサイクルの詳細な比較分析によれば、ＥＶの生産には、人体と淡水生態系の双方にとってかなり毒性の強い有害物質の排出がともなうという。

こうした実態を説明してきたのは、本節冒頭で述べたとおり、なにもＥＶの普及に反対しているからではない。新たなテクノロジーの導入について急進的な物言いをする人たちがいたら、その主張を鵜呑みにするのではなく、話の内容をしっかりと評価し、理解しなければならないことを指摘したいだけだ。無公害の理想の乗り物をいくら想像したところで、それがどこからともなく出現するわけではないのだから。

58
ジェット時代の幕開け

ジェット時代が幕を開けた日を特定するのはむずかしい。というのも、数多くの「世界初」の記録が残っているからだ。世界初のジェット推進実験機の飛行試験がおこなわれたのは１９３９年８月。ドイツのハインケルＨｅ１７８という軍用機がこの偉業を達成した†。

いっぽう、世界初の民間ジェット旅客機、イギリスのデ・ハヴィランドＤＨ１０６コメットが初飛行に成功したのは１９４９年７月。英国海外航空（現ブリティッシュ・エアウェイズ）がこのジェット旅客機を初めて定期航空路線に就航させたのは１９５２年だ。ところが、４度の惨憺《さんたん》たる事故により、コメットは運航停止となった。１９５２年10月にローマ近郊で、53年５月にカルカッタ（現コルカタ）で、54年１月にはふたたびローマ近郊で、同年４月にナポリ近郊で事故を起こしたのだ。そして１９５８年10月４日、改良されたコメットの新型機が大西洋を無着陸で横断する世界初の定期航空路線に就航した。かたやソ連

† さいわいにも実用化に漕ぎつけるのに手間取ったため、この軍用機が第二次世界大戦の結果を左右することはなかった。

のターボジェット双発旅客機ツポレフTu－104は1956年9月、国内での運航を開始した。

　こうした歴史があるにもかかわらず、ジェット時代が幕を開けたのは1958年10月26日だとする説が強い。この日、パンアメリカン航空のボーイング707がニューヨークのアイドルワイルド空港（現JFK国際空港）からパリへ飛び立ったからだ。毎日、運航が予定されていた定期航空路線の初の就航だった。ジェット時代が幕を開けた日として、この日を選ぶ理由はいくつかある。改良版コメットは機体が小さすぎて利益が出なかったため、設計をシリーズ化できず、後継モデルが誕生することはなかった。また、Tu－104が運航されるようになったのは東側諸国のみだった。いっぽう、ボーイング707は航空機産業でもっとも成功したシリーズの元祖となり、その後もたゆまぬ進化を続け、さらに10モデルを加えて多様なラインナップを世に送りだしてきたのである。

　1963年には、エンジンを3基搭載した3発機のボーイング727が初の後継機として登場した。その後、1969年に初飛行した4発機のボーイング747は、現代の航空機のなかでもっとも革新的な設計といえるかもしれない。そして、2011年に就航した最新の787〈ドリームライナー〉のシリーズは、機体の大半に炭素繊維複合材が使われていて、いまでは17時間を超える飛行が可能になっている。

　さて、ジェット時代の幕開けを告げたボーイング707は、もともとは軍用機を母体として開発された。空中給油機の試作機としてスタートし、さらなる開発を経てKC－135Aストラトタンカーが誕生し、その後、4発旅客機へと進化したのである。この旅客機にはプラット&ホイットニー社の小口径ターボジェットエンジンが4基搭載されていて、エンジン1基が約50キロニュートンの推力をもっていた。これに対して、こんにちのボーイング787に搭載されている2基のゼネラル・エレクトリックGEnx－1B

ボーイング707の就航を見送る人たち

高バイパス比ターボファンエンジンの場合、１基の離陸推力は３００キロニュートンをゆうに超える。

１９５８年10月26日のボーイング７０７〈クリッパー・アメリカ〉の就航時には、離陸前に記念式典がおこなわれ、当時のパンアメリカン航空社長ファン・トリップのスピーチに続き、アメリカ陸軍軍楽隊による演奏も披露された。１１１人の乗客と12人の乗員は、カナダのニューファンドランド州ガンダー国際空港への予定外の寄港はあったものの、ニューヨークを発《た》ってから8時間と41分後にパリのル・ブルジェ空港に着陸した。そして同年12月にはニューヨーク－マイアミ線でも飛ぶようになり、翌１９５９年１月にはニューヨークとロサンゼルスを結ぶ初の北米大陸横断路線に就航した。

世界初のワイドボディ機は、１９７０年に登場したボーイング７４７だった。その後はマクダネル・ダグラスDC－10、ロッキードL－１０１１とワイドボディ機が相次いで登場したが、それ以前の時代、長距離ジェット旅客機の代名詞はやはりボーイング７０７だった。そのうちの１機が、１９６９年にわたしと妻をヨーロッパからアメリカ合衆国へと運んできたのである。

ボーイング７０７から始まったシリーズは着実に進化を重ね、他の追随を許さない性能を誇るようになった。標準的な2クラス制（ビジネスとエコノミー）の場合、７８７の初代モデルの〈ドリームライナー〉は、最大離陸重量がボーイング７０７－１２０の2倍近くあり、最大航続距離もほぼ2倍、おまけに座席数は１００以上多かった。それなのに、〈ドリームライナー〉のほうが乗客１人を１キロメートル輸送する燃料は70％も少ない。また同機は機体に炭素繊維複合材を使用していて、アルミニウムが含まれている機体よりも気圧差に強い。そのため機内がより低高度の気圧状態（地上により近い高圧）を保てるようになり、乗客は以前より快適にすごせるようになった。

結局、ボーイング社はボーイング７０７を１０００機と少し、生産した。そしてついに１９８３年、パンアメリカン航空が就航25周年記念フライトをもって同機を引退させたときには、就航時の乗員の大半を招待し、パリへと飛んだ。とはいえ、７０７の運航がそれで終わったわけではない。アメリカ以外の国の数々の航空会社は１９９０年代まで７０７のさまざまなモデルを運航していたし、イランのサーハー航空にいたっては２０１３年にもまだ７０７を運航していた。

こんにちボーイング７０７は、退役した飛行機を保管または解体する、いわゆる「飛行機の墓場」でしか見ることができないが、航空機史上、確固たる地位を築いた名機だ。民間ジェット旅客機の発展において、実り多く価値ある第一歩を踏みだしたのは、まちがいなくボーイング７０７である。

59

ジェット燃料の王者、ケロシン

炭素を排出しない世界を実現するうえで大きな障壁の1つが、灯油に近い油ケロシンを含まないジェット燃料の開発だ。世界の炭素排出量のうち、航空機から排出されている量は2％程度にすぎないが、運輸部門の排出量全体の約12％にあたる。ところが、航空機のエンジンを電動化するのは、自動車や列車の場合よりはるかにむずかしい。

現在、利用されているジェット燃料にはさまざまな利点がある。もっとも一般的な規格はＪｅｔ Ａ－1というケロシン系のジェット燃料で、エネルギー密度がきわめて高く、1キログラム当たり42・8メガジュールのエネルギーが詰まっている（ガソリンよりわずかに少ないが、マイナス47℃まで凍らない）。コストの点でも、高空での燃料蒸発によるロスの点でも、引火点がガソリンよりずっと高いので火災が起こりにくいという点でも、ガソリンをしのいでいる。だからケロシンに対抗できるジェット燃料はいまのところ存在しないのだ。数百人もの乗員や乗客を乗せて大陸間飛行ができるほど大容量のバッテリーはまだＳＦの域を出ないし、液体水素を燃料とするワイドボディ機は当面、実現しそうにない。

今後、必要となるのは植物か生物由来廃棄物をもとに製造された燃料で、ケロシンと同等の利点をもつものだ。このようなバイオジェット燃料であれば燃焼しても、植物が成長する際に吸収する程度の二酸化炭素しか排出しない。この原理はすでに実証されている。２００７年以降、ＪｅｔＡ－１にバイオジェット燃料を混合させたものを利用した飛行試験がおこなわれ、最新の航空機向けの当面の代替燃料として適していることが証明されているのだ。

事実、これまで15万便を超えるフライトで混合バイオジェット燃料が利用されてきたものの、バイオ燃料を常時そなえている主要空港は世界で5つ[†]しかなく、ほかの空港は特別な場合にのみ供給するだけだ。アメリカ最大の航空会社、ユナイテッド航空によるバイオジェット燃料の利用状況を見れば、代替燃料への移行の道のりがきわめて険しいことがよくわかる。同社は年間の消費燃料の2％にあたる量しか、バイオジェット燃料の供給業者と契約していないのだ。たしかに、現代の航空会社が省エネの努力を続けているのは事実だ。乗客を1キロメートル運ぶのに要する燃料の量を比較すると、１９６０年より50％も減っているのだから。ところが、それだけ省エネしても、定期航空路線が広がるいっぽうであるため、いま、ジェット燃料の世界の年間消費量は4億２０００万リットルを超えている。

これだけの需要をバイオジェット燃料に頼るには、バイオ廃棄物の利用だけにとどまらず、植物油の採取を目的として栽培される油糧作物も利用するしかない。だが、一年生か二年生（トウモロコシ、大豆、アブラナ）や多年生（ヤシ）の油糧作物を栽培するには広大な土地が必要となるし、環境問題を引き起こすかもしれない。また、温帯での油糧作物の収穫量は比較的少ない。たとえば大豆の場合、１ヘクタール当たり０・４トンしかバイオジェット燃料を生産できないため、アメリカが自国のジェット燃料の需要を満たすだけでも、１億２５００万ヘクタールの大豆畑が必要となる。これはテキサス、カリフォルニア、ペンシルベニアの３州を合計した面積より広く、南アフリカ全体の面積よりやや広い土地にあたる。そしてまた、アメリカが２０１９年に大豆栽培に使用した３１００万ヘクタールの耕作地の４倍にあたる面積でもある。油糧作物のなかでもっとも効率がいいのは、果実からパーム油を得るアブラヤシで、１ヘクタール当たり平均４トンのバイオジェット燃料をつくりだせるものの、全世界の航空燃料を供給するには６０００万ヘクタール以上の熱帯林が必要となる。そのためにはアブラヤシ栽培用の土地を４倍に増やさなければならず、その結果、森林伐採や泥炭地開発が進み、植物や土壌に蓄積されていた二酸化炭素の放出量も増えてしまう。

それなら油分を多く含む藻類を培養してバイオ燃料をつくれば、それほど広大な土地は必要ないように思える。藻類の集約的な大規模培養には比較的狭いスペースがあればいいし、生産性もきわめて高いからだ。ところが、現実はそう甘くはない。エクソンモービルの試みを見れば、バイオジェット燃料生産を毎年数万トンの規模で拡大していくのがどれほど困難かがよくわかる。エクソンは、ヒトゲノム解読に大きく貢献したことで知られるクレイグ・ヴェンターが設立したシンセティック・ジェノミクス社と共同で、２００９年に藻類由来のバイオ燃料開発に着手したものの、２０１３年、１億ドル以上もの資金を投じたすえに、この挑戦が困難をきわめたことを認め、長期の基礎研究に焦点をあわせて再出発すると発表した。

†ノルウェーのオスロとスタヴァンゲル、スウェーデンのストックホルム、オーストラリアのブリスベン、アメリカのロサンゼルスの５つ。

定期航空路線の乗客数とジェット燃料の消費量
（過去のデータと予想）

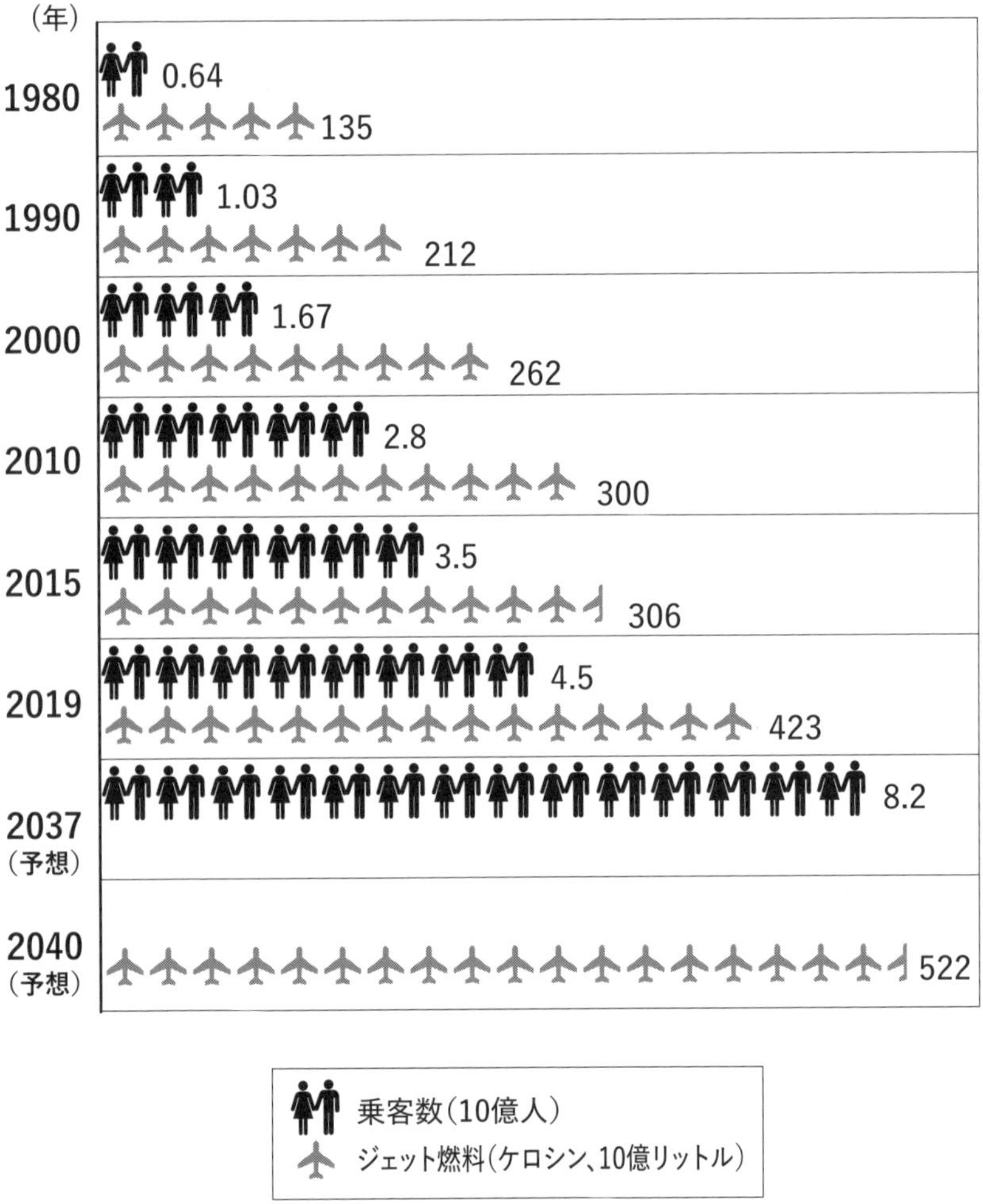

というわけで、代替エネルギーへの移行についても、わたしたちが航空機に乗る回数を減らして、消費するエネルギーの量を減らせば、もっとスムーズに進むのだろう。だが、とりわけアジアでは、今後も航空輸送量のかなりの増加が見込まれる。だからわたしたちは、あの灯油のような独特の臭いのジェット燃料に慣れるしかないのだ。ケロシンはこれからも長いあいだ利用されていくだろうし、おまけに（次節で紹介するように）とびぬけて安全性の高い乗り物を飛ばしつづけるのだから。

60 航空機は車より安全なのか？

２０１４年は航空業界にとって惨憺たる年だった。そう思っている方もおいでだろう。大きく報道された事故が４件も起こったからだ。まず3月に、マレーシア航空３７０便が消息を絶ち、その真相はいまだ謎に包まれている。７月には、マレーシア航空17便がウクライナ上空で撃墜され、同月、こんどはアルジェリア航空５０１７便がマリで墜落した。そして最後に12月、エア・アジアＱＺ８５０１便がジャワ海に墜落した。この４件の事故であわせて８１５人が命を落とした。

しかし、航空情報を提供するイギリスのフライト・グローバル傘下で、航空機事故のデータを収集しているアセンド社によれば、じつのところ、２０１４年は航空機の事故発生率が史上もっとも低い年だった。そのうえ、死亡事故はフライト２３８万回につき1件だ。ただし、アセンド社はマレーシア航空17便は「事故」の計算に入れていない。撃墜は戦争行為であるため、事故にはあたらないと判断したからだ。カナダに本部を置く国際民間航空機関の集計のように、この1件を航空機事故としてカウントした場合、事故発生率は３・０になるが、それでも２００９〜11年の事故発生率よりはだいぶ低い。

さらに、その後はいっそう安全な年が続いた。２０１５年の死者数は４７４人に減り、２０１６年は１８２人、２０１７年には50人にまで減少した。２０１８年は増加に転じ、死亡事故11件、死者数５１４人となった（それでも死者数は２０１４年より少ない）。この死亡事故のなかには、10月にジャカルタ沖でライオン・エアのボーイング７３７ＭＡＸが墜落した事故も含まれる。そして２０１９年には、ボーイング７３７ＭＡＸがこんどはエチオピアで墜落したものの、年間の死者数は２０１８年の半分だった。

事故発生率に関しては、乗客１人がフライト１時間当たりに負うリスクに換算するほうがわかりやすいだろう。必要なデータは、国際民間航空機関が毎年公表している事故調査報告書から得られる。この報告書は大型ジェット旅客機だけではなく、もっと小さいコミューター機のデータまで網羅している。

この報告書によれば、民間航空機の事故がもっとも少なかったのは２０１７年で、国内および国際のフライトで41億人を運び、旅客輸送量７兆６９００億人キロ（運んだ旅客数×それぞれが飛行した距離の総和）のうち、死者数は50人だった。フライトの平均時間は約２・２時間だから、41億人に２・２を掛けると約90億人時。したがって、フライト１時間当たりの死亡率は５・６×10^{-9}だ。では、実際のところ、このリスクはどれくらい低いのだろう？

明確な物差しとなるのは、一般的な死亡率（人口１０００人当たりの年間死者数の割合）だ。先進国における死亡率は7～11なので、平均値の9をとろう。１年間は８７６０時間だから、この平均値を８７６０で割ると、１時間当たりの平均死亡率は０・０００００１（１×10^{-6}）となる。つまり、フライト中に命を落とす確率は、陸上でふつうに暮らしているときより１０００分の５高くなるだけなのだ。喫煙による死亡リスクはフライト中の死亡リスクより１００倍高い。車の運転も似たようなもの。要するに、

航空機はどのくらい安全なのか?

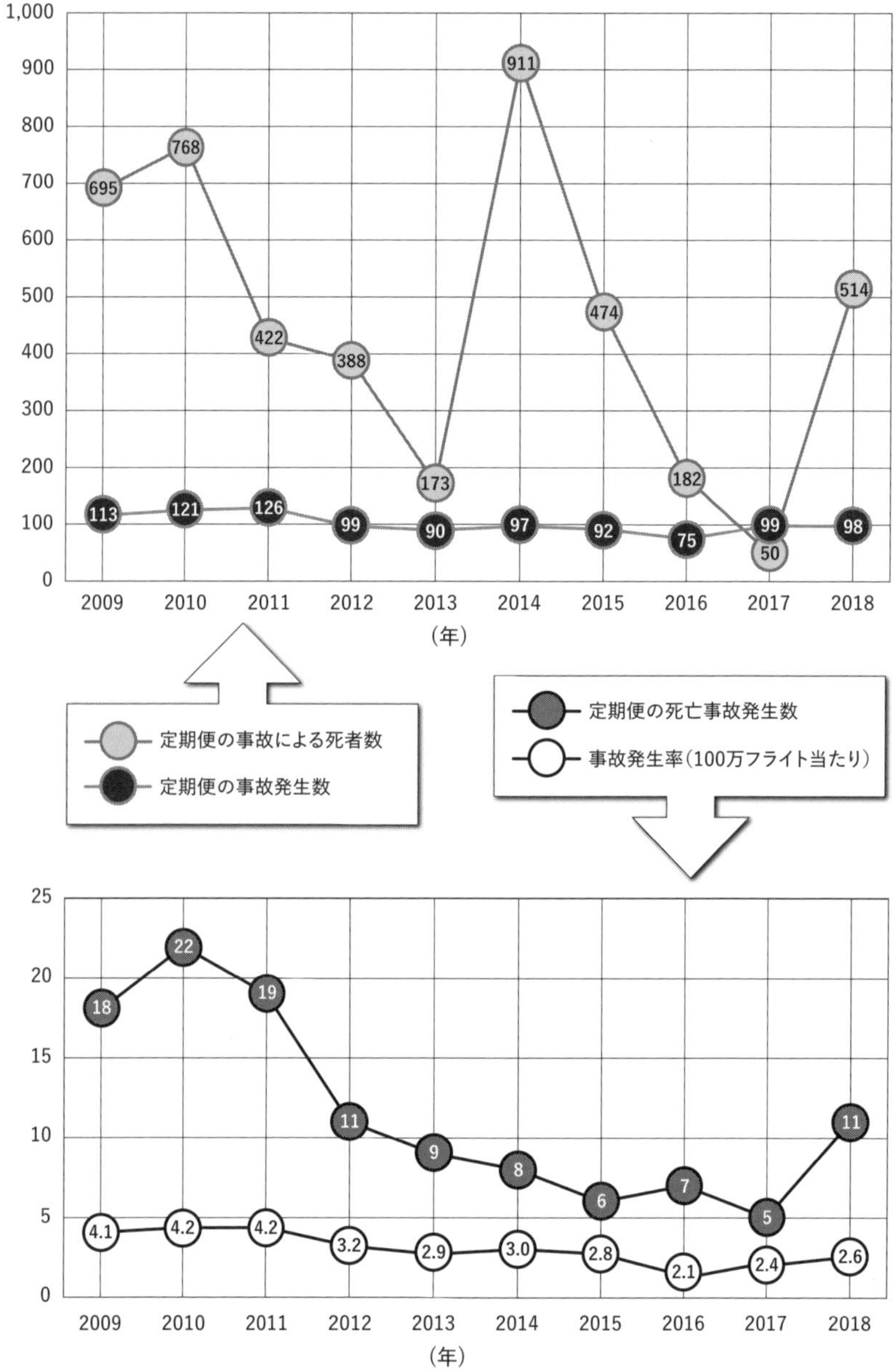

航空機はじつに安全な移動手段なのだ。

当然のことながら、高齢者の死亡率はもっと高い。わたしと同年代（75歳以上）の高齢者の場合、年間で１０００人当たり35人が死亡している。１時間当たり4×10^{-6}の死亡率、つまり１００万人のうち１時間おきに４人が亡くなる。わたしの場合、２０１７年には10万キロメートル以上の距離を空路で移動し、アメリカの４大航空会社が所有する大型ジェット旅客機に乗って１００時間以上を上空ですごした。ちなみに、この４大航空会社の旅客機が最後に死亡事故を起こしたのは、それぞれ１９８３年、１９９３年、１９９７年、そして２０００年だ。上空ですごした１時間でわたしが命を落とす確率は、地上にいるときと比べて１％も高くなかった。

もちろんわたしだって、機内でひどく緊張して、こぶしを強く握りしめたことはあった。最近では２０１４年10月、乗っていたエア・カナダのボーイング７６７が、日本列島を縦断していた大型台風による乱気流に突入したときだ。

ただし、乗り物のなかよりも、リスクの高い場所がある。ひっそりとした病棟にだけはできるだけ足を踏みいれないほうがいい。かつて大げさに報じられた医療過誤のリスクは近年の評価ではだいぶ低くなってはいるが、入院すればさまざまな細菌やウイルスにさらされて、とりわけ高齢者は院内感染のリスクが高くなる。

だから、みなさん、これからも安心して空を飛びつづけよう。そして、病院にはご注意を！

61 エネルギー効率がもっともよい乗り物

——航空機か、電車か、自動車か?

なにも、自動車や航空機に含むところがあるわけではない。その証拠に、わたし自身はこの数十年、信頼のおけるホンダ・シビックのシリーズにずっと乗ってきたし、近場の移動ではとりわけ頼りにしてきた。また、年に10万キロメートルは航空機で大陸間を移動してきた。移動距離にはずいぶん差があるものの、イタリア料理の食材店への買いだしには自動車を、カナダのウィニペグから東京への移動には航空機を利用するのがいちばんいい。

さて、ここで問題となるのが、１人輸送距離当たりのエネルギー消費量だ。たとえば、シビックにわたし１人しか乗っていない場合、都会を１キロメートル移動するたびに、２メガジュールのエネルギーが必要となる。もう１人乗れば、この数値は１人１キロメートル当たり１メガジュールに下がって、座席が半分埋まったバスと同じくらいになる。意外にも、ジェット旅客機は効率がよく、一般的に１人１キロメートル当たり２メガジュール程度だ。最大積載量を積んだ最新設計の航空機なら、この値は１・５メガジュールになる。そして当然のことながら、公共交通機関の電車のほうがはるかに効率がいい。乗車率の高い、

1人1キロメートル当たりのエネルギー消費量

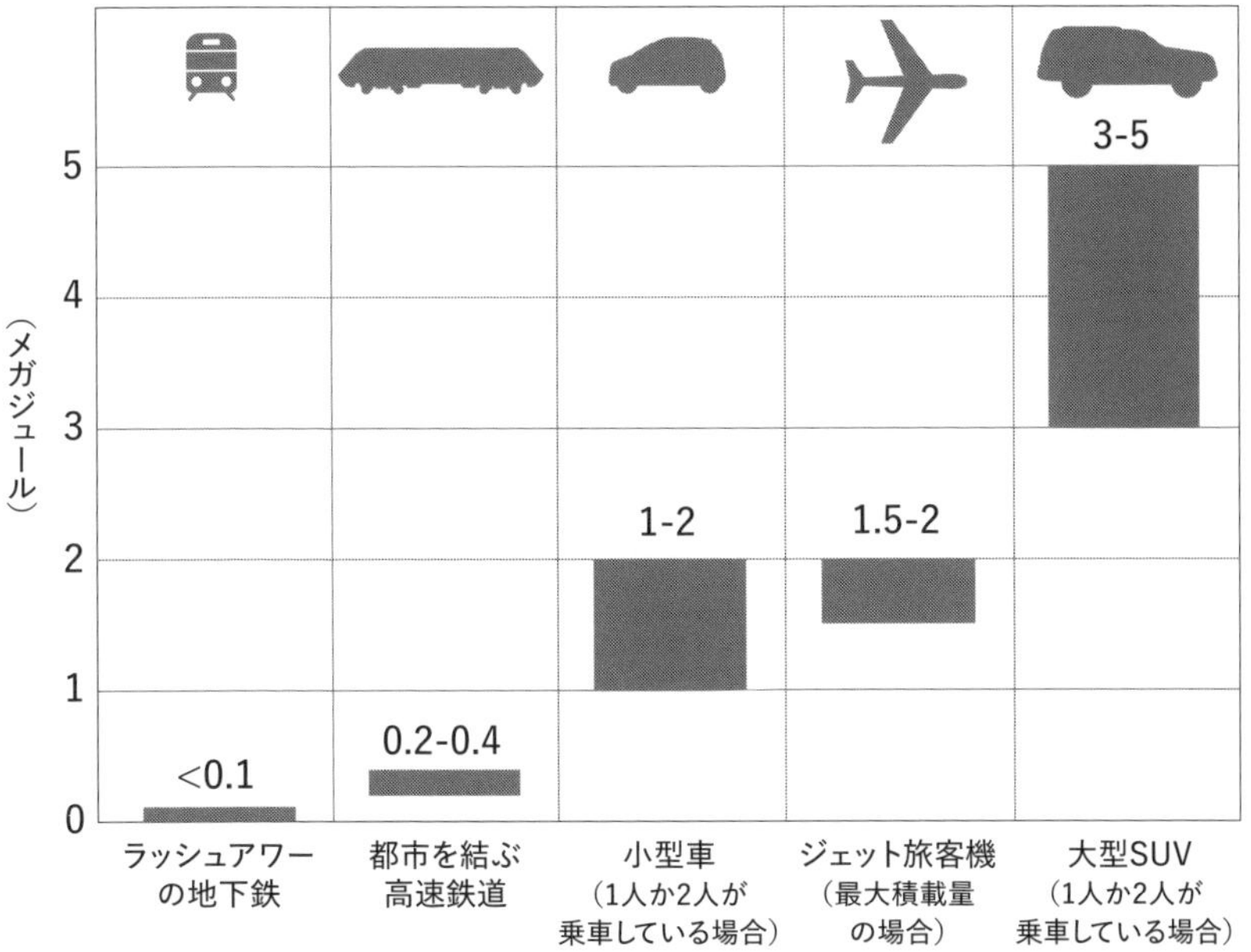

もっとも効率がいい地下鉄の場合、数値は０・１メガジュール未満にまで下がる。もっとも、路線が密集している東京でさえ、最寄りの駅が１キロメートル以上離れていれば、そこまで歩くのに時間がかかるので効率は下がる。

よって、これまで挙げてきた移動手段はどれも、１人輸送距離当たりのエネルギー消費量に関しては主要都市を結ぶ高速鉄道にはかなわない。高速鉄道の場合、たいてい移動距離は１５０〜６００キロメートルだ。その草分けとなった日本の弾丸列車、すなわち初代の新幹線の場合、エネルギー消費量は１人１キロメートル当たり約０・35メガジュールだった。それよりあとに登場した高速鉄道、フランスのＴＧＶやドイツのＩＣＥの数値は0・2メガジュール程度に下がった。航空機と比べれば、１桁低い数値だ。

高速鉄道はその名のとおり高速だという点も、

負けずおとらず重要だ。リヨンからマルセイユまで、ＴＧＶなら２８０キロメートルを１００分で走る。それも都市の中心部と中心部をつないでいるのだ。これに対して、民間の定期航空路の場合、同じくらいの距離（ニューヨークのラガーディア空港からボストンのローガン空港までの３００キロメートル）を70分で飛ぶ。とはいえ、チェックインに45分はかかるし、マンハッタンからラガーディア空港まで車で45分、そしてローガン空港からボストン中心部まで車で15分はかかる。このようにフライトの前後に時間がかかるため、合計で１７５分が必要となる計算だ。

　よって、利便性、時間、エネルギー消費の効率、炭素排出量の減少といった点を考慮したうえで合理的に考えれば、３００キロメートル程度を移動する際には高速鉄道がベストの選択となる。ヨーロッパはもともと鉄道が発展した地域であり、すでにその選択をしている。いっぽう、アメリカとカナダは人口密度があまり高くなく、高速鉄道網を張り巡らすのがむずかしいとはいえ、高速鉄道で結ぶのに適した都市の組み合わせはたくさんある。それなのに、アメリカとカナダでは高速鉄道がまだ１つも開通していない。現在、ボストン－ワシントンＤＣ間でアムトラック社がアセラ・エクスプレスを運行しているが、この列車には高速鉄道を名乗る資格はない。なにしろ平均時速がわずか１１０キロメートルという、のろのろぶりなのだから。こうした現状を見るかぎり、アメリカは（そして、カナダとオーストラリアも）高速鉄道輸送に関しては完全に出遅れている。

　かつてはアメリカが世界最高の鉄道を走らせていた時代もあった。ゼネラル・エレクトリック社がＧＥ初のディーゼル機関車を製造してから11年後の１９３４年、シカゴ・バーリントン・アンド・クインシー鉄道が、車体が流線型でステンレス製の高速列車、パイオニア・ゼファーの運行を開始した。６００馬力

（４４７キロワット）、８気筒の２ストロークディーゼル発電機式機関車である。これほどの馬力があったおかげで、ゼファーのスピードは現代のアセラ・エクスプレスより速く、デンバーからシカゴまで１６００キロメートルを超える距離を平均時速１２４キロメートルで走ったのだ。

しかし、それから長い歳月が流れた。現在のアメリカが中国に追いつく見込みは、現実的に考えてもうないだろう。中国では高速鉄道の総延長が２万９０００キロメートルとなり、世界最長を記録しているうえ、人口の多い東部のすべての主要都市を結んでいるのだから。

第7章

機　械

MACHINES, DESIGNS, DEVICES

現代世界の基礎をつくった発明品とは

62

奇跡の1880年代

——ボールペンから内燃機関まで

インターネットの世界をやたらに崇拝する人たちは、20世紀末から２０２０年にかけては前例がないほど大発明が相次いだと、さかんに息巻く。でも、わたしに言わせれば、それはまったくの見当ちがいというものだ。なぜなら最新の科学技術の進展はどれも、それより少し前の２つの大発見から派生したにすぎないのだから。その２つの大発見とは、マイクロプロセッサ【本章第68節参照】と電波の利用だ。マイクロプロセッサに関していえば、以前よりはるかに強力で特殊化したマイクロチップが、産業用ロボットやジェット旅客機の自動操縦《オートパイロット》システムから電子レンジやデジタルカメラにいたるまで、ありとあらゆるものを動かしている。いっぽうの電波は電磁波の１つで、携帯電話の分野でもっとも人気のあるグローバルブランドも、ずっと極超短波を利用している。

じつのところ、人類史でもっとも創意工夫に富んだ時代は１８８０年代だったのではないかと、わたしは考えている。そもそも電気と、動力を生みだす内燃機関の発明ほど、現代世界の基盤をつくった画期的かつ根本的な発明はないはずだ。

マイクロチップがなくても、電気さえあれば、高度な技術を利用した豊かな世界はつくれる（１９６０年代がそうだった）。それにマイクロチップが統治するインターネット世界も、電力の供給がなければたちゆかない。そして、その電力供給の基本システムは、いまなお大きく火力発電と水力発電に頼っている。どちらも１８８２年に電力市場に登場し、いまでも世界の電力の80％以上を供給しているのだ。おまけにわたしたちはいま、１日のうち最低99・９９９９％の時間は電力が使える状態でないと困ると思っている。そうでないと、あらゆる電子機器が使えなくなってしまうからだ。

さて、内燃機関が発明されたあと、カール・ベンツ、ヴィルヘルム・マイバッハ、ゴットリープ・ダイムラーらのドイツの技術者が１８８０年代にガソリンエンジンの開発に成功すると、これに触発され、そのたった10年後に、やはりドイツの技術者ルドルフ・ディーゼルがもっと効率のいいディーゼルエンジンを開発した【本章第65節参照】。さらに19世紀末には、あらゆる内燃機関のなかで、もっとも効率のいいもの（それこそが、ガスタービンだ）に対する理論が確立された。

また、電磁波の研究が進んだのも１８８０年代で、ドイツの物理学者ハインリヒ・ヘルツの実験によって、電場と磁場の相互作用する振動が波として伝わる電磁波の存在が証明された。電磁波の波長は、きわめて短い宇宙線から、X線、紫外線、可視光線、赤外線、さらにマイクロ波（電波のうち、もっとも短い領域）、電波へと長くなる。電磁波の存在については、その数十年も前にジェームズ・クラーク・マクスウェルが予言していたものの、現代のワイヤレス世界へと続く扉をひらいたのはヘルツだった。

１８８０年代のイノベーションは、いまでもわたしたちの日常生活のそこここで欠かせない役割を果たしている。10年以上前、わたしは著書『20世紀をつくりだす（*Creating the Twentieth Century*）』のなかで、

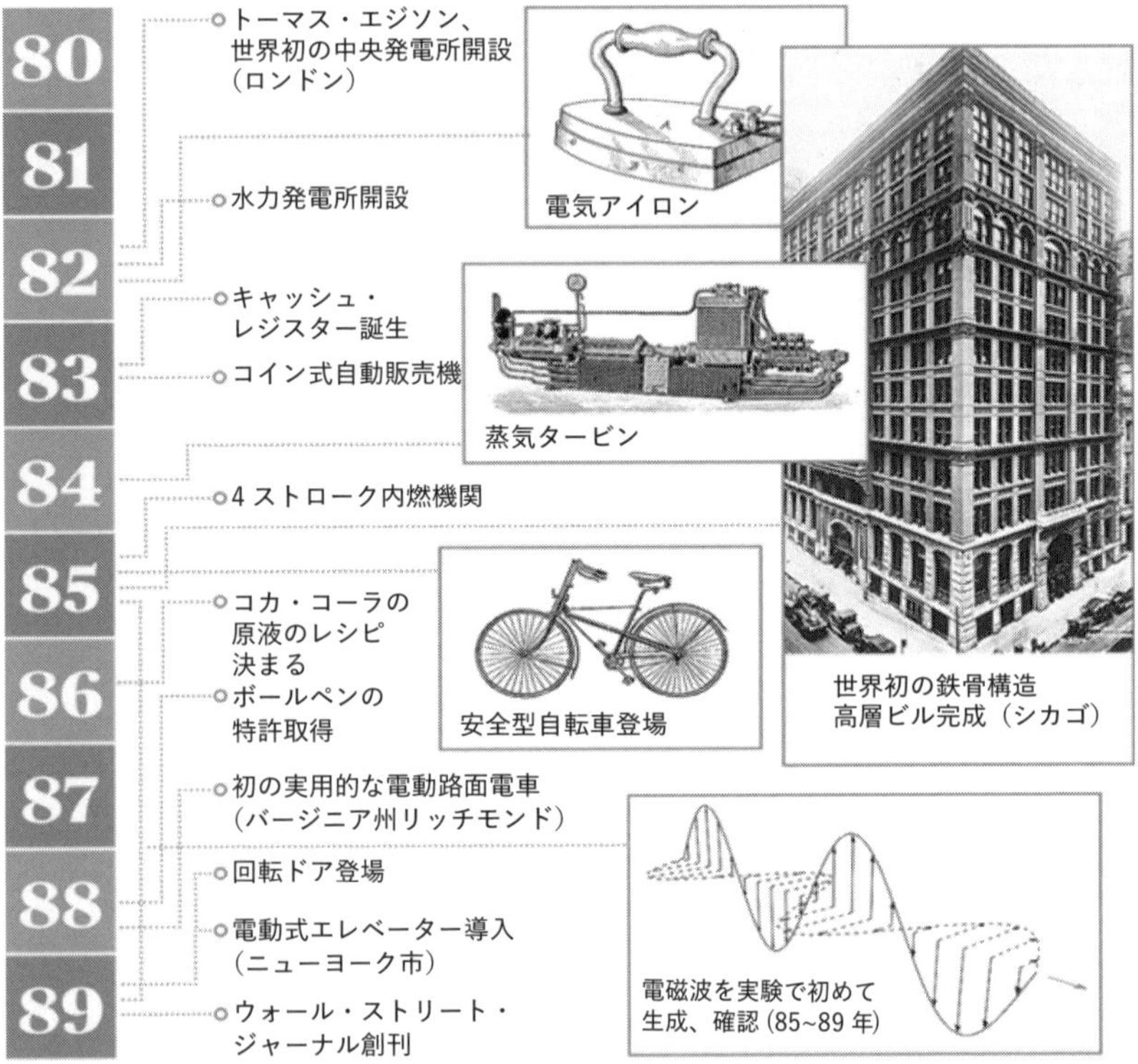

奇跡の1880年代

この奇跡の10年間に生まれた日用品を紹介する形で、アメリカ人の日常生活を追ってみた。

たとえば現代のある朝、1人の女性がアメリカの都市で目を覚まし、〈マクスウェルハウス〉（1886年創業）のコーヒーを淹《い》れる。そして、本当は大好きな〈アント・ジェマイマ〉のパンケーキ（1889年発売）を焼きたいところだけれど、やっぱり箱入りの〈クエーカーオーツ〉のオートミール（1884年発売）を食べることにする。朝食後は、ブラウスのしわを電気アイロン（1882年特許取得）で伸ばして、制汗剤（1888年発売）も使う。ところが、ランチを入れる茶色の紙袋（丈夫なクラフト紙の製造法が商業化されたのも１８８０年代）を切らしていて、困ってしまう。

彼女は通勤にライトレール（１８８０年代にアメリカの都市部で運行が始まった次世代型路面電車）を利用している。ライトレールを降りると、自転車（同じ大きさの車輪が2つあって、ローラーチェーンで動く現代の自転車の元祖も１８８０年代に誕生【第6章第53節参照】）とあやうくぶつかりそうになりながらも、無事に回転ドア（１８８８年、フィラデルフィアのビルで導入）を抜けて、鉄骨構造の高層ビル（１８８５年にシカゴで世界初のビルが落成）に入る。１階の売店に寄って、ウォール・ストリート・ジャーナル紙（１８８９年創刊）を手にとり、男性の店員がキャッシュ・レジスター（１８８３年に特許取得）を打つ。新聞を買うと、彼女はエレベーター（初の電動式は１８８９年にニューヨーク市のビルに設置された）に乗って10階に上がり、自動販売機（現代版の原型は１８８３年に登場）の前で足をとめ、〈コカ・コーラ〉（１８８６年に原液のレシピが決まった）を１本買う。デスクに着くと、一日の仕事を始める前に、ボールペン（１８８８年に特許取得）でメモを書く。

このように、１８８０年代はまさしく奇跡といえるイノベーションの時代だった。制汗剤、安価で使える電灯、安心して乗れるエレベーター、そして電磁気学の理論といった、まったく共通点のないイノベーションや発見がやつぎばやに生みだされたのだ。それなのに現代人は、次々と流れてくるツイートやフェイスブックのむだ話にすっかり目を奪われて、物事をまるで俯瞰《ふかん》できていない。１８８０年代の革新的な発見の数々がなければ、現代のありふれた日常生活さえ送れないということに、まったく思いいたっていないのだ。

63 電気モーターは現代文明の原動力

電気機器は１８８０年代、飛躍的な進歩を遂げた。この時代に世界初の発電所、耐久性のある白熱電球、安全に電気を使用できるように電圧を変える変圧器といったものが次々と誕生するなか、電力を動力に変換する電気モーターは後れをとっていた。

初歩的な直流（ＤＣ）モーターは、時代をさかのぼって１８３０年代にはすでに登場していた。バーモント州の鍛冶《かじ》屋、トーマス・ダヴェンポートがアメリカ初の電気モーターの特許を取得して、印刷機を動かしたのだ。その後、こんどはロシアのサンクトペテルブルクで、技術者のモーリッツ・フォン・ヤコビが電気モーターを利用してネバ川で小型外輪船を走らせたものの、蒸気力のパワーにはかなわなかった。それから四半世紀以上がすぎてようやく、アメリカの発明家トーマス・エジソンが、モーター駆動でペン先から針が出入りする電気ペンと謄写版《とうしゃばん》を組みあわせた装置の商品化に成功したが、これもやはり直流モーターを使用していた。そして１８８２年以降、商業用発電が各地でおこなわれるようになると、電気モーターも普及し、１８８７年にはアメリカの製造会社だけで年に１万台ほどを販売するまでに売り上げも伸びた。なかには世界初の電動式エレベーターに搭載されたものもあったが、当時はどのモーターも直流だった。

交流（ＡＣ）モーターの開発は、エジソンの会社の元従業員でセルビア系の電気技師ニコラ・テスラが起業するまで待たなければならなかった。テスラが目標としていたのは、低コストで、耐久性があって、使いやすく、安全な電気モーターだった。

しかし、交流モーターの仕組みを世に紹介したのは、テスラが最初ではなかった。１８８８年3月、イタリアの電気工学者ガリレオ・フェラリスがトリノの王立科学アカデミーで交流モーターに関する講義をおこなったうえ、その１か月後には研究結果を論文で発表したのである。そしてようやくテスラがアメリカ電気学会で同様の講義をしたのは、さらにその１か月後のことだった。それでも、アメリカの投資家たちから潤沢な資金を融通してもらい、交流モーターだけではなく、必要となる変圧器や送電システムも考案したのは、やはりテスラだった。彼が発明した多相交流モーターに関する2件の基礎的な特許が認められたのは１８８８年のことだった。以降、１８９１年までに、テスラはさらに30件を超える特許を申請した。

多相交流モーターのステーター（固定子）には電磁極（電磁石の極）があって、コイルが何重にも巻かれている。それぞれのコイルを流れる交流電流は周波数と振幅は同じでも、１周期内の進行段階を示す位相が異なる（三相モーターの場合、３対のコイルを流れる電流の位相が１周期内で３分の１ずつずれている）。

１８８８年7月、実業家のジョージ・ウェスティングハウスがテスラと交渉し、交流モーターの特許使

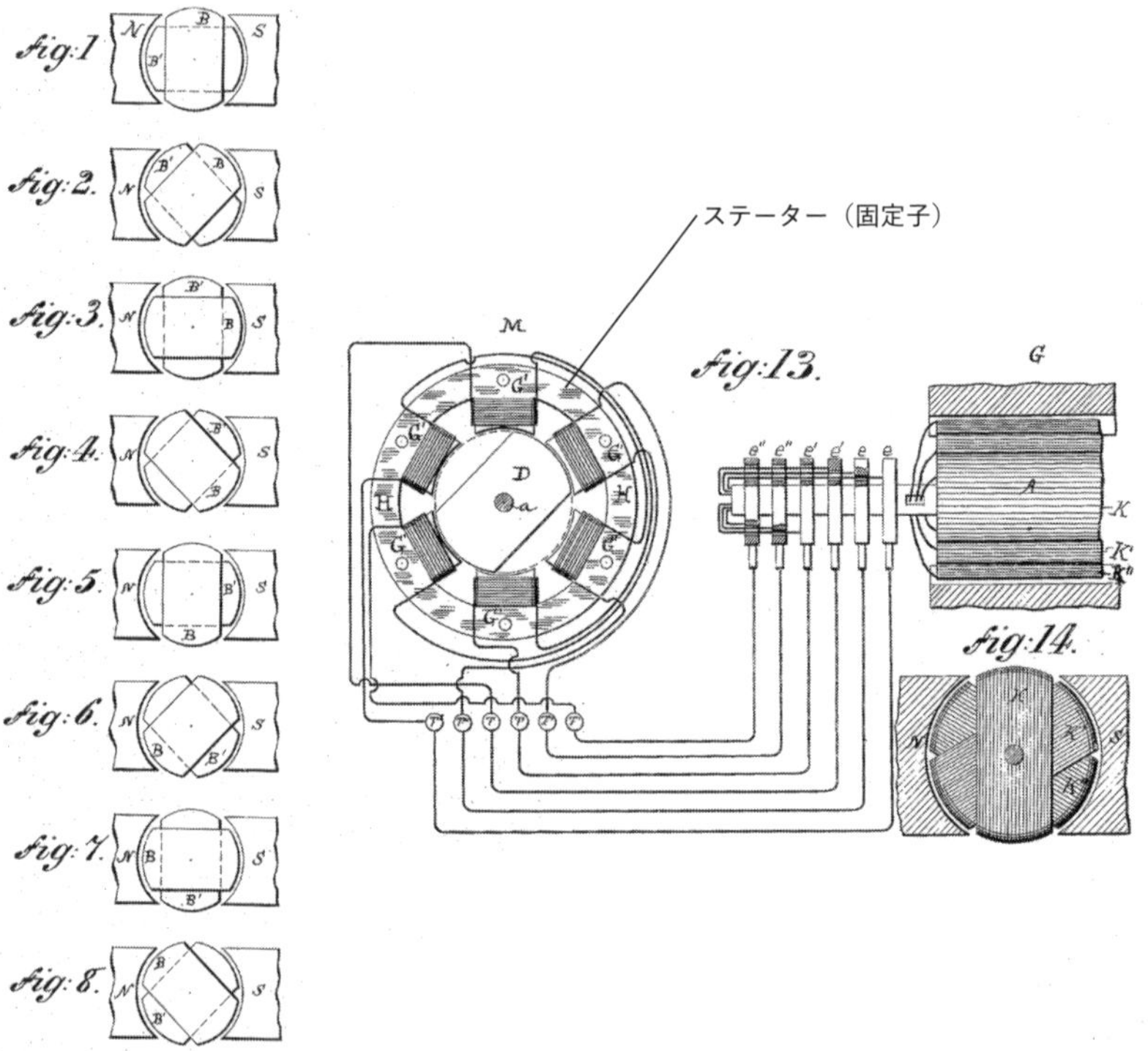

テスラがアメリカで取得したACモーターの特許書類に添付されていた図

用権を取得した。その1年後、ウェスティングハウス社はついに世界初の小型電気機器の発売を開始した。１２５ワットの交流モーターで動く扇風機だ。テスラが最初に取得した特許は二相モーターだった。現代に暮らすわたしたちは、このテスラの発明のおかげで日常生活を送っている。どこの家庭も単相モーターを内蔵した小型電化製品に頼って生活しているし、もっと大型で効率のいい三相モーターは産業機械などでよく利用されている。その三相モーターを１８８９年に完成させたのは、ドイツのＡＥＧ社で主任電気技師を務めていたロシア人技術者、ミハイル・オシポヴィチ・ドリヴォ＝ドブロヴォルスキーだ。

こんにちでは、産業用モーターを除

若き日のニコラ・テスラ

いても、毎年１２０億個を超える小型モーターが販売されている。なかでも、携帯電話の着信の振動に使われている直径４ミリメートルほどの極小交流モーターは20億個も売れているのだ。さらに、このモーターに要する電力は１ワット未満だ。

この対極に位置するのは、フランスの高速鉄道（ＴＧＶ）の動力として使われている６・５〜12・２メガワットのモーターだ。また、圧縮機、送風機、コンベアに使われている固定式モーターの出力は60メガワットを超える。このように電気モーターは、わたしたちの日常生活のあらゆる場面で利用されていて、出力の規模も幅広いからこそ、現代の文明社会に欠かせない推進力となっているのだ。

64

変圧器《トランスフォーマー》——控えめでよく働く縁の下の力持ち

　科学的な大発見がいま、目の前に！　技術的な大躍進も夢じゃない！　そんな大げさな物言いが、わたしはいつだって嫌いだ。低コストで運用できる核融合、超音速旅客機を利用した安価な旅行、惑星の地球化《テラフォーミング》計画など、どれも眉唾物《まゆつばもの》だ。わたしの好みは、もっとシンプルな装置。なかでも現代文明社会の縁の下の力持ちともいえる存在で、でしゃばらずに黙々と仕事をこなし、ふだん人の目に触れないデバイスにとりわけ惹かれる。

　そうした控えめながらも有能なデバイスのナンバーワンの座にふさわしいのは、なんといっても変圧器だろう。エンジニアではなくても、そんな装置が存在することくらいはぼんやりと知っているかもしれない。でも、変圧器がどんなふうに作用して、日々の生活にどれほど欠かせないものであるかについては、見当もつかないのではないだろうか。

　変圧器の理論的な基盤が築かれたのは１８３０年代初めのこと。イギリスの化学者・物理学者マイケル・ファラデーと、アメリカの物理学者ジョセフ・ヘンリーがそれぞれ電磁誘導を発見したのである。この2人の科学者は、変化する磁場がより高い電圧（昇圧）あるいは低い電圧（降圧）の電流を誘導できることを立証した。だが、世界初の実用的な変圧器がつくられるには、それから半世紀を待たなければならない。フランスのルシアン・ゴーラール、イギリスのジョン・ディクソン・ギブス、アメリカのチャールズ・ブラッシュ、そしてイギリスのセバスチャン・ジアーニ・ド・フェランティといった面々が、変圧器の原型をつくったと言われている。その後、ハンガリー人エンジニアの3人組、ブラーティ・オットー、デーリ・ミクシャ、ジペルノウスキー・カーロイが改良を加え、環状体（ドーナツ状）の鉄心をもつ変圧器を開発し、1885年に公開した。

ところがその翌年、こんどはジョージ・ウェスティングハウスの下で働いていたアメリカ人エンジニアの3人組、ウィリアム・スタンリー、アルバート・シュミット、オリヴァー・B・シャレンバーガーが、またもやデザインを改良した。これがじきに、その後定番となったスタンリー変圧器となり、以来ずっと変わらぬ仕組みを保っている。スタンリーが改良したこの変圧器は鉄心に薄いケイ素鋼*板を利用し、このプレートがアルファベットのEとIの形をとっていて、そこに銅線のコイルが巻かれている。そして一次コイルにある電圧の電流が流れると、出力側の二次コイルに変化した電圧の電流が発生する仕組みだ。

1912年、スタンリーはアメリカ電気学会で講演をおこない、この変圧器について次のように熱く語った。「1つの難題に対する完璧で単純な解決策、それがこの装置です。これまでにも機械工学的な方法で解決しようとする数々の試みがありましたが、この装置と勝負すればすべて惨敗を喫するでしょう。こ

＊鉄に少量のケイ素を加えた合金。

世界最大の変圧器。ドイツのシーメンス社が中国向けに開発

の装置は大量のエネルギーをいとも簡単に、確実に、むだなく扱い、瞬時にエネルギーを受けとったり、放出したりするのです。信頼が置けて、じつに丈夫で、安心です。鋼板に銅がからまっているだけのこの装置のなかで、きわめて大きな力が絶妙なバランスを保っていて、これはもうみなさんの想像を超えているのであります」これほど自画自賛するのも当然の話で、スタンリーが開発した変圧器はそれほどすばらしいイノベーションだったのだ。

いまでも利用されているこの不朽の発明のおかげで、わたしたち現代人が享受している最大の恩恵は、遠方までの送電だろう。２０１８年、ドイツのシーメンス社は、世界初の１１００キロボルト変圧器７基のうち最初の１基を中国に納入した。７基がそろうと、３３００キロメートル近い距離を結んで、中国の複数の省に高圧直流を送電できるようになるという。

驚くのは送電の距離だけではない。これほどの数の変圧器が世の中に出まわるとは、さすがのスタンリーも想像できなかったはずだ。充電が必要な携帯電子機器が爆発的に増えたおかげで、変圧器の数も莫大になった。２０１６年の1年間だけでも、世界のスマートフォンの出荷台数は18億を超えていて、その１台１台にきわめて小さい変圧器を内蔵した蓄電池《バッテリー》がついているのだ。さて、その小さい変圧器に興味津々の人もいるだろうが、なにも自分の携帯電話のバッテリーを分解して確認する必要はない。ちょっとネットで検索すれば、ｉＰｈｏｎｅのバッテリーを分解した画像が投稿されている。それを見れば、蓄電池のなかでは変圧器が大きな部品の１つであることがわかるだろう。

これよりもっと小さい変圧器を内蔵しているバッテリーもたくさんある。そうした変圧器はスタンリー方式（コイルが巻いてある）ではなく、圧電効果を利用している。結晶体に圧力をかけると電気が発生して（圧電効果）、電気的な刺激を与えるとひずみが発生する現象（逆圧電効果）を利用しているのだ。こうした結晶に音波がぶつかるとその音圧による振動（ひずみ）で電流が流れ、この電流が結晶を通ると音波を発生させる。そして、この音波がべつの電圧の電流を生じさせる。つまりそのような結晶を利用すれば、ある電流を使って、まったく異なる電圧のべつの電流を生じさせることができるのだ。

さらに最新のイノベーションといえば、やはり電子式変圧器だろう。これまでの変圧器と比べれば、体積がずいぶん小さくなり、質量もだいぶ軽くなった。今後、風力発電や太陽光発電といった出力が不安定な電源を送電網《グリッド》に統合する直流マイクログリッド*の実現にむけて、とりわけ重要になるはずだ。

*おもに再生可能エネルギーを利用する地域単位の発送電システムで、低予算で電力ロスが少なく、災害時などに安定して運用できる。

65 ディーゼルエンジン

——グローバル世界で果たす役割

1897年2月17日、ミュンヘン工科大学で理論工学を教えていたモーリッツ・シュレーター教授が、ドイツの技術者ルドルフ・ディーゼルが開発したエンジンの公開実証試験をおこなった。試験の目的は、この新型エンジンの効率を立証して、商業開発に適しているという事実を知らしめることだった。

はたして、この重量4・5トンのディーゼルエンジンはすばらしい性能を発揮した。最高出力13・4キロワット（現代の小型オートバイのそれと同等の18馬力）、正味熱効率は26％に達し、当時のどんなガソリンエンジンより優れていた。よほど誇らしかったのだろう、ディーゼルは妻への手紙にこう綴った。「世の中にあるどんなエンジンも、このエンジンほどの成果はあげられていないのだから、この分野ではわたしこそが第一人者であると自負している」と。同年のうちに、この新型エンジンの正味熱効率は30％に達し、当時、やはりドイツの技術者だったニコラウス・オットーが開発したガソリンを燃料とするエンジンの2倍の効率となった。

その後、歳月は流れ、ガソリンエンジンとの熱効率の差は縮まったものの、いまなお、ディーゼルエンジンのほうが15〜20%は効率がいい。というのも、ディーゼルエンジンにはいくつか利点があるからだ。第一に、エネルギー密度が高い燃料が使われる。ディーゼル燃料には同じ体積のガソリンより12%近く多いエネルギーが含まれるので、燃料タンクの容量が同じならより長い距離を移動できる。第二に、圧縮比がガソリンエンジンの約2倍もあるため、自己着火する。その結果、燃料がほとんど完全燃焼し、排気ガスの温度も低くなる。第三に、ガソリンより低品質の燃料を燃やせるため、費用が安くあがる。第四に、現代では燃料を高圧でシリンダーに吹きつける電子制御式燃料噴射システムが開発され、効率がいっそうよくなり、排気ガスもきれいになっている。

ところが、ディーゼルが期待したように事は運ばず、この新型エンジンは１８９７年の試験で新記録を樹立したにもかかわらず、しばらく商品化されなかった。ディーゼルは妻への手紙のなかで「確実に市場で需要がある」エンジンを開発したのだから、「あとは放っておいても勝手に普及していくだろう」と自信を見せていたのだが、それはまちがっていたというわけだ。１９１１年になってようやく、デンマークの〈セレンディア〉がディーゼルエンジンを搭載した世界初の外航貨物船として航行を開始した。そしてディーゼルエンジンが船舶の動力として大いに活用されるようになったのは、第一次世界大戦が終わってからのことだった。

ディーゼルエンジンが陸上で初めて征服した分野は、重い車両を牽引する列車の気動車だった。その後、大型自動車、オフロード向け車両、建設機械、農業機械などの分野にも進出していった。世界初のディーゼル乗用車メルセデス・ベンツ２６０Ｄが誕生したのは１９３６年。こんにちでは、ＥＵの全乗用車のうち約40%がディーゼル車だが、アメリカではガソリンが安いので、ディーゼル車の割合は３%程度にすぎ

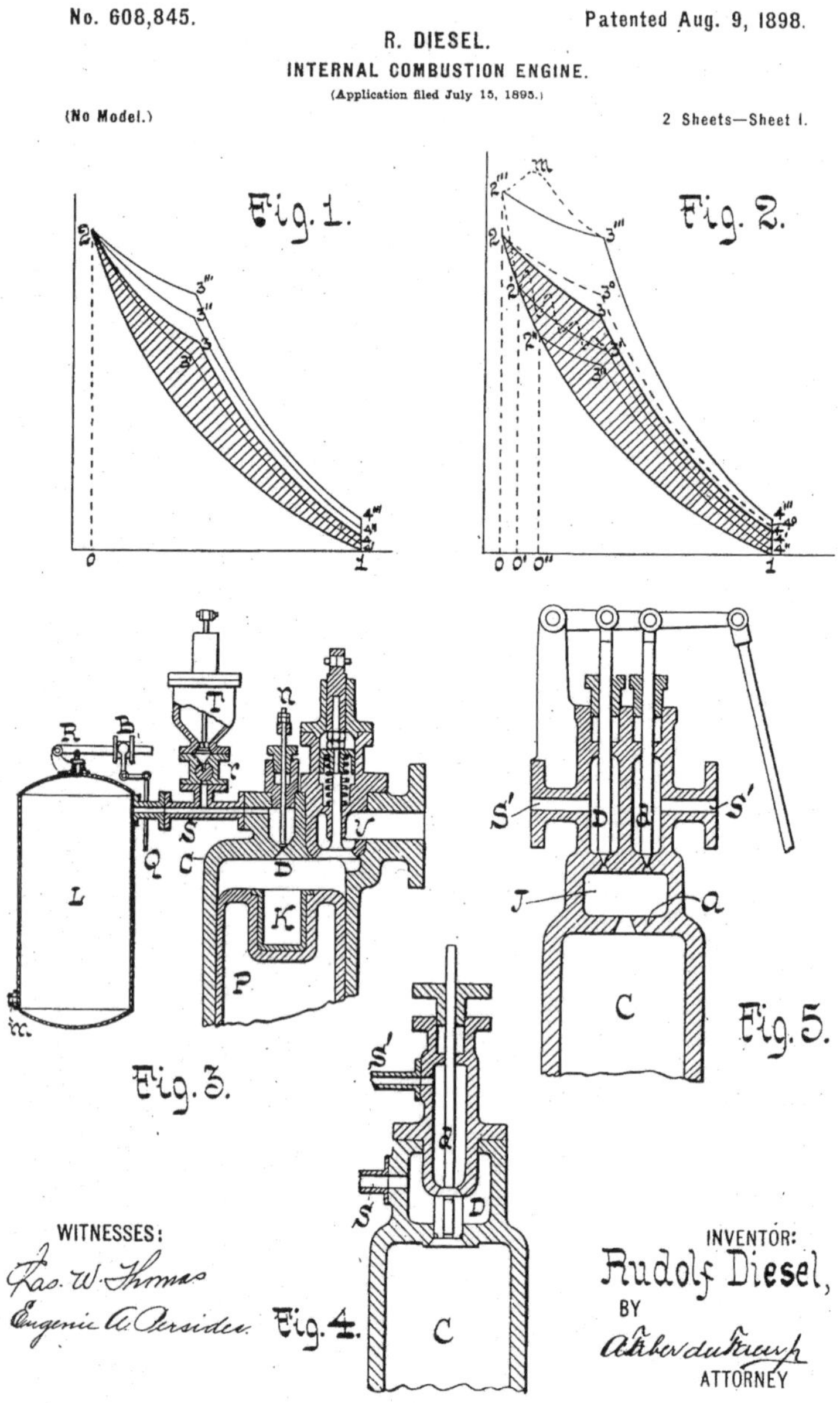

ルドルフ・ディーゼルがアメリカで取得した新型内燃機関の特許

ない。
ルドルフ・ディーゼルは、当初、おもに中小の工場で小型エンジンを利用してもらいたいと考えていた。そうすれば、産業の分散化に貢献できると思ったのだ。ところが１２０年以上の歳月が流れたいま、それとは正反対の事態が生じている。ディーゼルエンジンはまちがいなく大規模な産業集中化の基盤を築いていて、グローバル化の推進力としてかけがえのない存在になっているのだ。というのも、ディーゼルエンジンは事実上、貨物船、自動車運搬船、そして原油、液化天然ガス、鉱石、セメント、肥料、穀物などをバラ積みした貨物船すべての動力機関になっているからだ。さらには、大半のトラックや貨物列車の動力機関でもある。

というわけで、本書をお読みのみなさんが食べたり着たりしているものは、最低1回は（たいていは何回も）、ディーゼルエンジンを搭載した乗り物で運搬されている。衣料品はバングラデシュから、オレンジは南アフリカから、原油は中東から、ボーキサイトはジャマイカから、自動車は日本から、コンピュータは中国からというように。この低コストで、効率がよく、信頼性が高く、耐久性のあるディーゼルエンジンがなければ、現代の経済の根幹をなすグローバル化がここまで進むことはなかっただろう。

商業的に利用されるようになってから1世紀以上の時間が流れ、ディーゼルエンジンは出力も効率も改善を重ねてきた。こんにち、船舶用ディーゼルエンジンの最大出力は81メガワット（10万９０００馬力）を超え、正味熱効率は50％をわずかに上回るまでになった。約40％のガスタービンより効率がいいのである【第5章第42節参照】。

このように、ディーゼルエンジンはわたしたちの生活にしっかりと根づいている。ディーゼルが開発したこの機械ほど、安価に、効率よく、そして確実に、各国の経済を結びつけてグローバル化に貢献している大量輸送用のエンジンは、いまのところ皆無なのだ。

66 一瞬をとらえる——馬から電子の動きまで

イギリスの写真家、エドワード・マイブリッジ（１８３０〜１９０４年）がアメリカで名声を博したのは１８６７年のことだ。ヨセミテ渓谷《けいこく》に移動式簡易スタジオを持参し、息を呑むような眺望を撮影し、大判の銀塩写真に仕上げたのである。その5年後には、当時のセントラル・パシフィック鉄道の社長で、元カリフォルニア州知事のリーランド・スタンフォードに写真家として雇われた。スタンフォードは競走馬も育てていて、牧場があったカリフォルニア州パロアルトに、のちに自分の名を冠した大学を創設した傑物である。

ある日のこと、スタンフォードはマイブリッジに、昔から物議をかもしている問題の決着をつけないかともちかけた。はたして馬は走っているあいだに4本の脚を同時に地面から離す瞬間があるのか否かという問題を、連続写真の撮影で解決してくれと頼んだのだ。

マイブリッジはこの問題に決着をつけようと努力したものの、走る馬の写真撮影は難航をきわめた。だが１８７２年、ついに1頭の馬が4脚すべてを地面から離して進む写真の撮影に成功した。ところが、その写真を紛失してしまった。それでもマイブリッジはあきらめずに努力を続け、１０００分の1秒もの高速シャッターが可能な複数のカメラを設置し、動いている被写体をとらえるというアイデアを思いついた。

１８７８年6月19日、スタンフォードが所有するパロアルトの牧場で実験がおこなわれ、ようやくこの問題の答えがわかった。

マイブリッジはまず、走路に等間隔に糸を張った。そして馬が糸に触れると、やはり走路に沿って等間隔に置いたガラス乾板付きカメラの電磁式シャッターが下りるように工夫したのである。そのうえ、コントラストがはっきりするよう、走路の背景には白いシートを広げるという工夫もほどこした。そして撮影後は、現像した一連の静止写真（馬全体の輪郭が写っている）を、「ズープラクシスコープ」と彼が命名した円盤の円周上に並べていった。このシンプルなつくりの円盤を回転させると、馬が走っているように見えるという仕組みである。

この写真撮影のためにスタンフォードが用意した馬、サリー・ガードナーは、早駆け《ギャロップ》をしているとき、あきらかに4本とも脚を地面から離していた。ところが、馬が宙に浮いている瞬間は、それまでに描かれていた有名な馬の絵画とはまったくようすが異なっていた。たとえば、テオドール・ジェリコー作「エプソムの競馬」（１８２１年）は、いまではルーブル美術館に所蔵されている有名な絵画だが、描かれている馬の前脚は前方へ、後ろ脚は後方へと、胴からまっすぐ伸びている。でも実際には、馬が後ろ脚で地面を蹴りあげる直前、脚は4本とも胴の下におさまっていたのである。

この作品から、その後、マイブリッジの最高傑作《マグヌムオプス》が生まれた。彼はペンシルベニア大学から資金を得ると、１８８３年からさまざまな動物や人間の動きの連続写真を撮りはじめたのである。その手法は、長さ

マイブリッジが撮影したギャロップする馬の連続写真

36メートルの走路の両端にそれぞれ12個１組の携帯式バッテリー（電磁式シャッター用）を据え、走路に沿って設置した24台のカメラで記録するというものだった。走路上に張っておいた糸を動物や人間が切るとシャッターが作動する仕組みはそのままに、走路の背景に広げたシートに等間隔に線を引いておくという工夫を凝らした。

彼の努力は結局、７８１組もの写真からなる写真集として、１８８７年に出版された。この写真集には、人間に飼われている動物（イヌやネコ、ウシやブタ）だけではなく、バイソン、シカ、ゾウ、トラ、さらには走るダチョウ、飛ぶオウムを撮影した連続写真もおさめられている。それに人間を被写体としたものでは、走っている、坂道を上がっている、坂道を下りている、物をもちあげている、放り投げている、格闘している、子どもがハイハイしている、１人の女性がべつの女性にバケツの水をかけているといった連続写真もあった。

マイブリッジのフレームレート[*1]は、1000枚からすぐに1万枚にまで達した。マイブリッジ没後の1940年には、特許を取得した回転式ミラー付きカメラのフレームレートは1秒につき100万枚になっていた。そして1999年には、化学反応をフェムト秒（10^{-15}秒、すなわち1000兆分の1秒）単位でとらえられる分光法の開発を認められて、エジプト系アメリカ人の化学者アハメド・ズウェイルがノーベル化学賞を受賞した。

こんにちでは、強力な超短パルスレーザー[*2]を利用すれば、数アト秒（10^{-18}秒）ごとに状況をとらえられる。このように、ほんの一瞬の出来事を細かく撮影できるようになったおかげで、近年までの実験ではとらえられなかった、隠れていた事象までをも確認できるようになったのである。

これまで述べてきたように、19世紀が終わろうとする数十年になしとげられた科学技術の大躍進の例を挙げればきりがない。光源の発光効率【第5章第47節参照】、収入の増加と性能の向上の両面から分析した電気料金【第5章第50節参照】など、本書でもいくつかの例をくわしく説明しているが、エドワード・マイブリッジとアハメド・ズウェイルの発見ほど、同じ延長線上の分野でありながら、対照的なものは思いつかない。かたや、馬の脚が4本とも地面から離れているかどうかという論争に決着をつけたマイブリッジ。かたや、ほんの一瞬の電子の動きの観察に成功したズウェイル。

＊1　1秒間の動画で見せる静止画のコマ数。

＊2　非常に短い時間間隔で点滅を繰りかえすレーザー。

67
蓄音機《フォノグラフ》からストリーミングへ
——エジソンの偉大な発明

トーマス・エジソンは１９３１年に84歳で亡くなったとき、特許をアメリカ国内で約１１００件、世界全体では２３００件以上も保有していた。いちばん有名なのは白熱電球の特許だが、真空にしたガラス容器を使うのも、そこに白熱光を発するフィラメントを入れるのも、エジソンのアイデアではなかった。しかし、もっと根本的で、まったく斬新《デノボ》な構想を打ちだしたのは、エジソンだった。発電、送電、変電までの総合的な電力システムを発案し、１８８２年、まずはロンドンに、その次はニューヨーク市のロウアー・マンハッタンに発電所を建設し、本格的な電気事業に着手したのである。

もちろん電気事業の構想は偉大だが、まるで魔法としか思えないほど独創的なアイデアといえば、１８７８年2月19日にエジソンが取得したＵＳ特許第２００５２１号にかなうものはない。世界で初めて、録音された音を聴く方法が発明されたのだ。

エジソンの蓄音機《フォノグラフ》（録音と再生ができる装置）発明の基盤にあったのは、電信機と電話機に関する知識だった。事実、エジソンは何年もかけて電信機の改良に取り組んでいて、初期に取得した特許の大半は自

トーマス・エジソンとフォノグラフ

動印刷電信機に関するものだった。また１８７６年にアレグザンダー・グレアム・ベルによって発明された電話機にも夢中になり、１８７８年には電話機関連の初の特許を取得した。エジソンの開発した印刷電信機は、受信側でパラフィンコーティングした紙の円盤上に符号をいったん印字し（刻み目を入れる）、これをあとでゆっくり回転再生して符号を聞きとるというタイプのものだった。

あるときエジソンは、これを高速で再生すると話し言葉のようなノイズが発生することに気づいた。それなら、受け手側の電話機の振動板に針をつけて、電話のメッセージを記録して、針が引っかいた傷が残った記録媒体を再生したら、いったいどうなるのだろう？　そう考えたエジソンは、表面に溝がついた円筒の上に錫箔《すずはく》をかぶせて、振動板の動きを感知・記録できる小さな装置を設計した。この装置が完成すると、「わたしは声を張りあげて『メリーさんの羊』の歌詞やらなにやら、機械に向かって発声してみたんだ」と、エジソンはのちに回想している。「それから、その装置に調整を加えると、わたしの言葉が完璧に再生されたんだよ。あれほど腰を抜かしたことはなかったね。みんな、びっくり仰天していた。だが、初めから物事がうまくいくと、わたしはいつも不安になるたちだった」

まもなく、エジソンはこのフォノグラフを披露すべく、あちこち巡業に出かけるようになり、ホワイトハウスにも出向いた。当時の売り口上は（まったくふさわしくないことに）「トーマス・エジソン最後の偉業」だった。そして発明家本人は、いつの日か、アメリカの全家庭がこの装置を購入できるようになることを願っていた。１８８０年代後半になると、円筒に蠟《ろう》を厚く塗った蠟管（もともとは電話の発明者ベルの同僚の発案だった）や電池駆動の電気モーターを利用するなどして、大幅な改良に成功した。その結果、家族の声を録音したり、オルゴールとして利用したりできるだけではなく、ビジネスの場では口述した内容を再生できるうえ、目の不自由な人向けのオーディオブックにもなるという宣伝で市場に売り込むことになった。

ところが、売り上げはかんばしくなかった。とくに、初期のころの蠟管式フォノグラフは壊れやすいうえ、製造がむずかしく、どうしても高価になったからだ。１８８７年にはアメリカン・グラフォフォン社が、このフォノグラフの競合装置の特許を取得したものの、やはり価格は高いままだった（こんにちの価格で言えば４０００ドル程度）。

１８８０年代を通じて、エジソンは白熱灯の普及と改良、そして発電・送電システムの構築に没頭していた。そんななか、１８９８年、エジソン・スタンダード・フォノグラフを20ドルで販売しはじめた。現在の価格に換算すれば５４０ドルほどに相当する。そして、その1年後には、安価なジェム・モデルが7ドル50セントで販売されるようになった（当時、シアーズ・ローバック社が同じような価格でアイアン・

フレームのベッドを販売していた）。だが１９１２年、エジソンが壊れにくいセルロイド製管の大量生産を開始したころには、円盤式蓄音機《グラモフォン》向けのシェラック・レコード盤（１８８７年にドイツ生まれのアメリカの発明家エミール・ベルリナーが初めて特許を取得）がすでに市場で優勢となっていた。

　発明家エジソンはつねに、初期の発明品に見切りをつけるのをいやがったものの、１９２９年10月に円筒式フォノグラフの製造は打ち切られた。いっぽう、グラモフォン用のうず巻き状に溝が掘られた薄いレコード盤は、20世紀の大半、市場を支配していたが、その後は次から次へと新たな録音再生装置が登場した。アメリカのＬＰレコード売り上げのピークは１９７８年、カセットテープの売り上げのピークはその10年後で、１９８４年に登場したＣＤの売り上げのピークは１９９９年だった。おまけに、どの記録媒体もピークから7年後には売り上げが半減しているうえ、いまでは無線利用のストリーミングを含めた音楽ダウンロードに圧倒されている。

　こんなふうに無形の方式で音を再生できる現代のようすを見たら、エジソンはいったいどう思うだろうか。

68 集積回路（ＩＣ）の発明

ベル研究所がトランジスタを改良してから11年後の１９５８年には、サイズさえぐんと小型化できれば、半導体が電子機器市場を制覇できることは自明の理となっていた。しかし、いくら手作業でさまざまな部品を回路にハンダ付けしても小型化は進まない。が、やはりここでも、必要は発明の母であった。

１９５８年7月、当時、テキサス・インスツルメンツ社に勤務していたジャック・Ｓ・キルビーが、１枚の半導体結晶チップに各種の電子部品を集積する新しいアイデアを思いついた。彼は特許の出願書で、これが「拡散ｐｎ接合*を含む半導体材料の基体からつくられた、まったく新しい小型化した電子回路で、この基体には電子回路のすべての部品が完璧に集積して実装されている」ものだと説明した。彼はさらに「この方法でつくる回路は、いくらでも複雑にできるし、どんな配列にも対応できる」と強調した。

*電子が足りない状態のｐ型半導体と、自由電子を含むｎ型半導体を、不純物を熱拡散させることで（拡散接合）隣り合わせに接合したもの。

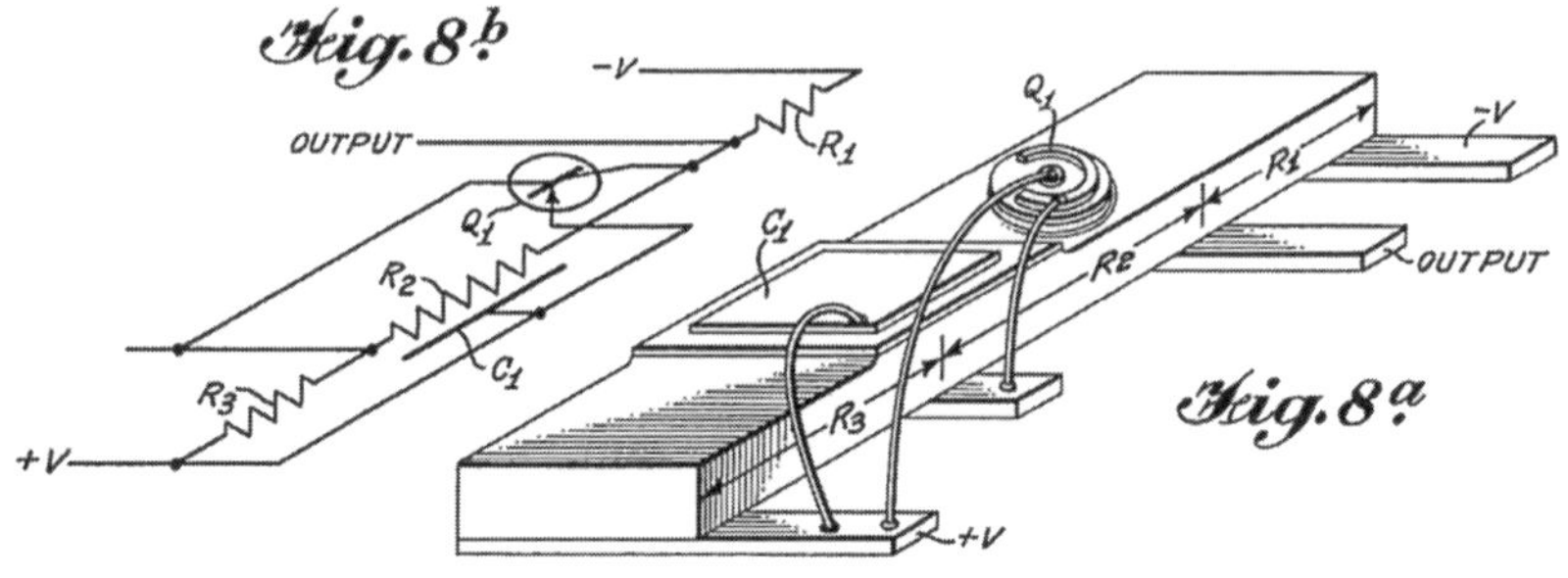

キルビーの集積回路「空飛ぶ配線」の特許

たしかに、アイデアは完璧だった。ところが、キルビーが１９５９年２月に提出したこの出願書どおりのものを製作するのは無理だった。というのも、集積回路の基板となる薄い板の上に金のワイヤーがアーチのように盛りあがっていて、平面の部品にはならなかったのだ。キルビー自身、出願書のとおりにはいかないとわかっていたので、ワイヤー以外の方法で電気的接続をはからなければならないというメモを添えていた。その例として、半導体の基板の表面にシリコン酸化物の薄い膜を張り、そこに金などの材料を置くという方法を挙げている。

さて、キルビーは知るよしもなかったが、１９５９年１月、当時フェアチャイルドセミコンダクター社の研究部門の長を務めていたロバート・ノイスは、キルビーとまったく同じアイデアの改良版を思いつき、研究所のノートに「シリコン製の１枚の基板に複数の部品を集積し、それによって部品同士の接続を製造工程の一部に組み込むことが望ましい。そうすれば小型化と軽量化が可能で、能動素子《のうどうそし》[*1]ごとのコストも下げられる」と書きとめていた。また、ノイスが１９５９年７月に申請した特許に添付されていたスケッチには、基板上に飛びだしてしまう

「空飛ぶ配線」ではなく、より平面的なプレーナー型トランジスタの絵が描かれていて、「真空蒸着[*2]などで形成した金属線を導線にして、絶縁体の酸化膜の上を這わせたり付着させたりして、接合部をショートさせずに半導体の基板のさまざまな部位を電気的に結合させる」と明記されていた。

ノイスが申請した特許は１９６１年4月に承認された。いっぽう、キルビーの特許が承認されたのは１９６４年7月だった。ノイスとキルビー、どちらの特許が集積回路の基本特許であるかをめぐっては、何年にもわたって裁判で争われ、ついには連邦最高裁にもち込まれた。１９７０年、連邦最高裁は上告を却下し、ノイスの発明に優先権を与えるという下級審の裁定を支持した。だが、この裁定は実務上、意味をなさないものだった。というのも１９６６年に、テキサス・インスツルメンツ社とフェアチャイルド社は、集積回路製造のライセンスを供与しあうことに同意していたからだ。この一件もまた、べつの人間が同時に同じ発明をしたという驚くべき事例の1つとなったのである。とにかく、基本的なコンセプトはまったく同じだったのだ。そして両創案者ともアメリカ国家科学賞を受賞し、全米発明家殿堂入りを果たした。ノイスは62歳で亡くなったが、キルビーは長生きして、２０００年に77歳でノーベル物理学賞を共同受賞し、その5年後に永眠した。

テキサス・インスツルメンツ社は、ノイスの新たな設計を「マイクロ論理素子」と呼び、これらの回路は大陸間弾道ミサイルの誘導にも、人類の月面着陸にも利用された。

＊1　電気回路のなかで電気信号などを増幅・制御する構成要素。
＊2　真空中で金属などを蒸発させ、素材の表面に付着させて薄膜を形成する技術。

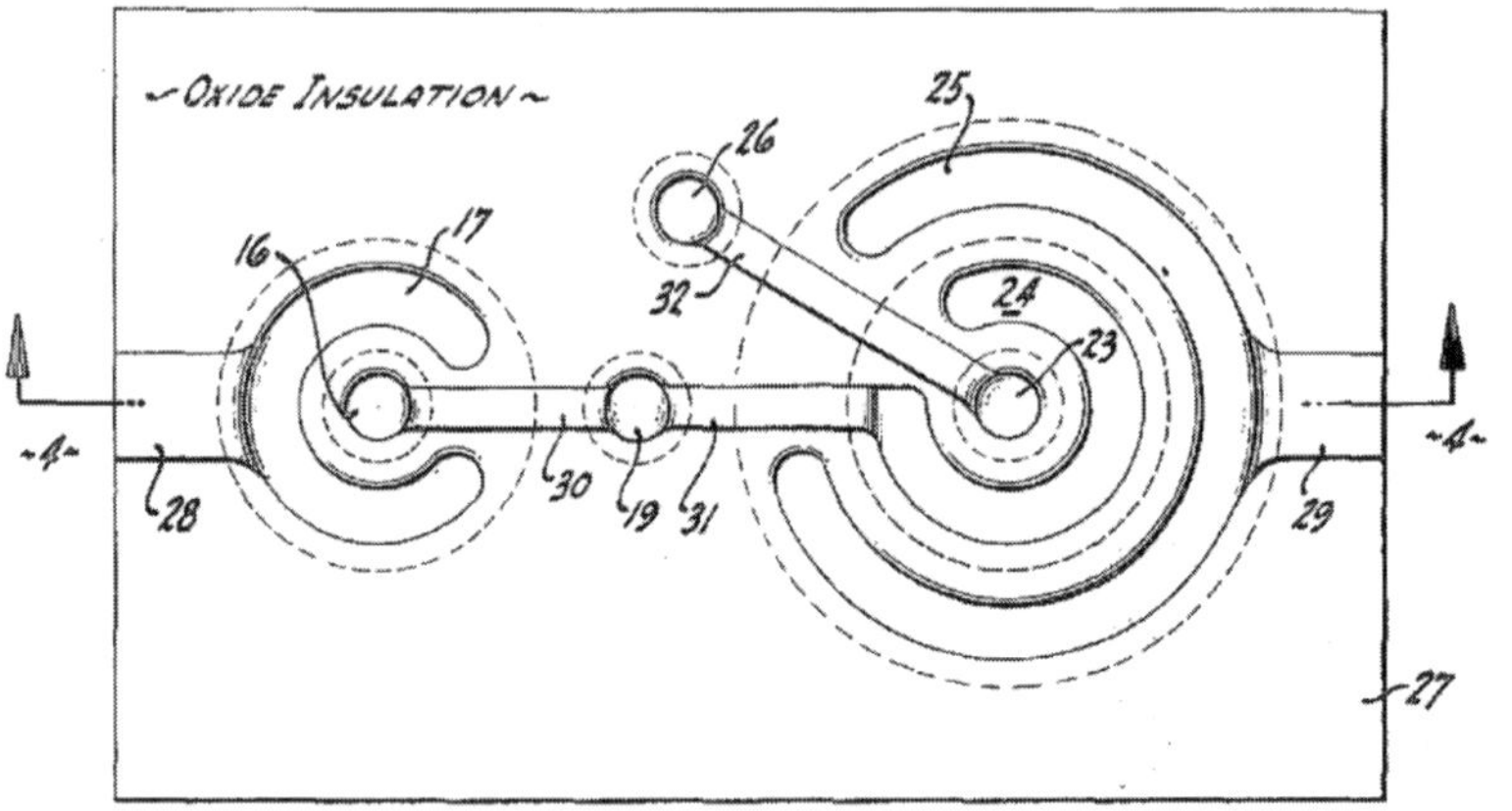

FIG·3

ノイスの集積回路「プレーナー」の特許

その後の進歩は、いまだにもちこたえている「ムーアの法則」に従っていて【次節参照】、わたしたちの時代の発展の見本のようになってきた。１９７１年、基本的な集積回路は数千もの素子で構成された簡素なマイクロプロセッサへと進化を遂げた。その後も進歩を続けたおかげで、１９８０年代半ばにはコンピュータが個人でも買えるほどの価格になった。そして２００３年には、1チップのマイクロプロセッサを構成するトランジスタの総計は1億個を超え、２０１５年には１００億個を超えるようになった。つまり、１９６５年から8桁の成長を遂げたことになる。年率で計算すれば平均37％の成長になり、基板上の一定の面積内のトランジスタ数は2年で約2倍のペースで増えている。ということは、１９６０年代半ばの集積回路で最新のマイクロプロセッサの処理能力を発揮するには、1億倍大きな部品が必要になる。

物理学者リチャード・ファインマンの名言どおり、微小な世界《ボトム》にはまだまだおもしろいことがあるものだ。

69 ムーアの呪縛

１９６５年、当時フェアチャイルドセミコンダクター社の研究開発部門のディレクターだったゴードン・ムーアは、こう記した。「部品当たりのコストが最小となるような複雑さは、毎年、約2倍の割合で増加してきた……この増加率は短期的には上昇しないまでも、持続するのはまちがいない」と。長期的に見れば、およそ2年ごとに2倍となる増加率が続く、あるいは年に35%の割合で急激な増加が続くことになる。これが「ムーアの法則」だ。*

集積回路上のトランジスタがどんどん小さくなり、高密度化し、安価になるにつれ、多くの製品やサービス、とりわけコンピュータと携帯電話の性能が向上し、コストが下がった。その結果、電子工学の世界で革命が起こったのである。

---

*「毎年2倍」の倍率について、ムーア自身は10年後の75年、「70年代以降、〝2年に2倍〟のペースに低下するだろう」と予測した。著者はこの倍率を採用している。

ムーアの法則

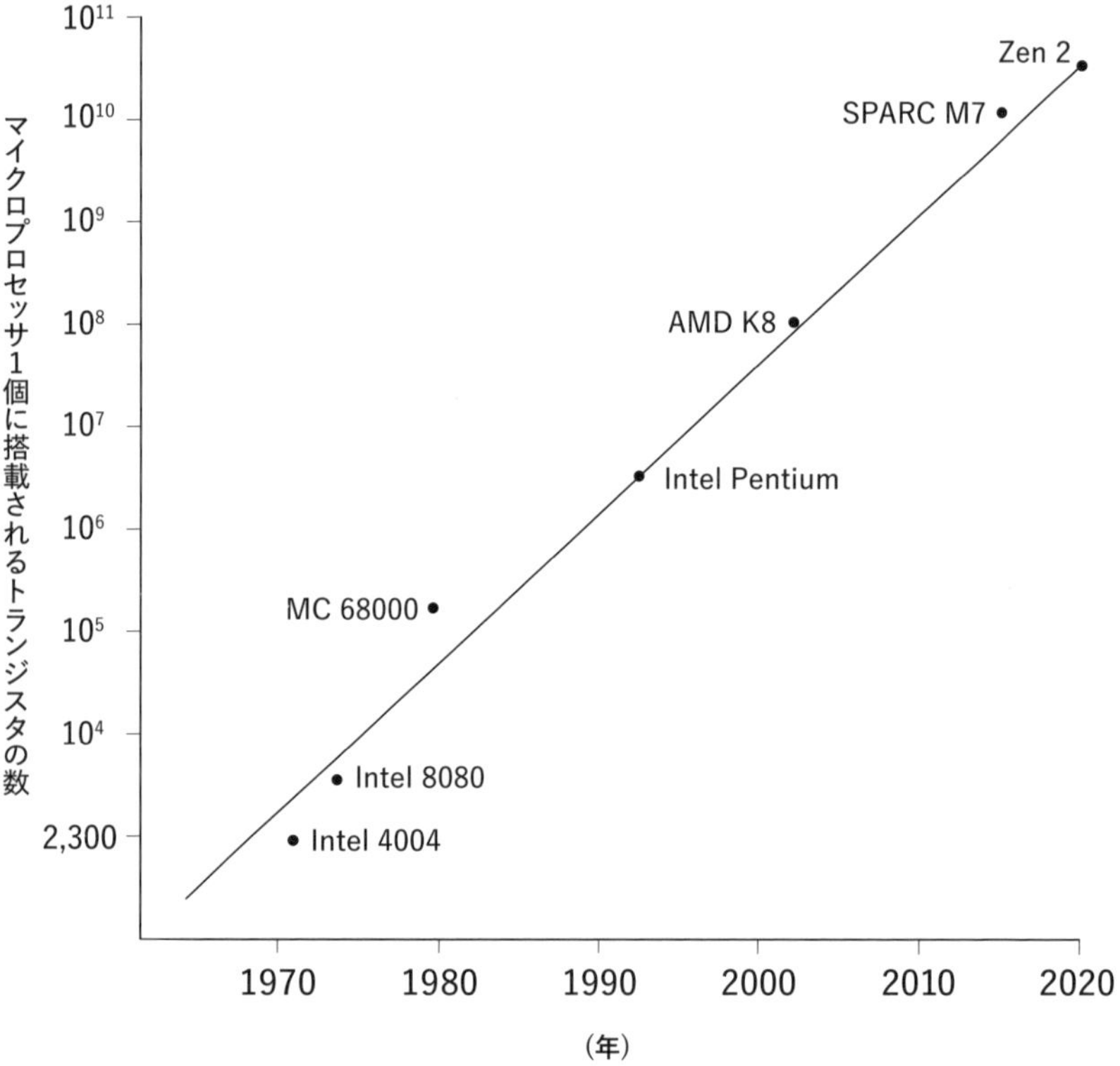

この革命によって、わたしたちはもちろん恩恵を授かったものの、一種の呪縛にもとらわれるようになった。というのも、科学技術の進歩に対する期待がつい高まってしまうようになったからだ。たとえば科学技術の急激な進歩によって、自動運転の電気自動車、がんのオーダーメイド治療、３Ｄプリンタを利用した心臓や腎臓の作製といったものが、近いうちに利用できると吹き込まれると、つい信じてしまう。これからは世界各国が化石燃料への依存から脱却し、再生可能エネルギーへと転換していけるだろうとまことしやかに言われれば、そう思ってしま

うのだ。
しかし、トランジスタを微細化する速度が倍になったからといって、それは科学技術の進歩全般の指針にはならない。現代の生活はかなりゆっくりとしたペースで進歩するさまざまなプロセスにも頼っている。とくに食物やエネルギーの生産、人や貨物の輸送に関しては、進歩のペースが遅い。こうしたスローペースは１９５０年までの技術開発に当てはまるだけではない。トランジスタの開発（トランジスタが組み込まれた初の商品は１９５２年に発売された補聴器だった）と同時期に起こった、きわめて重要な進展やイノベーションのなかにも、スローペースのものはあった。

トウモロコシはアメリカで生産される主要穀物で、その生産量は１９５０年以来、年２％の割合で増加している。また、米は中国の主食の１つでもあり、生産量がこの50年で年に約１・６％の割合で増えてきた。いっぽう、エネルギーの分野に目を向ければ、蒸気タービンが熱エネルギーを電気エネルギーに変える際のエネルギー変換効率は、20世紀を通じて年に約１・５％の割合で上昇した。ただし、１９００年の蒸気タービンと、２０００年のコンバインドサイクル発電プラント（ガスタービンと蒸気タービンを組み合わせた二重の発電方式）を比較すれば、エネルギー変換効率の上昇率は年１・８％になる。かたや照明の分野では、ほかの分野よりも効率の上昇が見られていて、なかなかの好成績を残している。１８８１年から２０１４年にかけての発光効率（電球の明るさルーメンを消費電力ワットで割る）は屋内照明で年率２・６％の上昇にとどまっているが、屋外照明では３・１％だった【第５章第47節参照】。

さて、乗り物はどうだろうか。大陸間を移動する際の速度は、１９００年の大型遠洋定期船の時速35キロメートルから、１９５８年にはボーイング７０７で時速８８５キロメートルとなり、平均すると年率

５・６％の上昇となる。ところがその後、ジェット旅客機の速度はほぼ変わっていない。ボーイング７８７の巡航速度はボーイング７０７よりほんの数％速いだけだ。いっぽう車に関しては、１９７３年から２０１４年までにアメリカの新型乗用車のエネルギー変換効率は（ばかでかいＳＵＶやピックアップトラックを除外しても）年にたった２・５％の割合でしか上昇していないし、燃費は１ガロン当たり13・５マイルから37マイル（１００キロメートル当たり17・４リットルから６・４リットル）になっただけだ。

そして最後に、鋼鉄に目を向けよう。鋼鉄はわたしたちの文明社会に欠かすことのできない金属だが、製造に必要なエネルギー（コークス、天然ガス、電力）のコストは下がっている。１９５０年から２０１０年で、１トン当たり約50ギガジュールから20ギガジュール未満になったのだ。年率に換算すれば、マイナス１・７％程度となる。

エネルギー、原材料、輸送といった生活の基盤を支えるものがあるからこそ、現代の文明社会は機能すると同時に、その活動範囲も制限されている。そして、どの分野でも着実な進展は見られるが、そのスピードは遅い。コストが下がるのと同程度に効率性も上がってはいるものの、せいぜい1年当たり１・５～３％といったところだ。

というわけで、マイクロチップが支配する世界をのぞけば、イノベーションはムーアの法則に従うことはまったくなく、１桁低い割合でゆっくりと進歩を遂げているのだ。

70

膨れあがるデータ量——あまりに多く、あまりに速い

むかしむかし、情報は人間の脳のなかにしか溜めておけなかったので、古代の詩人たちは戦いや征服の物語を何時間もかけて語り継いだものだ。やがて、いわば外付けのデータストレージが発明された。

小さな粘土製の円筒や板は、５０００年ほど前にメソポタミア南部のシュメールで考案され、古代の楔《くさび》形《がた》文字が10個ほど刻まれていることが多かった。そこに刻まれた情報は数百バイトに相当する。その後、紀元前５世紀にアイスキュロスが記したギリシャ悲劇『オレステイア』３部作に含まれる情報量は、約30万（３×10^5）バイトに相当する。またローマ帝国の元老院の裕福な議員のなかには、数百巻もの巻物を所蔵する書庫をもつ者がいて、蔵書数が多い書庫の情報量は１００メガ（１００×10^6）バイトはあったと考えられている。

こうした状況を劇的に変えたのは、グーテンベルクが発明した活版印刷機だった。誕生から半世紀もたたない西暦１５００年までに、ヨーロッパの印刷機は１万１０００点の新刊を世に送りだした。また、活字で伝える情報量の急増にともない、情報を保管するほかの手法も進歩していった。

まず、木板に彫ったり刻んだりした楽譜、絵、地図が登場した。その後19世紀になると、写真、録音、映画といった技術が誕生した。

そして20世紀を迎えると、磁気テープやＬＰレコードが登場した。１９６０年代にはコンピュータの出現によってデジタル化が進み、医療用画像処理（デジタル・マンモグラム画像の情報量は50メガバイト）、アニメ映画（2〜3ギガバイト）、大陸間の資金移動までが可能になり、いまでは大量のスパムメール（1分当たり1億以上のメッセージ）が送信されている。このようにデジタル化されて蓄積された情報は、たちまち紙媒体の情報量を追い抜いた。たとえば、シェイクスピアの戯曲や詩をすべてあわせても5メガ

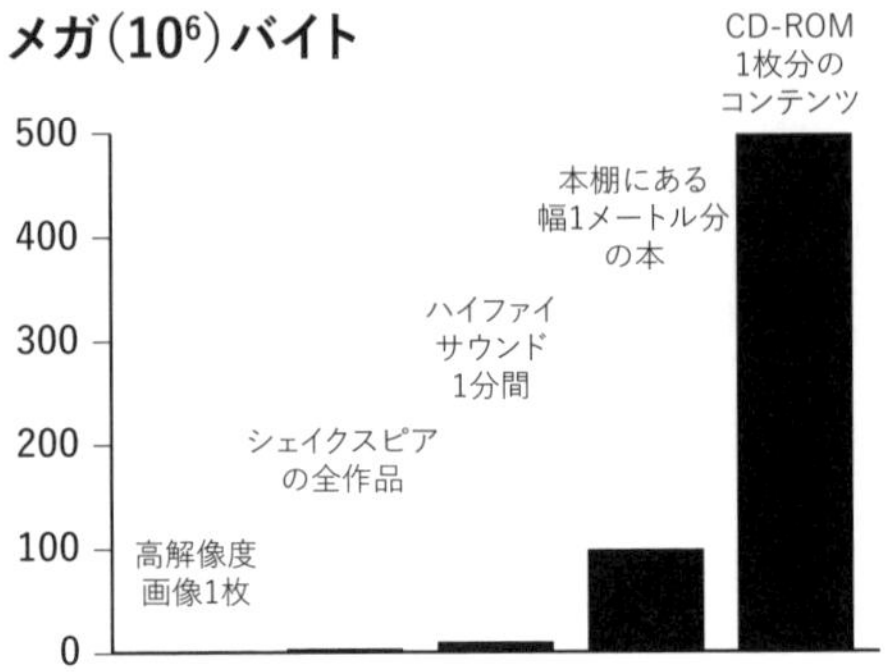

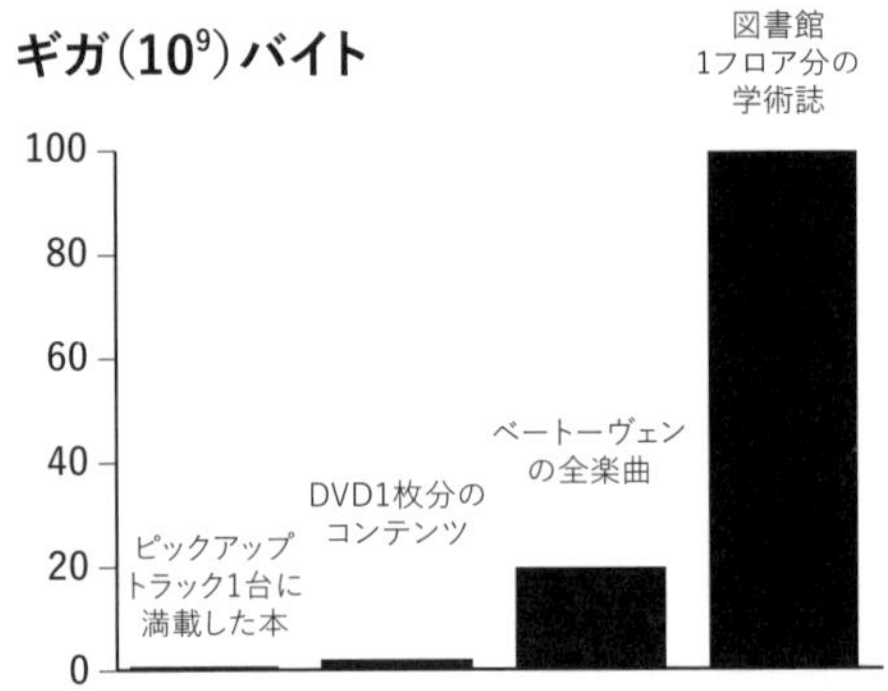

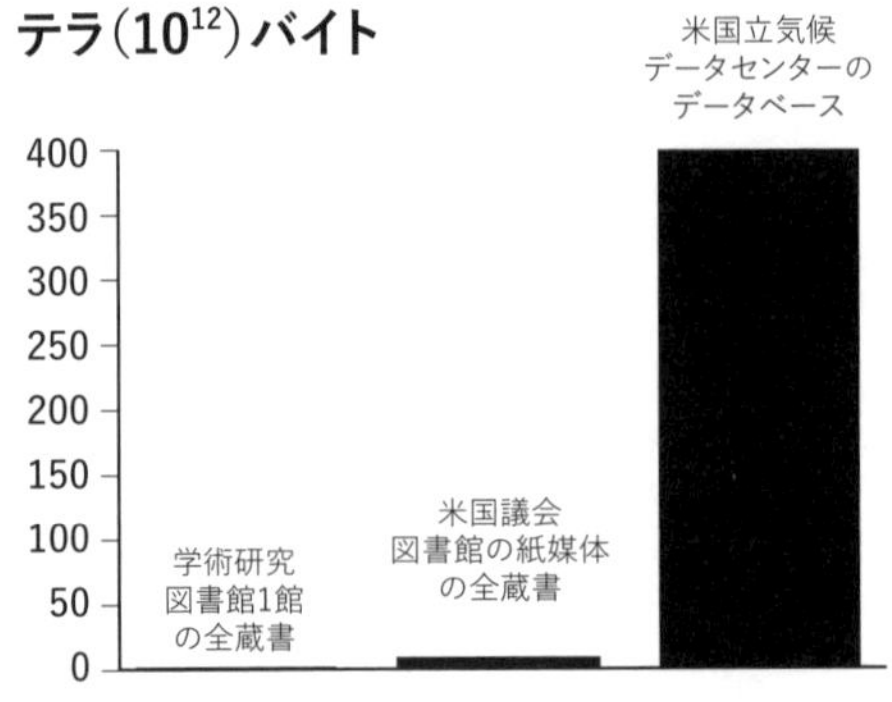

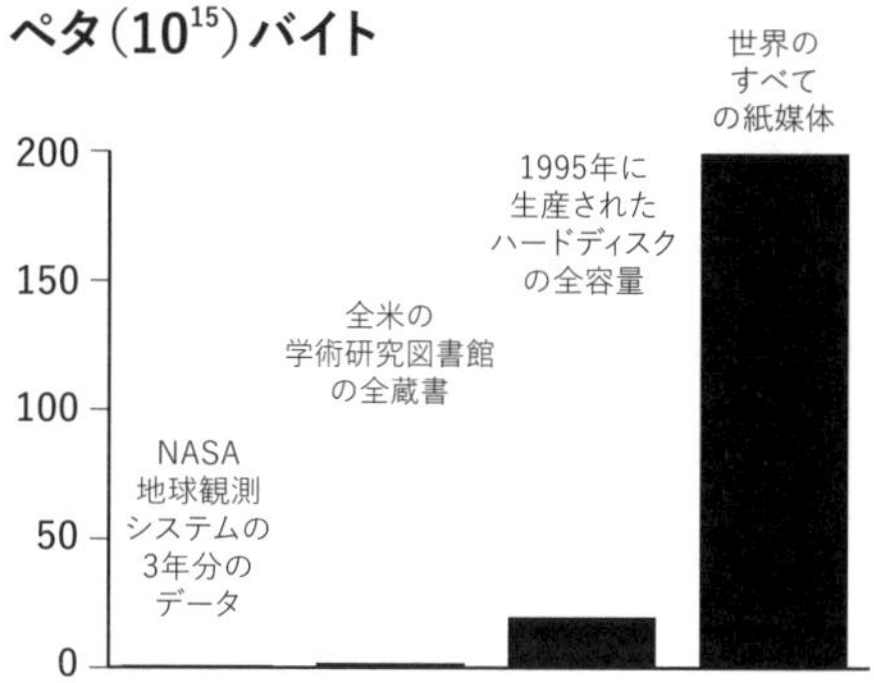

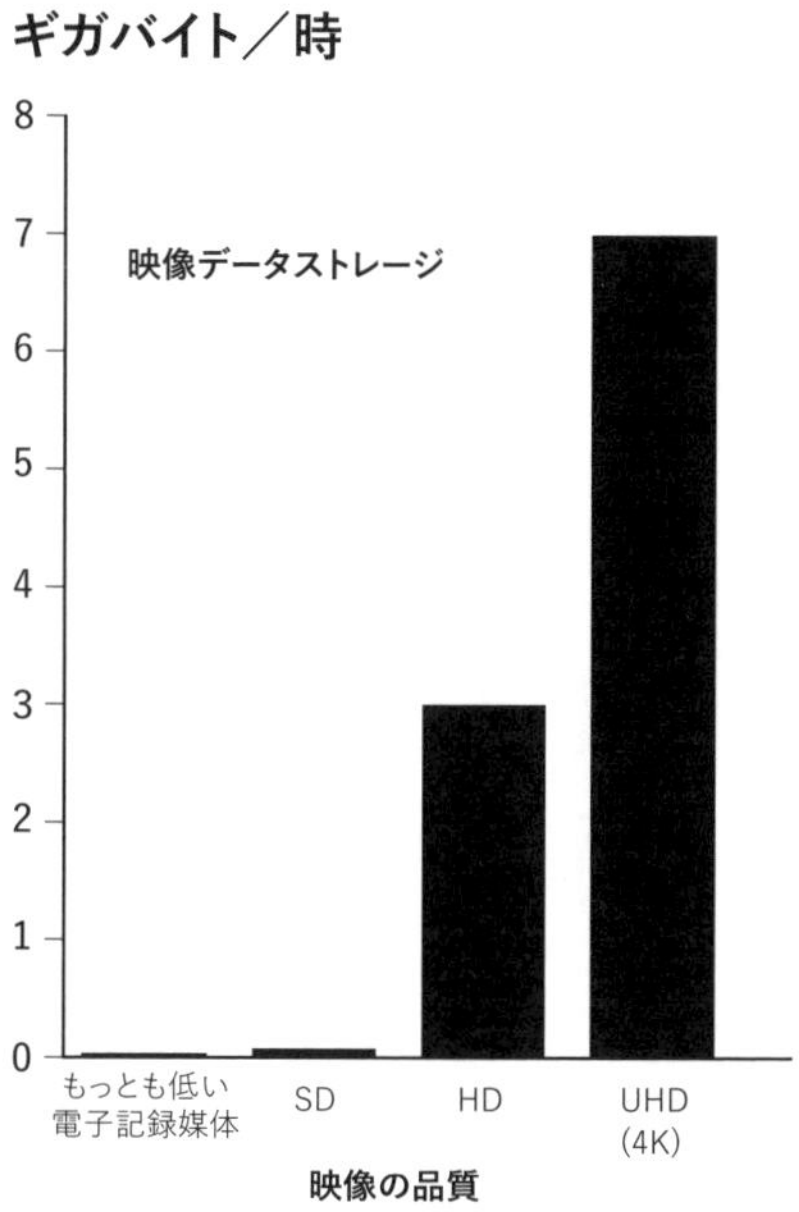

バイトほどの情報量だが、これは高解像度画像なら１枚、ハイファイサウンドなら30秒、高解像度ビデオのストリーミング再生なら８秒の分量にすぎない。

　こうして全世界で蓄積されている情報に占める紙媒体の割合はほんの一部にまで減少した。アメリカ議会図書館に所蔵されているすべての本の活字の情報量は、２０００年の時点で10テラ（10×10^{12}）バイトを超えていたが、それは写真、地図、映像、録音データまですべて含めた同図書館所蔵の全情報量である約３ペタ（3×10^{15}）バイトのうち１％にも満たない。

　21世紀を迎えたいま、情報はますます猛スピードで生みだされている。２０１８年、クラウドサービスを提供するドーモ社が１分間に生成されるデータを分析し、その結果を発表した。これによれば、アメリカだけで、Ｎｅｔｆｌｉｘのユーザーによって９万７０００時間の映像がストリーミング再生され、ユーチューブでは４５０万近い動画が視聴され、ウェザー・チャンネルには１８００万件を超える天気予報リクエストが寄せられ、そのほかにもインターネットでは約３１００兆（３・１ペタ）バイトのデータが使われているそうだ。２０１６年になると、全世界の年間データ生成量は16ゼタバイト（１ゼタバイトは10^{21}バイト）を超え、２０２５年には１６０ゼタバイトほどになると予想されている。またドーモ社によれば、２０２０年の時点で、世界に80億近くいる人間が１人当たり毎秒１・７メガバイトのデータを生成しているという。

　これだけの量のデータがゆきかっていることを考えると、当然のことながら、いくつか疑問が浮かんでくる。このデータの洪水のなかで、保存できるのはほんの一部に限られるとしたら、いったいどんな情報を選べばいいのだろう？　全情報の１％未満だけを保存するとしても、容量が不足するのはわかりきっている。それに、どんな情報を選んで保存するにしろ、次はそれをいつまで保存しておくかという問題に直面する。永遠に保存すべき情報などないにせよ、最適の保存期間はどのくらいなのだろう？

　国際単位系（たとえば１０００＝ｋ＝10^3、１００万＝Ｍ＝10^6）で最大の接頭語はヨタ（Ｙ＝１兆の１兆倍＝10^{24}）だ。そして10年後には、それだけのバイト数の情報が生まれると予想されている。だから今後はますます、膨れあがるばかりのデータを評価するのがむずかしくなるだろう――そうした判断をますます機械に任せていくにせよ、だ。

　そしていつの日か、年間１人当たり50兆バイトを超える情報を生みだすようになったら、はたしてそれだけの情報を有効活用できる見込みなどあるのだろうか。なんといっても、蓄積したデータと、有益な情報や知識に基づいた深い洞察力とは、似ても似つかぬものなのだから。

71

真のイノベーションとは

現代社会はイノベーションにとりつかれている。２０１９年末の時点で、グーグルの検索エンジンで「イノベーション」というワードを検索すると、そのヒット件数は32億１０００万件で、「テロリズム」（4億８１００万件）、「経済成長」（約10億件）、「地球温暖化」（3億８５００万件）といったワードのヒット件数を軽く超える。この現象からもわかるように、イノベーションがありとあらゆる扉をひらくと現代人は思い込まされている。これからは寿命が１００歳をらくに超えるようになって、人間の脳とＡＩが融合して意識を共有できるようになって、太陽エネルギーだって実質無料で利用できるようになるはずだ、などなど。

こんなふうにイノベーションを崇《あが》めたてまつって、なんの疑念も差しはさまずに信じ込むのは、２つの理由でまちがいだ。第一に、これまで莫大な研究費を費やしたあげく失敗に終わった大規模基礎研究が多々あるというのに、その事実をまるで無視しているから。第二に、わたしたちには、もっと優れた行動方針があるとわかっていながら、それより劣る行動をつい習慣として続けてしまう傾向があるのに、その事実を見て見ぬふりをしているからだ。

そうした失敗に終わったイノベーションの第一のカテゴリーに分けられる代表格は、やはり高速増殖炉だろう。発電しながら消費した以上の核燃料を生成するという触れ込みだったものの、結局、長々と莫大なコストを食うばかりでほとんど稼働せず、イノベーションの失敗例となって終わったのである。１９７４年、当時世界最大の電機メーカーだったＧＥ社は、２０００年までにアメリカの電力の約90％が高速増殖炉によって発電されるという予想をぶちあげた。しかし、ＧＥは世間に広がっていた期待に応えて、そう予想しただけだった。

１９７０年代、フランス、日本、ソ連、イギリス、そしてアメリカの各政府は、高速増殖炉の開発に巨額の公的資金を投入していた。だがコストが高く、技術的な問題が山積したうえ、環境への悪影響の懸念も高まったため、イギリス、フランス、日本、アメリカ（そして規模は小さいながらもドイツとイタリア）の計画が中止に追い込まれた。ところがそのいっぽうで、中国、インド、ロシアはいまだに実証炉の開発に取り組んでいるし、日本も研究開発を再開している。これまで、こうした国々は60年以上にわたり、こんにちの金額に換算すると総額１０００億ドルをゆうに超える大金を高速増殖炉に費やしてきたというのに、実際のところ、商業的な見返りはまったく得られていない。

ほかにも、成功の見込みが高いとされていたにもかかわらず、まだ利益をあげていない基礎研究のイノベーションとして、水素（燃料電池）自動車、磁気浮上式鉄道（リニアモーターカー）、核融合エネルギーなどがある。とくに核融合エネルギーは「イノベーション」ともてはやされた計画のなかで実現の可能性がもっとも低いと考えられていて、評価は下がるいっぽうだ。

2019年に中国中車が公開したリニアモーターカーの試作車

さて、失敗に終わったイノベーションの第二のカテゴリーに分けられるのは、もうやめるべきだとわかっているのにあいもかわらず続けているもので、これには日々の習慣から学術的な理論まで、さまざまなイノベーションが当てはまる。

とくにうっとうしい例を２つ挙げるとすれば、サマータイム制と航空機の搭乗方法だ。まずは、サマータイム制。いったいなぜ、わたしたちは半年おきにサマータイムに従わなければならないのだろう？　実際のところ、それでなにかが節約できるわけでもないのに（省エネになるという触れ込みではあるが）。そしてもう１つが、航空機の搭乗方法だ。民間の旅客機の搭乗にかかる時間は、１９７０年代から年々延びている。いまの効率の悪い方法よりも速く搭乗できる方法がいくらでもあるというのに、なんの手も打たれていないのだ。

さらに、経済指標としてＧＤＰを利用することにも納得がいかない。なぜならＧＤＰは、国内で１年間に取引された商品やサービスの付加価値の総額にすぎないのだから。生活の質が向上して経済が成長した場合だけではなく、国民や環境に悪影響が及んだ場合にも、ＧＤＰが増加する可能性はある。アルコール飲料の売り上げが伸びて、飲酒や薬物の影響下での運転が増えて、自動車事故が増えて、けが人が増えて、救急病院での治療が増えて、投獄される人の数が増えても、ＧＤＰは増加するのだ。さらに、熱帯地方で違法な森林伐採が増え、森林破壊が進み、生物多様性が失われ、木材の売り上げが伸びても、やはりＧＤＰは増加する。このようにＧＤＰを指標にしたところで、あまり当てにならないとわかっていながら、世間はいまだにＧＤＰの成長率に一喜一憂し、高ければ高いほどありがたがっている。ＧＤＰが増加した理由など、おかまいなしだ。

　こうした例からもわかるように、人間の思考には不合理な面がたくさんあって、理性的に考えればおかしなほうを好む傾向がある。クレージーで突拍子もないイノベーションについてはあれこれ夢想するのに、みんなが困っている共通の課題について熟考し、すぐにでも実行に移せる実用的なイノベーションを活用しようとは思わないのだ。だがみなさんには、ぜひここで考えなおしてもらいたい。「ハイパーループ[*]」や「永遠の生命」などという机上の空論に踊らされるよりも、飛行機の搭乗方式を見直すほうがよほどましではないだろうか。

＊アメリカのイーロン・マスクが構想を発表した真空チューブを利用した次世代輸送システム。

おわりに

数字はウソをつかないかもしれないが、では、数字はどんな真実を伝えてくれるのだろう？　わたしが本書でみなさんに伝えようとしてきたのは、物事は深く、同時に広く、見なければならないということだ。たとえ、かなり信頼が置けるものであろうと、それどころか、申し分がないほど正確なものであろうと、数字はかならず多角的な視点から見なければならない。情報に基づいて絶対的な価値を評価するには、相対化や比較化という視点が必要なのだ。

ほんのわずかな差を基盤にして杓子《しゃくし》定規に作成されたランキングは、参考になるどころか、かえって誤解を生じさせる。いきすぎた正確性にこだわって正当性を欠くくらいなら、だいたいの近似値を求めるほうがいい。

つねに疑いをもち、用心して、問いかけ続ける姿勢もたしかに必要だが、現代社会において複雑にからみあう現実を数量化する努力もまた欠かせない。わたしたちがとらえにくいさまざまな現実をしっかりと把握すべきであるのなら、そしてまた、入手できる最高の情報に基づいて行動すべきであるのなら、物事を数字であらわす努力をこれからも続けていかなければならないし、これに代わる手立てはないのである。

謝辞

長年、さまざまな学問分野にまたがる内容の本を発表してきて、ふと思った。ニュースでとりあげられるようなトピックについて連載のかたちで定期的にコメントを述べ、よくある誤解を正し、興味をそそる世界の現実を解説するのも、おもしろい挑戦かもしれない、と。ただし、実現する可能性はかなり低いだろうとも思っていた。そういったことをしようと思えば、『３びきのくま[*]』の主人公ゴルディロックスのように、ちょうどいい塩梅《あんばい》を見つけなければならないからだ。

連載の間隔は短すぎてはいけないし（毎週ではけっこう大変だ）、空《あ》きすぎてもいけない。１回の分量も長すぎてはいけないが、内容の薄い段落が２つ３つでは短すぎる。読者に中身をしっかり吟味してもらうためには、語り口が専門的すぎてもいけないし、上っ面をなでるだけでもいけない。テーマの選定も無制限というわけにはいかないが（あいまいな事柄やあまりに専門的なテーマをとりあげるつもりはなかっ

---

*イギリスの民話。森でくまの家に迷い込んだ少女ゴルディロックスが、３匹のくま用にそれぞれ３つずつあるもののうち自分にいちばんあう量のおかゆを食べ、あうサイズの椅子に座り、寝心地のいいベッドで寝るというくだりがある。

た）、幅広く選ばなければならない。それに、数字をどこまで入れるか。数字だらけではいけないが、説得力をもたせる程度には入れる必要がある。この数字に関する問題は、わたしにとってとりわけ重い意味があった。というのも、ここ数十年のあいだに、量的に理解しなければならない重要な事柄が質的な問題として扱われるようになり、そのせいで、複雑な現実からますますかけ離れた誤解が広まっていると考えていたからだ。

ところが、思いもかけないことが起こった。２０１４年、『ＩＥＥＥスペクトラム（*IEEE Spectrum*）』から月に1度のコラム連載を依頼されたのだ。これはニューヨークに本部がある米国電気電子技術者協会（ＩＥＥＥ）の機関誌で、編集主任のフィリップ（フィル）・ロスが執筆者の候補としてわたしの名前を挙げたところ、編集長のスーザン・ハスラーがすぐに同意したのだという。ＩＥＥＥ（アイ・トリプルイー）は工学と応用科学に特化した世界最大の専門家の組織であり、その会員は、安価で途切れることのない確実な電力供給と、さらに多くの新たな電子機器とコンピュータ技術を利用して、現代世界をつくり変えようと最前線で奮闘している。『ＩＥＥＥスペクトラム』はそんな協会の機関誌だ（オンライン版もある）。

２０１４年10月にフィルに送った電子メールで、わたしは初年度にとりあげようと思っていたトピックをおおまかに伝えた。重すぎる自動車、三層ガラスの窓、ムーアの呪縛、人新世などなど。結局わたしは、そのとき列挙したほとんどすべてのトピックについてコラムを書き、２０１５年1月から誌面に掲載された。初回はますます重くなる自動車に関するもので、『ＩＥＥＥスペクトラム』はわたしのコラムにまさに打ってつけの媒体だった。ＩＥＥＥの会員数は40万を超えているから、教養も批評眼も備えた膨大な読者がいる。そうした読者に向けて、わたしはまったく自由にトピックを選ばせてもらった。しかもフィルはすばらしい編集者で、その妥協なきファクトチェックは特筆に値する。

　書きためたコラムが増えるにつれ、おもしろい取り合わせになっているかもしれないとは思ったが、本になるとは思わなかった。すると、フィルに初年度のトピックをメールで伝えてからほぼ5年後の２０１９年10月、こんどはロンドンのヴァイキング社（ペンギン・ランダムハウス傘下）の編集者、ダニエル・クルーから思いがけないメールが届いた。わたしのコラムを1冊の本にまとめてみないかという誘いだった。その後、話はとんとん拍子に進んだ。ダニエルがスーザンの許可をとりつけると、2人で本に入れる発表済みのコラムを60点選んだ（あまりに専門的なものはいくつか除いた）。それから、似たようなトピックを集めた章（とくに「世界の人々」と「食」）のボリュームをあわせるため、コラムを11点書きくわえた。コナー・ブラウンが最初の編集を引き受けてくれ、一緒に各トピックにふさわしい図や写真を選んだ。

　フィルとスーザン、そして『ＩＥＥＥスペクトラム』読者諸氏には、ご支援はもとより、好奇心のおもむくまま自由に書く機会をたまわった。ここにお礼を申しあげる。そして、本書の数字にまつわるコラムに第二の命を与えてくれたダニエルとコナーにも深謝する。

　本書に掲載されている図表の大半はわたし個人の手元にあったものだ（それ以外の著作権については巻末を参照のこと）。

　可能なかぎり著作権はたどったものの、本書に含まれる出典不明の資料に関する情報をおもちの方がいれば、ぜひご一報いただきたい。増刷の僥倖《ぎょうこう》に恵まれた際には、できるかぎり修正する所存である。

訳者あとがき

「数字は苦手」というタイプの方もおいでだろう。その反対に、「数字、大好き！」というタイプの方もおいでだろう。どちらのタイプの方でも、数字を通じて世界を知るという胸躍る体験を、本書を通じて堪能できるはずだ。

著者バーツラフ・シュミルはカナダのマニトバ大学の特別栄誉教授。読書家として知られる、かのビル・ゲイツは彼のファンであることを公言し、「『スター・ウォーズ』の新作を待ちこがれる人がいるように、わたしはシュミルの新刊を待つ」と述べている。事実、ゲイツが自身のブログで２０１８年までの８年間でもっとも言及した回数の多い著者は、バーツラフ・シュミルであったという。

著者はエネルギーの学際的な研究の第一人者。カナダ王立協会フェローで、２０１０年にはアメリカの『フォーリン・ポリシー』誌により、「世界の思想家トップ１００」に選ばれ、２０１３年にはカナダ勲章を受勲。２０１５年にはエネルギー研究に対してＯＰＥＣ研究賞を授与されている。親日家でもあり、一昨年までの10年間は毎年訪日している。世界のリーダーが一堂に会して技術イノベーションによる気候変動対策を協議することを目的としたフォーラム「Innovation for Cool Earth Forum（ＩＣＥＦ）」が日本政府主導で、毎年、東京で開催されており、著者はその運営委員会のメンバーにも選ばれている。数十年前から日本語も勉強していて、本書でも一部、日本語（漢字とひらがな）を使っている。著書の邦訳には『エネルギーの人類史』（上下巻、塩原通緒訳、青土社）、『エネルギーの不都合な真実』（立木勝訳、エクスナレッジ）、『中国の環境危機』（丹藤佳紀、高井潔司訳、亜紀書房）がある。

さて、エネルギーの専門家であるだけでなく、博覧強記でまさに「知の巨人」といえる著者は、本書でも、数字によって世界のリアルを「つかむ」方法をあざやかに披露している。国の公的機関が発表した統計など信頼の置けるデータを基盤に数字を適切な観点から見なければ、世界で起こっていることはわからない。よって著者は歴史的な観点から現在と過去を比較したり、国際的な観点から国と国とを比較したりと、ミクロからマクロまで縦横無尽にさまざまな数字を分析していく。

1章の「世界の人々」では、少子化の影響、ワクチン接種の便益、新型コロナウイルス流行の規模の予測、失業率と幸福の関係、増加するメガシティなどがとりあげられる。本章を読めば、感染症による致死率の算出では「分母」が重要であることがわかり、感染症関連のニュースを把握する力もつくはずだ。

2章の「世界の国々」では、世界の「いま」を切りとり、「これまで」を振り返り、「これから」も示唆している。アメリカやイギリスの現状、中国とインドの台頭、雇用を生みだす製造業といったトピックはどれも興味深く、日本の将来については大いに考えさせられる。「帝国」の衰退を俯瞰するトピックからは、長いスパンで物事を眺めるきっかけも得られるだろう。

3章の「食」では、身体にも地球にもやさしい食べ方、窒素肥料の重要性、待ったなしのフードロス問題、絶滅の危機に瀕しているクロマグロ、日本型食生活など、多彩なテーマが登場する。肉の消費量や小麦の生産量、狭い空間で飼育されているブロイラーの現状を知るうちに、食の問題を世界規模で眺められるようになると同時に、わたしたちが自覚をもって行動を変える必要性も痛感するはずだ。

4章の「環境」では、著者ならではの視点で環境問題を論じていく。住宅の断熱材、三層ガラスの窓、暖房効率などについては、あまり考えたことがないという方も多いだろう。豪邸不要論も痛快だ。人新世（アントロポセン）が始まったと考えるのは時期尚早ではないかというトピックでは、地球の歴史を振り返る視点も得られる。また、脱炭素社会への道のりの険しさを指摘するトピックは必読だ。

5章の「エネルギー」は、著者の本領発揮の感がある。ガスタービンの威力を初めて知り、風力タービンの大きさに驚愕し、蓄電池の重要性に気づき、各国の電力のコストのちがいを意外に思う読者も多いはずだ。再生可能エネルギーへの移行がむずかしい理由にも、納得できるだろう。

6章の「移動」では、自転車、船舶、航空機など、さまざまな乗り物や燃料について考えていく。「エネルギー効率」「乗員に対する車両の重量比」など、ふだんはあまり考えないテーマについて考える知的興奮を味わえるし、電気自動車の製造と使用にともなう課題も突きつけられる。

最後の7章「機械」で感じられるのは、苦心のすえ発明品を世に送りだしてきた技術者や研究者に対する著者の深い愛情と尊敬の念だ。ディーゼルエンジン、電気モーター、変圧器といった機械やテクノロジーを発明した先人たちのおかげで現代の便利な生活があることに、思いがいたるだろう。

また著者は、科学技術が発展するスピードや、増えるばかりのデータ量についても深い考察を述べている。とりわけ「真のイノベーションとは」と問いかけるトピックは本書の白眉《はくび》ともいえる内容で、莫大な研究費を費やしたあげく失敗に終わった大規模基礎研究などに触れ、玉石混交のいわゆる「イノベーション」に踊らされがちなわたしたちに一考をうながしている。たしかに新たなテクノロジーは魅力的だが、エネルギーや環境や食料の問題に取り組むうえでは、消費者にもできることは多々ある。地球や人類の未来をよりよいものにするには、わたしたちが物事を見る力をつけ、思考し、判断し、行動していかなければならない。著者は本書で「腹八分目」という言葉を日本語で綴っていて、まさにこの言葉に、現代社会の複雑な問題に取り組むヒントが込められている。科学的思考と良識に基づいた行動の融合。それこそ、著者が本書を通じて伝えたいメッセージの1つだろう。

なお、著者の了解を得て、本書には一部、章や節（トピック）の順番を変えたところがある。また著者に確認をとったうえで、原書の数字に修正を加えた箇所もあるので、ご了承いただきたい。

本書の訳出にあたっては、共訳者の熊谷千寿氏、ＮＨＫ出版編集部の加納展子氏、塩田知子氏、校正の酒井清一氏と全編にわたって何度も意見を交換し、議論と推敲《すいこう》を重ねた。篤《あつ》く御礼申しあげる。

いわば教養書の決定版ともいえる本書は、じつに読みやすいのも魅力だ。71のトピックはどれも3〜6ページ程度なので、通勤時間やちょっとした空き時間の読書にも向いている。最初から順番に読み進めるのもいいし、まずは興味のあるトピックから読んでみるのもいい。「深く広く」物事を見て、多角的な視点で「事実を判断基準」にしなさいと、著者は述べている。本書を通じて、みなさんが数字を比較し、相対的に物事を見る楽しさ、奥深さを体験し、世界を見る新たな視点を得られることを願っている。

２０２１年３月

栗木さつき

参考文献

第1章　世界の人々――暮らしはどう変化して、どこに向かうのか？

1　子どもの数が少なくなったら、どうなるのか？

Bulatao, R.A., and J.B. Casterline, eds. *Global Fertility Transition*. New York: Population Council, 2001.

United Nations. *World Population Prospects*. New York: United Nations, 2019. https://population.un.org/wpp/.

2　生活の質をもっともよくあらわす指標――乳児死亡率

Bideau, A., B. Desjardins, and H.P. Brignoli, eds. *Infant and Child Mortality in the Past*. Oxford: Clarendon Press, 1992.

Galley, C., et al., eds. *Infant Mortality: A Continuing Social Problem*. London: Routledge, 2017.

3　投資に対する最高の利益《リターン》――ワクチン接種

Gates, Bill and Melinda. "Warren Buffett's Best Investment." *Gates Notes* (blog), February 14, 2017. https://www.gatesnotes.com/2017-Annual-Letter?WT.mc_id=02_14_2017_02_AL2017GFO_GF- GFO_&WT.tsrc=GFGFO.

Ozawa, S., et al. "Modeling the economic burden of adult vaccine-preventable diseases in the United States." *Health Affairs* 35, no. 11 (2016): 2124–32.

4　感染症流行の規模を予測するのがむずかしい理由

NHCPRC (National Health Commission of the People's Republic of China). "March 29: Daily briefing on novel coronavirus cases in China." March 29, 2020. http://en.nhc.gov.cn/2020-03/29/c_78447.htm.

Wong, J.Y., et al. "Case fatality risk of influenza A (H1N1pdm09): A systematic review." *Epidemiology* 24, no. 6 (2013). https://doi.org/10.1097/EDE.0b013e3182a67448.

5 どんどん高くなる身長

Floud, R., et al. *The Changing Body*. Cambridge: Cambridge University Press, 2011.

Koletzko, B., et al., eds. *Nutrition and Growth: Yearbook 2018*. Basel: Karger, 2018.

6 寿命はどこまで延びるのか？

Riley, J.C. *Rising Life Expectancy: A Global History*. Cambridge: Cambridge University Press, 2001.（ジェイムス・ライリー『健康転換と寿命延長の世界誌』門司和彦訳、明和出版、2008年）

Robert, L., et al. “Rapid increase in human life expectancy: Will it soon be limited by the aging of elastin?” *Biogerontology* 9, no. 2 (April 2008): 119–33.

7 わたしたちの進化の秘密——長く走れるのは、なぜか？

Jablonski, N.G. “The naked truth.” *Scientific American Special Editions* 22, 1s (December 2012). https://doi.org/10.1038/scientificamericanhuman1112-22.

Taylor, N.A.S., and C.A. Machado-Moreira. “Regional variations in transepidermal water loss, eccrine sweat gland density, sweat secretion rates and electrolyte composition in resting and exercising humans.” *Extreme Physiology and Medicine* 2, no. 4 (2013). https://doi.org/10.1186/2046-7648-2-4.

8 失業率と幸福の関係

Knight, K.G. *Unemployment: An Economic Analysis*. London: Routledge, 2018.

Summers, L.H., ed. *Understanding Unemployment*. Cambridge, MA: MIT Press, 1990.

9 なにが人を幸せにするのか？

Heliwell, J.F., R. Layard, and J.D. Sachs, eds. *World Happiness Report 2019*. New York: Sustainable Development Solutions Network, 2019. https://s3.amazonaws.com/happiness-report/2019/WHR19.pdf.

Layard, R. *Happiness: Lessons from a New Science*. London: Penguin Books, 2005.

10 増えつづけるメガシティ

Canton, J. “The extreme future of megacities.” *Significance* 8, no. 2 (June 2011): 53-6.

https://doi.org/10.1111/j.1740-9713.2011.00485.x.

Munich Re. *Megacities—Megarisks: Trends and challenges for insurance and risk management.* Munich: MünchenerRück versicherungs-Gesellschaft, 2004. http://www.preventionweb.net/files/646_10363.pdf.

11　ギザの大ピラミッドは何人でつくったのか？

Lehner, M. *The Complete Pyramids: Solving the Ancient Mysteries*. London: Thames and Hudson, 1997.（マーク・レーナー『図説 ピラミッド大百科』内田杉彦訳、東洋書林、2000年）

Mendelssohn, K. *The Riddle of the Pyramids*. London: Thames and Hudson, 1974.（クルト・メンデルスゾーン『ピラミッドを探る』酒井傳六訳、法政大学出版局、2009年）

第2章　世界の国々——グローバル時代における力関係を読み解く

12　アメリカは本当に特別な国なのか？

Gilligan, T.W., ed. *American Exceptionalism in a New Era: Rebuilding the Foundation of Freedom and Prosperity*. Stanford, CA: Hoover Institution Press, 2018.

Hodgson, G. *The Myth of American Exceptionalism*. New Haven, CT: Yale University Press, 2009.

13　ＥＵのめざましい成果

Bootle, R. *The Trouble with Europe: Why the EU Isn't Working, How It Can Be Reformed, What Could Take Its Place*. Boston, MA: Nicholas Brealey, 2014.（ロジャー・ブートル『欧州解体——ドイツ一極支配の恐怖』町田敦夫訳、東洋経済新報社、2015年）

Leonard, D., and M. Leonard, eds. *The Pro-European Reader*. London: Palgrave/Foreign Policy Centre, 2002.

14　ブレグジット——イギリスが直面している現実は変わらない

Clarke, H.D., M. Goodwin, and P. Whiteley. *Brexit: Why Britain Voted to Leave the*

European Union. Cambridge: Cambridge University Press, 2017.

Merritt, G. *Slippery Slope: Brexit and Europe's Troubled Future*. Oxford: Oxford University Press, 2017.

15 日本の将来への懸念

Cannon, M.E., M. Kudlyak, and M. Reed. "Aging and the economy: The Japanese experience." *Regional Economist* (October 2015). https://www.stlouisfed.org/publications/regional-economist/october-2015/aging-and-the-economy-the-japanese-experience.

Glosserman, B. *Peak Japan: The End of Great Ambitions*. Washington, DC: Georgetown University Press, 2019.

16 中国はどこまで成長するのか？

Dotsey, M., W. Li, and F. Yang. "Demographic aging, industrial policy, and Chinese economic growth." Federal Reserve Bank of Philadelphia. *Working Papers* (2019): 19–21. https://doi.org/10.21799/frbp.wp.2019.21.

Paulson Jr., H.M. *Dealing with China: An Insider Unmasks the New Economic Superpower*. New York: Twelve, 2016.

17 インドvs.中国——人口大国の共通点と相違点

Drèze, J., and A. Sen. *An Uncertain Glory: India and Its Contradictions*. Princeton, NJ: Princeton University Press, 2015.（アマルティア・セン、ジャン・ドレーズ『開発なき成長の限界——現代インドの貧困・格差・社会的分断』湊一樹訳、明石書店、2015年）

NITI Aayog. *Strategy for New India @ 75*. November 2018. https://niti.gov.in/writereaddata/files/Strategy_for_New_India.pdf.

18 なぜ製造業はいまでも重要なのか？

Haraguchi, N., C.F.C. Cheng, and E. Smeets. "The importance of manufacturing in economic development: Has this changed?" Inclusive and Sustainable Development Working Paper Series WP1, 2016. https://www.unido.org/sites/default/files/2017-02/the_importance_of_manufacturing_in_economic_development_0.pdf.

Smil, V. *Made in the USA: The Rise and Retreat of American Manufacturing*. Cambridge, MA: MIT Press, 2013.

19 ロシアvs. アメリカ——宇宙開発をめぐる競争

Divine, R.A. *The Sputnik Challenge: Eisenhower's Response to the Soviet Satellite*. Oxford: Oxford University Press, 2003.

Zarya. "Sputniks into Orbit." http://www.zarya.info/Diaries/Sputnik/Sputnik1.php.

20 帝国の宿命——栄枯盛衰は世の習い

Arbesman, S. "The life-spans of empires." *Historical Methods* 44, no. 3 (2011): 127–9. https://doi.org/10.1080/01615440.2011.577733.

Smil, V. *Growth: From Microorganisms to Megacities*. Cambridge, MA: MIT Press, 2019.

21 第一次世界大戦の負の遺産

Bishop, C., ed. *The Illustrated Encyclopedia of Weapons of World War I*. New York: Sterling Publishing, 2014.

Stoltzenberg, D. *Fritz Haber: Chemist, Nobel Laureate, German, Jew*. Philadelphia, PA: Chemical Heritage Foundation, 2004.

第3章　食——身体にも地球にもやさしい「食べ方」とは

22 世界の食料供給を支える窒素肥料

Smil, V. *Enriching the Earth: Fritz Haber, Carl Bosch, and the Transformation of World Food Production*. Cambridge, MA: MIT Press, 2000.

Stoltzenberg, D. *Fritz Haber: Chemist, Nobel Laureate, German, Jew*. Philadelphia, PA: Chemical Heritage Foundation, 2004.

23 小麦の生産量を数倍に増やすには

Calderini, D.F., and G.A. Slafer. "Changes in yield and yield stability in wheat during the 20th century." *Field Crops Research* 57, no. 3 (1998): 335–47.

Smil, V. *Growth: From Microorganisms to Megacities*. Cambridge, MA: MIT Press, 2019.

24 食品《フード》ロスはグローバルな大問題――いますぐ行動を！

Gustavsson, J., et al. *Global Food Losses and Food Waste*. Rome: Food and Agriculture Organization of the United Nations, 2011.（国際連合食糧農業機関『世界の食料ロスと食料廃棄――その規模、原因および防止策』稲垣春郎・社団法人国際農林業協働協会訳、社団法人国際農林業協働協会、2011年）

WRAP. *The Food Waste Reduction Roadmap—Progress Report 2019*. September 2019. https://wrap.org.uk/resources/report/food-waste-reduction-roadmap-progress-report-2019.

25 地中海式食事法の衰退

Tanaka, T., et al. "Adherence to a Mediterranean diet protects from cognitive decline in the invecchiare in Chianti study of aging. *Nutrients* 10, no. 12 (2007). https://doi.org/10.3390/nu10122007.

Wright, C.A. *A Mediterranean Feast: The Story of the Birth of the Celebrated Cuisines of the Mediterranean, from the Merchants of Venice to the Barbary Corsairs*. New York: William Morrow, 1999.

26 絶滅危惧種、クロマグロ

MacKenzie, B.R., H. Mosegaard, and A.A. Rosenberg. "Impending collapse of bluefin tuna in the northeast Atlantic and Mediterranean." *Conservation Letters* 2 (2009): 25–34.

Polacheck, T., and C. Davies. *Considerations of Implications of Large Unreported Catches of Southern Bluefin Tuna for Assessments of Tropical Tunas, and the Need for Independent Verification of Catch and Effort Statistics*. CSIRO Marine and Atmospheric Research Paper No. 23, March 2008. http://www.cmar.csiro.au/e-print/open/2008/polacheckt_a.pdf.

27 鶏肉は世界を制するか？

National Chicken Council. "U.S. Broiler Performance." 2019年3月に更新。 https://www.nationalchickencouncil.org/about-the-industry/statistics/u-s-broiler-performance/.

Smil, V. *Should We Eat Meat?: Evolution and Consequences of Modern Carnivory*. Chichester, West Sussex: Wiley-Blackwell, 2013.

28 フランス人とワインの微妙な関係

Aurand, J.-M. *State of the Vitiviniculture World Market*. International Organization of Vine and Wine, 2018. http://www.oiv.int/public/medias/6370/state-of-the-world-vitiviniculture-oiv-2018-ppt.pdf.

Lejeune, D. *Boire et Manger en France, de 1870 au Début des Années 1990*. Paris: Lycée Louis le Grand, 2013.

29 理性的に肉を食べよう

Pereira, P., et al. “Meat nutritional composition and nutritive role in the human diet.” *Meat Science* 93, no. 3 (March 2013): 589–92. https://doi.org/10.1016/j.meatsci.2012.09.018.

Smil, V. *Should We Eat Meat?: Evolution and Consequences of Modern Carnivory*. Chichester, West Sussex: Wiley-Blackwell, 2013.

30 長寿国日本の食生活の秘訣

Cwiertka, K.J. *Modern Japanese Cuisine: Food, Power and National Identity*. London: Reaktion Books, 2006.

Fumihiko Takeuchi , et al. “The fine-scale genetic structure and evolution of the Japanese population.” *PLOS ONE* (November 2017).

Smil, V., and K. Kobayshi. *Japan’s Dietary Transition and Its Impacts*. Cambridge, MA: MIT Press, 2012.

31 乳製品を消費する国の劇的な変化

American Farm Bureau Federation. “Trends in beverage milk consumption.” Market Intel, December 19, 2017. https://www.fb.org/market-intel/trends-in-beverage-milk-consumption.

Watson, R.R., R.J. Collier, and V.R. Preedy, eds. *Nutrients in Dairy and Their Implications for Health and Disease*. London: Academic Press, 2017.

第4章　環境——賢い選択をするために、知っておくべきこと

32 牛の惑星

Beef Cattle Research Council. "Environmental Footprint of Beef Production." 2019年10月に更新。 http://www.beefresearch.ca/research-topic.cfm/environmental-footprint-of-beef-production-6.

Smil, V. *Harvesting the Biosphere: What We Have Taken from Nature*. Cambridge, MA: MIT Press, 2013.

33 アフリカゾウの死

Paul G. Allen Project. *The Great Elephant Census Report 2016*. Vulcan Inc., 2016. http://www.greatelephantcensus.com/final-report.

Pinnock, D., and C. Bell. *The Last Elephants*. London: Penguin Random House, 2019.

34 人新世と呼ぶのは時期尚早

Davies, J. *The Birth of the Anthropocene*. Berkeley, CA: University of California Press, 2016.

Subcommission on Quaternary Stratigraphy, "Working Group on the 'Anthropocene.'" May 21, 2019. http://quaternary.stratigraphy.org/ working-groups/anthropocene/.

35 コンクリートの具体的《コンクリート》な事実

Courland, R. *Concrete Planet: The Strange and Fascinating Story of the World's Most Common Man-Made Material*. Amherst, NY: Prometheus Books, 2011.

Smil, V. *Making the Modern World: Materials and Dematerialization*. Chichester, West Sussex: John Wiley and Sons, 2014.

36 携帯電話と車、環境に悪いのはどちらか？

Anders, S.G., and O. Andersen. "Life cycle assessments of consumer electronics—are they consistent?" *International Journal of Life Cycle Assessment* 15 (July 2010): 827–36.

Qiao, Q., et al. "Comparative study on life cycle CO_2 emissions from the production of electric and conventional cars in China." *Energy Procedia* 105 (2017): 3584–95.

37 最高の断熱材とは

Natural Resources Canada. *Keeping the Heat In*. Ottawa: Energy Publications, 2012. https://www.nrcan.gc.ca/energy-efficiency/energy-efficiency-homes/how-can-i-make-my-home-more-ener/keeping-heat/15768.

US Department of Energy. “Insulation materials.” 2019年12月に閲覧。 https://www.energy.gov/energysaver/weatherize/insulation/insulation-materials.

38 三層ガラス窓——確実な省エネ策

Carmody, J., et al. *Residential Windows: A Guide to New Technology and Energy Performance*. New York: W.W. Norton and Co., 2007.

US Department of Energy. *Selecting Windows for Energy Efficiency*. Merrifield, VA: Office of Energy Efficiency, 2018. https://nascsp.org/wp-content/uploads/2018/02/us-doe_selecting-windows-for-energy-efficiency.pdf.

39 住居の暖房効率を上げるには

Energy Solutions Center. “Natural gas furnaces.” December 2008. https://naturalgasefficiency.org/for-residential-customers/heat-gas_furnace/.

Lechner, N. *Heating, Cooling, Lighting*. Hoboken, NJ: John Wiley and Sons, 2014.

40 脱炭素社会への道のり

Jackson, R.B., et al. *Global Energy Growth Is Outpacing Decarbonization*. A special report for the United Nations Climate Action Summit, September 2019. Canberra: Global Carbon Project, 2019. https://www.globalcarbonproject.org/global/pdf/GCP_2019_Global%20energy%20growth%20outpace%20decarbonization_UN%20Climate%20Summit_HR.pdf.

Smil, V. *Energy Transitions: Global and National Perspectives*. Santa Barbara, CA: Praeger, 2017.

41 動物vs.人工物——どちらが多様？

GSMArena. “All mobile phone brands.” 2019年12月に閲覧。 https://www.gsmarena.com/makers.php3.

Mora, C., et al. “How many species are there on Earth and in the ocean?” *PLoS Biology*

9, no. 8 (2011): e1001127. https://doi.org/10.1371/journal.pbio.1001127.

第5章　エネルギー——燃料と電気をめぐる不都合な真実

42 ガスタービンの威力

American Society of Mechanical Engineers. *The World's First Industrial Gas Turbine Set—GT Neuchâtel: A Historical Mechanical Engineering Landmark*. Alstom, 1988. https://www.asme.org/wwwasmeorg/media/resourcefiles/aboutasme/who%20we%20are/engineering%20history/landmarks/135-neuchatel-gas-turbine.pdf.

Smil, V. *Natural Gas: Fuel for the Twenty-First Century*. Chichester, West Sussex: John Wiley, 2015.

43 原子力発電——果たされない約束

International Atomic Energy Agency. *Nuclear Power Reactors in the World*. Reference Data Series No. 2. Vienna: IAEA, 2019. https://www-pub.iaea.org/MTCD/Publications/PDF/RDS-2-39_web.pdf.

Smil, V. *Energy and Civilization: A History*. Cambridge, MA: MIT Press, 2017.（バーツラフ・シュミル『エネルギーの人類史』塩原通緒訳、青土社、2019年）

44 風力発電には化石燃料が必要

Ginley, D.S., and D. Cahen, eds. *Fundamentals of Materials for Energy and Environmental Sustainability*. Cambridge: Cambridge University Press, 2012.

Mishnaevsky Jr., L., et al. "Materials for wind turbine blades: An overview." *Materials* 10 (2017). https://www.ncbi.nlm.nih.gov/pmc/articles/PMC5706232/pdf/materials-10-01285.pdf.

45 風力タービンはどこまで大きくなるのか？

Beurskens, J. "Achieving the 20 MW Wind Turbine." *Renewable Energy World* 1, no. 3 (2019). https://www.renewableenergyworld.com/storage/achieving-the-20-mw-wind-turbine/#gref.

General Electric. "Haliade-X 12 MW offshore wind turbine platform." 2019年12月に閲

覧。https://www.ge.com/renewableenergy/ wind-energy/offshore-wind/haliade-x-offshore-turbine.

46 太陽光発電が急速に普及しないわけ

NASA. "Vanguard 1." 2019年12月に閲覧。https://nssdc.gsfc.nasa.gov/nmc/spacecraft/display.action?id=1958-002B.

US Department of Energy. "The History of Solar." 2019年12月に閲覧。https://www1.eere.energy.gov/solar/pdfs/solar_timeline.pdf.

47 いまでも日光がいちばん

Arecchi, A.V., T. Messadi, and R.J. Koshel. *Field Guide to Illumination*. SPIE, 2007. https://doi.org/10.1117/3.764682.

Pattison, P.M., M. Hansen, and J.Y. Tsao. "LED lighting efficacy: Status and directions." *Comptes Rendus* 19, no. 3 (2017). https://www.osti.gov/pages/servlets/purl/1421610.

48 もっと大きな蓄電池《バッテリー》が必要

Korthauer, R., ed. *Lithium-Ion Batteries: Basics and Applications*. Berlin: Springer, 2018.

Wu, F., B. Yang, and J. Ye, eds. *Grid-Scale Energy Storage Systems and Applications*. London: Academic Press, 2019.

49 世界初の電気コンテナ船が抱える課題

Kongsberg Maritime. "Autonomous Ship Project, Key Facts about *Yara Birkeland*." 2019年12月に閲覧。https://www.kongsberg.com/maritime/support/themes/autonomous-ship-project-key-facts-about-yara-birkeland/.

Smil, V. *Prime Movers of Globalization: The History and Impact of Diesel Engines and Gas Turbines*. Cambridge, MA: MIT Press, 2010.

50 電力の本当のコスト

Eurostat. "Electricity price statistics." 2019年11月時点のデータ。https://ec.europa.eu/eurostat/statistics-explained/pdfscache/45239.pdf.

Vogt, L.J. *Electricity Pricing: Engineering Principles and Methodologies*. Boca Raton, FL: CRC Press, 2009.

51 エネルギー移行がゆっくり進むのは仕方がない

International Energy Agency. *World Energy Outlook 2019*. Paris: IEA, 2019. https://www.iea.org/reports/world-energy-outlook-2019.

Smil, V. *Energy Transitions: Global and National Perspectives*. Santa Barbara, CA: Praeger, 2017.

第6章　移動——この200年での驚異の進化とこれからの課題

52 どんどん短くなる大西洋横断時間

Griffiths, D. *Brunel's Great Western*. New York: HarperCollins, 1996.

Newall, P. *Ocean Liners: An Illustrated History*. Barnsley, South Yorkshire: Seaforth Publishing, 2018.

53 自転車は蒸気機関より新しい！

Bijker, W.E. *Of Bicycles, Bakelites and Bulbs: Toward a Theory of Sociotechnical Change*. Cambridge, MA: MIT Press, 1995.

Wilson, D.G. *Bicycling Science*. Cambridge, MA: MIT Press, 2004.

54 世紀の大発明、空気入りタイヤ

Automotive Hall of Fame. "John Dunlop." 2019年12月に閲覧。 https://www.automotivehalloffame.org/honoree/john-dunlop/.

Dunlop, J.B. *The History of the Pneumatic Tyre*. Dublin: A. Thom & Co., 1925.

55 自動車時代の幕開け

Casey, R.H. *The Model T: A Centennial History*. Baltimore, MD: Johns Hopkins University Press, 2008.

Ford Motor Company. "Our History—Company Timeline." 2019年12月に閲覧。 https://corporate.ford.com/history.html.

56 現代の車——ショベルカーでハエを追うようなもの

Lotus Engineering. *Vehicle Mass Reduction Opportunities.* October 2010. https://www.epa.gov/sites/production/files/2015-01/documents/10052010mstrs_peterson.pdf.

US Environmental Protection Agency. *The 2018 EPA Automotive Trends Report: Greenhouse Gas Emissions, Fuel Economy, and Technology since 1975.* Executive summary, 2019. https://nepis.epa.gov/Exe/ZyPDF.cgi?Dockey=P100W3WO.pdf.

57 電気自動車は本当にクリーンか？

Deloitte. *New Market. New Entrants. New Challenges: Battery Electric Vehicles.* 2019. https://www2.deloitte.com/content/dam/Deloitte/uk/Documents/manufacturing/deloitte-uk-battery-electric-vehicles.pdf.

Qiao, Q., et al. "Comparative study on life cycle CO_2 emissions from the production of electric and conventional cars in China." *Energy Procedia* 105 (2017): 3584–95.

58 ジェット時代の幕開け

Smil, V. *Prime Movers of Globalization: The History and Impact of Diesel Engines and Gas Turbines.* Cambridge, MA: MIT Press, 2009.

Yenne, B. *The Story of the Boeing Company.* London: Zenith Press, 2010.

59 ジェット燃料の王者、ケロシン

CSA B836. *Storage, Handling, and Dispensing of Aviation Fuels at Aerodromes.* Toronto: CSA Group, 2014.

Vertz, L., and S. Sayal. "Jet fuel demand flies high, but some clouds on the horizon." *Insight* 57 (January 2018). https://cdn.ihs.com/www/pdf/Long-Term-Jet-Fuel-Outlook-2018.pdf.

60 航空機は車より安全なのか？

Boeing. *Statistical Summary of Commercial Jet Airplane Accidents: Worldwide Operations 1959–2017.* Seattle, WA: Boeing Commercial Airplanes, 2017. https://www.boeing.

com/resources/boeingdotcom/company/about_bca/pdf/statsum.pdf.

International Civil Aviation Organization. *State of Global Aviation Safety*. Montreal: ICAO, 2019. https://www.icao.int/safety/Documents/ICAO_SR_2019_29082019.pdf.

61 エネルギー効率がもっともよい乗り物——航空機か、電車か、自動車か？

Davis, S.C., S.W. Diegel, and R.G. Boundy. *Transportation Energy Data Book*. Oak Ridge, TN: Oak Ridge National Laboratory, 2019. https://info.ornl.gov/sites/publications/files/Pub31202.pdf.

Sperling, D., and N. Lutsey. "Energy efficiency in passenger transportation." *Bridge* 39, no. 2 (Summer 2009): 22–30.

第7章　機械——現代世界の基礎をつくった発明品とは

62 奇跡の1880年代——ボールペンから内燃機関まで

Smil, V. *Creating the Twentieth Century: Technical Innovations of 1867–1914 and Their Lasting Impact*. Oxford: Oxford University Press, 2005.

Timmons, T. *Science and Technology in Nineteenth-Century America*. Westport, CT: Greenwood Press, 2005.

63 電気モーターは現代文明の原動力

Cheney, M. *Tesla: Man Out of Time*. New York: Dorset Press, 1981.（マーガレット・チェニー『テスラ——発明王エジソンを超えた偉才』鈴木豊雄訳、工作舎、1997年）

Hughes, A. *Electric Motors and Drives: Fundamentals, Types and Applications*. Oxford: Elsevier, 2005.

64 変圧器《トランスフォーマー》——控えめでよく働く縁の下の力持ち

Coltman, J.W. "The transformer." *Scientific American* 258, no. 1 (January 1988): 86–95.

Harlow, J.H., ed. *Electric Power Transformer Engineering*. Boca Raton, FL: CRC Press, 2012.

65 ディーゼルエンジン——グローバル世界で果たす役割

Mollenhauer, K., and H. Tschöke, eds. *Handbook of Diesel Engines*. Berlin: Springer, 2010.

Smil, V. *Prime Movers of Globalization: The History and Impact of Diesel Engines and Gas Turbines*. Cambridge, MA: MIT Press, 2010.

66 一瞬をとらえる——馬から電子の動きまで

Eadweard Muybridge Online Archive. "Galleries." http://www.muybridge.org/.

Muybridge, E. *Descriptive Zoopraxography, or the Science of Animal Locomotion Made Popular*. Philadelphia, PA: University of Pennsylvania, 1893. https://archives.upenn.edu/digitized-resources/docs-pubs/muybridge/descriptive-zoopraxography.

67 蓄音機《フォノグラフ》からストリーミングへ——エジソンの偉大な発明

Marco, G. A., ed. *Encyclopedia of Recorded Sound in the United States*. New York: Garland Publishing, 1993.

Morris, E. *Edison*. New York: Random House, 2019.

68 集積回路（IC）の発明

Berlin, L. *The Man Behind the Microchip: Robert Noyce and the Invention of Silicon Valley*. Oxford: Oxford University Press, 2006.

Lécuyer, C., and D.C. Brook. *Makers of the Microchip: A Documentary History of Fairchild Semiconductor*. Cambridge, MA: MIT Press, 2010.

69 ムーアの呪縛

Mody, C.C.M. *The Long Arm of Moore's Law: Microelectronics and American Science*. Cambridge, MA: MIT Press, 2016.

Smil, V. *Growth: From Microorganisms to Megacities*. Cambridge, MA: MIT Press, 2019.

70 膨れあがるデータ量――あまりに多く、あまりに速い

Hilbert, M., and P. López. "The world's technological capacity to store, communicate, and compute information." *Science* 332, no. 6025 (April 2011): 60–65. https://doi.org/10.1126/science.1200970.

Reinsel, D., J. Gantz, and J. Rydning. *Data Age 2025: The Digitization of the World: From Edge to Core*. Seagate, 2017. https://www.seagate.com/files/www-content/our-story/trends/files/Seagate-WP-DataAge2025-March-2017.pdf.

71 真のイノベーションとは

Schiffer, M.B. *Spectacular Failures: Game-Changing Technologies that Failed*. Clinton Corners, NY: Eliot Werner Publications, 2019.

Smil, V. *Transforming the Twentieth Century*. Oxford: Oxford University Press, 2006.

※URLは2020年10月の原書刊行時のものです。

図版クレジット

p.133「初競りで史上最高値を更新したクロマグロ」©Reuters, Kim Kyung-Hoon
p.167「アフリカゾウがまだ生息している地域」©Vulcan Inc.
p.172「地質年代」©Erik Vrielink
p.220「風力タービンの高さと、ローター直径の比較」©Chao (Chris) Qin
p.224「モロッコのワルザザートにあるヌール発電所」©Fadel Senna via Getty
p.236「〈ヤラ・ビルケラン〉のイメージ画像」©Kongsberg
p.292「奇跡の1880年代」©Erik Vrielink
p.300「世界最大の変圧器」©Siemens

［著者］

バーツラフ・シュミル Vaclav Smil

カナダのマニトバ大学特別栄誉教授。エネルギー、環境変化、人口変動、食料生産、栄養、技術革新、リスクアセスメント、公共政策の分野で学際的研究に従事。研究テーマに関する著作は40冊以上、論文は500本を超える。カナダ王立協会（科学・芸術アカデミー）フェロー。2000年、米国科学振興協会より「科学技術の一般への普及」貢献賞を受賞。2010年、『フォーリン・ポリシー』誌により「世界の思想家トップ100」の1人に選出。2013年、カナダ勲章を受勲。2015年、そのエネルギー研究に対してOPEC研究賞が授与される。米国やEUの数多くの研究所および国際機関で顧問を務める。これまでに米国、カナダ、ヨーロッパ、アジア、アフリカの400以上の会議およびワークショップに講演者として招待されるとともに、北米、ヨーロッパ、東アジアの多くの大学で講義をおこなう。日本政府主導で技術イノベーションによる気候変動対策を協議する「Innovation for Cool Earth Forum（ICEF）」運営委員会メンバー。おもな著書に、『エネルギーの人類史』（青土社）、『エネルギーの不都合な真実』（エクスナレッジ）、『中国の環境危機』（亜紀書房）など。

［訳者］

栗木さつき くりき・さつき

翻訳家。慶應義塾大学経済学部卒業。訳書に、キャロル『バレットジャーナル 人生を変えるノート術』、ザック『SINGLE TASK 一点集中術』（ともにダイヤモンド社）、シネック『WHYから始めよ！』（日本経済新聞出版）、ヒントン『奇妙な死刑囚』（海と月社）、マーシュ『脳外科医マーシュの告白』、ウィリアムズ『NATURE FIX 自然が最高の脳をつくる』、ジュレク『NORTH 北へ』（以上、NHK出版）などがある。

［訳者］

熊谷千寿 くまがい・ちとし

翻訳家。東京外国語大学外国語学部英米語学科卒業。訳書に、イデ『IQ』『IQ2』、ビバリー『東の果て、夜へ』（以上、早川書房）、メイチン『進化形態はイクメン』（光文社）、オーウェン、マウラー『NO HERO アメリカ海軍特殊部隊の掟』（講談社）、ランキン『偽りの果実』（新潮社）などがある。

帯デザイン：印南貴行
校正：酒井清一
本文組版：アップライン株式会社

Numbers Don't Lie
世界のリアルは「数字」でつかめ!

2021年3月25日　第1刷発行
2021年6月10日　第3刷発行

著　者　バーツラフ・シュミル
訳　者　栗木さつき
　　　　熊谷千寿
発行者　森永公紀
発行所　NHK出版
〒150-8081　東京都渋谷区宇田川町41-1
TEL　0570-009-321（問い合わせ）
　　　0570-000-321（注文）
ホームページ　https://www.nhk-book.co.jp
振替　00110-1-49701

印　刷　亨有堂印刷所／大熊整美堂
製　本　ブックアート

Printed in Japan　ISBN978-4-14-081853-4　C0098